Marketing et expérience client

3e édition

Louis Fabien

JFD
Éditions

Marketing et expérience client, 3e édition
Louis Fabien

© 2018 Les Éditions JFD inc.

Catalogage avant publication de Bibliothèque et Archives nationales du Québec et Bibliothèque et Archives Canada

Louis Fabien

Marketing et expérience client, 3e édition

ISBN 978-2-924651-49-0

1. Services (Industrie) – Marketing – Manuels d'enseignement supérieur.

HD9980.5.F32 2017   658.8   C2017-941010-5

Les Éditions JFD inc.
CP 15 Succ. Rosemont
Montréal (Québec) H1X 3B6
Téléphone : 514-999-4483
Courriel : info@editionsjfd.com
www.editionsjfd.com

ISBN 978-2-924651-49-0

Dépôt légal : 3e trimestre 2017
Bibliothèque et Archives nationales du Québec
Bibliothèque et Archives Canada

Infographie et graphisme : Maude Gauthier
Correction : Marie Vézina
2e impression

Imprimé au Québec, Canada

Table des matières

Avant-propos

Marketing de services : amélioration continue de l'expérience client..........................7

Le marketing de services 8

À qui s'adresse cet ouvrage? 8

Remerciements 9

Chapitre 1
Le processus de gestion du marketing de services

1.1 Du marketing de produits… au marketing de services..............................14

1.2 Les particularités des services..15

1.3 Le service comme valeur ajoutée au produit tangible 17

1.4 L'expérience client 17

1.5 Le marketing de services : définition..20

1.6 Le marketing de services, un processus d'affaires 23

1.7 Le processus étendu de gestion du marketing de services 25

1.8 L'audit de services...27

Bibliographie 28

Chapitre 2
Analyse du marché : veille environnementale et veille concurrentielle

Introduction 30

2.1 Veille environnementale..30

2.2 La veille concurrentielle 39

Bibliographie 44

Audit de services 44

Références 46

Chapitre 3
Le client au cœur de l'interaction de services : analyse des comportements de la clientèle

Introduction 48

3.1 L'expérience-client...48

3.2 L'implication du client 50

3.3 Les attentes du client...52

3.4 Le processus décisionnel du client...57

3.5 La satisfaction de la clientèle 60

3.6 Le risque perçu 63

3.7 Les méthodes de recherche...66

Bibliographie 68

Audit de services 68

Annexe 69

Chapitre 4
Positionner votre proposition de valeur dans un marché compétitif

Introduction 76

4.1 Le positionnement d'une proposition de valeur.....................................76

4.2 La stratégie de différenciation : à la recherche de l'avantage concurrentiel 84

4.3 Le positionnement stratégique et le positionnement perçu 89

Bibliographie 90

Audit de services 91

Chapitre 5
Créer une offre de services à valeur ajoutée

Introduction 94

5.1 La gestion de l'offre de services..94

5.2 La gestion des marques de services 109

Bibliographie 115

Audit de services 115

Chapitre 6
Élaborer la tarification des services

6.1 Le prix d'un service... deux perspectives 118

6.2 La démarche menant à la fixation du prix d'un service 122

Audit de services 131

Annexe 131

Chapitre 7
Optimiser l'accessibilité physique et temporelle des services

Introduction 134

7.1 L'accessibilité physique des services...134

7.2 Les intermédiaires et les sous-traitants (impartiteurs).........................138

7.3 L'accessibilité temporelle des services..142

Bibliographie 146

Audit de services 146

Chapitre 8
Concevoir les processus de prestation de services

Introduction 150

8.1 Le processus de prestation de services (P.P.S.) 150

8.2 L'expérigramme 153

8.3 Les équipements et technologies de services.......................................160

Bibliographie 162

Audit de services 163

Chapitre 9
Gérer le personnel au service du client

Introduction 168

9.1 L'importance déterminante du personnel de contact et de support 168

9.2 Culture et leadership de service 171

9.3 Pratiques de ressources humaines visant à implanter une véritable culture de service 179

9.4 Le climat de service 185

Bibliographie 186

Audit de services 186

Annexe 187

Mesure du climat de service 187

Chapitre 10
Créer une ambiance de service

Introduction 196

10.1 Élaborer votre concept d'aménagement 196

10.2 Organiser un parcours convivial pour le client 197

10.3 Adapter la densité de l'espace de service 200

10.4 Créer un environnement humanisé 201

10.5 Choisir les stimuli créateurs d'ambiance 202

Bibliographie 208

Audit de services 208

Chapitre 11
L'après-service : la gestion des échecs de service

Introduction 218

11.1 L'après-service : la fin de l'expérience-client...218

11.2 Réactions des clients suite à un échec de service 226

11.3 La vengeance du client suite à un sentiment de trahison 230

Bibliographie 233

Audit de services 233

Avant-propos

Marketing de services : amélioration continue de l'expérience client

Voici la 3e édition du premier ouvrage canadien, en langue française, portant sur l'amélioration continue de l'expérience client. Depuis la parution de la première édition, en 2009, l'expérience client est devenue le pivot central des stratèges de marketing qui désire attirer et fidéliser leur clientèle. L'expérience client débute, le plus souvent, par une interaction à distance (Internet, téléphone intelligent, réseaux sociaux, courriels). Il faut donc utiliser une approche omni canal de communication avec le client qui, souvent, utilise plusieurs canaux pour effectuer une transaction. L'expérience se poursuit, dans bien des cas, au point de vente ou au point de service. Ce livre vous présente les stratégies à mettre en place afin de faire vivre au client, sur place, une expérience unique, conviviale et mémorable, garante d'un taux de loyauté élevé. L'expérience se termine après la visite du client, lorsque celui-ci recontacte l'entreprise pour souligner une défectuosité, un échec de service, ou pour demander des informations additionnelles.

Plusieurs améliorations ont été apportées à cette édition :

- Au premier chapitre, une présentation exhaustive des 14 dimensions de l'expérience client; chacune de ces dimensions est détaillée dans les chapitres subséquents;
- La mise à jour d'exemples récents de pratiques d'affaires;
- Un raffinement de la terminologie inédite de la première édition;
- Un développement plus approfondi de l'après-service, la portion de l'expérience client se passant après la prestation de services.

L'achat de produits et services fait partie du quotidien de tous les consommateurs. Alors que pour certains, l'acte de consommer représente une activité valorisante et stimulante, pour plusieurs, cet acte est un passage obligé de la vie moderne, qui amène plus d'inconfort et de frustration que de satisfaction. Dans tous les cas, l'achat d'un produit ou d'un service doit être vu comme une expérience temporelle vécue par le client, toutes les fois qu'il interagit avec votre entreprise, par l'intermédiaire du personnel au service du client, par l'intermédiaire des technologies de services (site Internet, serveurs automatisés, répondeurs téléphoniques, etc.) ou par l'intermédiaire des équipements mis à sa disposition. Lors d'un premier achat, le nouveau client peut interagir plusieurs fois avec votre entreprise; la qualité de l'expérience vécue au début de sa relation d'affaires aura une incidence à la fois sur son niveau de satisfaction et sur sa propension à recommander votre entreprise à ses parents et amis. Il ne faut donc plus voir dans l'acte de consommer que la dimension utilitaire (la transaction) mais également tenir compte de la dimension expérientielle, i. e. les interactions qui ont lieu avant, pendant et après la transaction. Alors que nous assistons de plus en plus à une banalisation des offres (produits ou services similaires, offerts au même prix, aux mêmes points de vente, etc.), de plus en plus d'entreprises se distinguent et performent dans leurs marchés respectifs en proposant une expérience de consommation unique, conviviale et mémorable. Elles transforment une activité banale de consommation en une expérience agréable et stimulante.

Le marketing de services

Le marketing de services a pour finalité de faire vivre au client une expérience de consommation si exceptionnelle, qu'elle favorisera l'établissement d'une relation d'affaires solide, rentable et durable. La loyauté de vos clients s'acquiert donc par un contrôle quotidien et continu des stratégies et tactiques sur lesquelles repose l'expérience vécue avec vos employés, vos points de services, vos équipements et vos technologies de service. Vous trouverez, dans cet ouvrage, une description détaillée et illustrée des stratégies et tactiques propres au marketing de services :

1. Une offre de services à valeur ajoutée (chap. 5)
2. Une tarification juste et précise de vos services (chap. 6)
3. L'optimisation de l'accessibilité physique et temporelle de vos services (chap. 7)
4. La conception des processus de prestation de vos services (chap.8)
5. La gestion du personnel au service de vos clients (chap. 9)
6. La création d'une ambiance de service (chap. 10)
7. L'après-service : la gestion des interactions manquées (chap. 11)

Ces stratégies seront développées à partir d'une analyse minutieuse des conditions du marché. Après avoir introduit le processus étendu de gestion du marketing de services, au chapitre 1, vous vous devez, avant tout, de comprendre la valeur désirée par la clientèle (chap.3), en fonction de la dynamique concurrentielle qui prévaut et des principales tendances du marché (chap. 2). Une fois les conditions du marché bien maîtrisées, vous aurez à bien positionner votre proposition de valeur aux différents segments de la votre clientèle (chap. 4).

À qui s'adresse cet ouvrage?

Ce livre s'adresse aux cadres intermédiaires et supérieurs du secteur des services financiers, de l'assurance, des services de télécommunications, du secteur de l'hôtellerie et de la restauration, du milieu culturel (musée, théâtre, cinéma, salles d'exposition, salle de spectacles), des secteurs de la santé (hôpitaux, cliniques, soins de santé) et de l'éducation (école privée, centre de formation, bibliothèque). Il intéressera également les dirigeants de centre de conditionnement physique et de centre d'activités de plein air (ski, golf, randonnée pédestre, pourvoirie, etc.).

Les professionnels offrant des services aux particuliers ou aux entreprises (médecins, dentistes, spécialistes de la santé, ingénieurs, notaires, avocats, architectes) trouveront dans cet ouvrage des stratégies et tactiques adaptées à leurs réalités d'affaires.

Ce livre intéressera également les gestionnaires de commerces de détail; il sera question non pas de la gestion de l'offre de produits mais de la gestion de l'offre de services associés aux produits et de l'ambiance de service; ces deux stratégies, entre autres, permettent à plusieurs commerces de se distinguer avantageusement dans leur marché et de fidéliser leur clientèle.

Les dirigeants du secteur manufacturier découvriront, dans cet ouvrage, une approche innovatrice et différente du marketing. Sans sous-estimer l'importance de la qualité des produits et d'un prix compétitif, ce livre vous permettra d'ajouter à votre offre de produits une panoplie de services supplémentaires qui donneront une valeur ajoutée à vos produits.

Enfin, les professeurs de niveau universitaire, enseignant la gestion du marketing de services, auront avantage à recommander cet ouvrage comme matériel pédagogique obligatoire.

Remerciements

Je désire remercier, en premier lieu, la Direction de la Recherche et le Département de marketing de HEC Montréal, qui ont contribué au financement de cet ouvrage. Je remercie Monsieur Michel Bouchard pour sa coopération lors du chapitre portant sur l'ambiance de service. Enfin, je remercie Monsieur Yves Filion, qui a largement contribué au développement des 14 dimensions de l'expérience client, vues au chapitre 1.

Au cours des 20 dernières années, j'ai consacré toutes mes activités d'enseignement et de recherche au développement d'une approche novatrice de la gestion du marketing de services. J'ai validé, avec plusieurs dirigeants d'entreprises, à titre de consultant, de formateur, de conférencier ou de coach, les stratégies et tactiques présentées dans ce livre. Les dirigeants qui m'ont permis de tester certaines approches se reconnaîtront dans ce livre; leur contribution a eu un impact important sur le contenu de cet ouvrage.

Je désire, enfin, témoigner mon immense gratitude à mes étudiants des programmes de M.B.A., du D.E.S.S.G. et du B.A.A. qui, par la réalisation d'un audit de service auprès de plus de 200 entreprises, m'ont éclairé sur plusieurs pratiques de gestion performantes.

Je remercie plus particulièrement les dirigeants des entreprises qui ont accueilli mes étudiants de 1er et 2e cycle, au cours des vingt (20) dernières années.

Services aux particuliers

- Discount
- Auto-pro
- Voyages Campus
- Voyages Lajeunesse
- Uniglobe
- Sports Vac Tours
- Aqua Cité
- Sun Life Assurances
- Lussier Assurances
- Weight Watchers
- Tourisme Québec
- Réseau Admission
- Coiffure Louis Robert
- Cinéma Guzzo
- Cinéplex Odéon
- Groupe Sutton
- Vidéotron
- Loutec
- Sani-mobile
- Alfred Dallaire
- Urgel Bourgie
- UPS
- Héma Québec
- Garderie Wili-Wilo
- Clinique Vétérinaire Victoria
- Randolph Pub Ludique

Centres et clubs sportifs

- CEPSUM
- Salle de quilles Champion
- Énergie Cardio
- Nautilus Plus
- Horizon Roc
- Sporting Club du Sanctuaire
- YMCA

- Mont Saint-Sauveur
- Arbres en arbres.
- Golf le Fontainebleau.
- Golf le Challenger
- Hippodrome de Montréal
- ÉPIC
- Club de tennis Monkland
- Club aquatique CAFA
- Club sportif Côte de Liesse.
- Centre sportif du Stade olympique.
- Parc des Iles de Boucherville
- Gymnastique sur table
- Club sportif M.A.A.
- Centre de quilles Anjou sur le Lac
- Club de tennis Iles des Sœurs
- Club de golf Kanawaki
- Centre Père Sablon.
- Oasis Surf

Services de restauration

- Rôtisseries St-Hubert
- Le Quartier Latin
- Giorgio
- Cage aux Sports
- L'Académie
- Les Chèvres
- La Maison Hantée
- Pino
- L'Orienthé
- O'Noir
- Pintxo
- Cora déjeuners
- Oxygène Spa
- Le Renoir
- Buena Note
- Koko

- La Distillerie
- Rôtisserie Fusée
- Trois petits bouchons
- Diable vert
- Les 3 Brasseurs
- Tabasco Bar
- La Banquise
- Second Cup
- Dans la bouche
- Le Velvet
- McCarolds
- Santos
- Première Moisson
- O Noir
- La Petite Cuillère
- Lobby Bar
- Engaufrez-vous
- Les Copains d'abord
- B1-Bar
- Bier Mark
- Robin des Bois
- Le Pourvoyeur
- Ballpark
- Restaurant Zibo
- L'Anti Café
- Loco

Commerces de détail

- Radio Shack
- Quincaillerie Marcil
- Future Shop
- De Gascogne
- MEXX
- Couche-tard
- Archambault

- Audi
- Uniprix
- Jean Coutu
- Georges Laoun
- New look
- Société des alcools du Québec.
- Espace Bell
- Boutique Nespresso
- Rousseau Sports
- L'Aromate
- Pharmacie Grégoire Arakelian
- Harricana
- Cool and Simple

Services – Secteur culturel

- Compagnie Jean Duceppe
- Espace Go
- Théâtre d'Aujourd'hui
- Théâtre de la Licorne
- Agence Maxime Vanasse
- Centre d'Histoire de Montréal
- Bibliothèque Nationale du Québec.
- Bibliothèque de Ville Saint-Laurent
- Place des Arts
- Métropolis
- Musée McCord
- Biodôme
- Cinéma Côtes des Neiges
- Musée d'art contemporain
- Théâtre d'Aujourd'hui
- Cinéma Beaubien
- Théâtre quatre sous
- Échappe-toi
- Le Randolph
- Le Bordel Comédie Club

Services d'hôtellerie\hébergement

- Le Germain
- Delta
- Hilton
- Reine Élizabeth
- Sheraton
- Sofitel
- Le Godin
- Le Méridien
- Storied Places (Mont-Tremblant)
- Hôtel W
- Hôtel Delta
- Hôtel Germain
- Hôtel des Gouverneurs
- Auberge Le Saint-Sulpice

Services - Soins de santé

Soins du corps

- Myo Massage
- Clinique médicale Varennes
- Laroche Esthétique
- Lasik
- Ovarium
- Lio Fratelli
- Bronsage Laguna
- Le Scandinave
- Institut Lise Watier
- Aveda
- Polar Bear
- New Tan
- Spa Baltique
- Accès Physio
- Spa Le Finlandais
- Centre dentaire APEX

- Dermapure
- Clinique de santé Parc
- Spa le Strom
- Ashtanga Yoga Montréal
- Donald Proulx Coiffure
- Espace Bruno Desjardins Relooking
- Clinique Altermed
- Rouge Bar à ongles
- Yoga Wandeslust
- Sky Spa
- Bath Room
- Bota Bota
- Club La Cité
- Animalia

Services financiers

- Banque de Montréal
- Banque Nationale
- Telnat
- Services financiers Desjardins
- Banque Royale du Canada-Services de prêts

Services - Écoles privées

- Danse et vous
- École de danse Arthur Murray
- Académie culinaire
- Ateliers et Saveurs
- Centre de formation professionnelle
- Les Touilleurs

Services de transport

- Via Rail
- Communauto
- STM – Métro
- Car2Go

1 | Le processus de gestion du marketing de services

1.1 Du marketing de produits… au marketing de services 14

1.2 Les particularités des services 15

1.3 Le service comme valeur ajoutée au produit tangible 17

1.4 L'expérience client 17

1.5 Le marketing de services : définition 20

1.6 Le marketing de services, un processus d'affaires 23

1.7 Le processus étendu de gestion du marketing de services 25

1.8 L'audit de service 27

Bibliographie 28

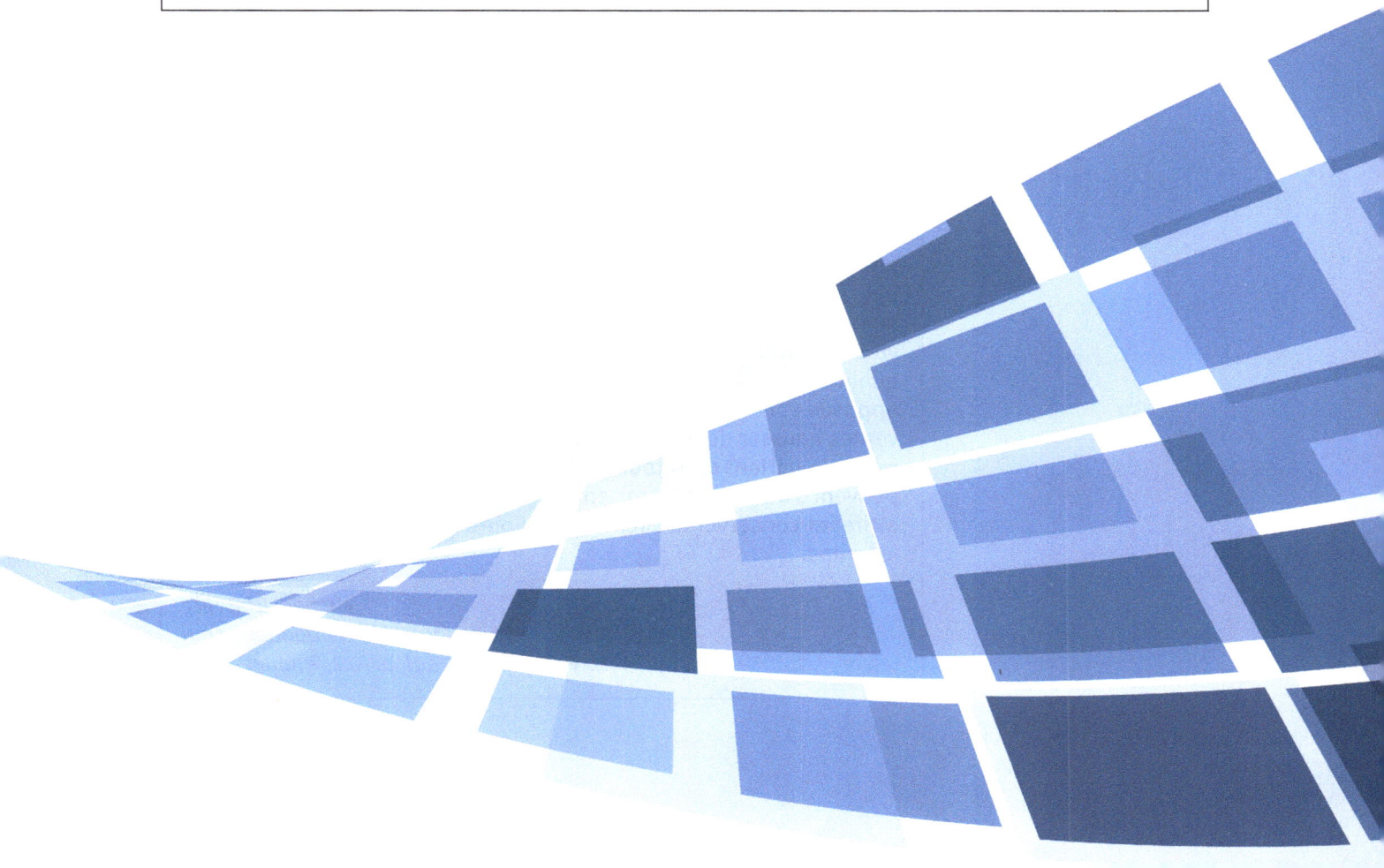

1.1 Du marketing de produits... au marketing de services

Les premières notions de marketing orientées vers la satisfaction des besoins du consommateur sont apparues vers 1950. Trente ans plus tard, le nouveau concept de marketing stratégique introduisait la notion d'avantage concurrentiel, i.e. une stratégie permettant de se distinguer de la concurrence et de se différencier aux yeux des consommateurs. Aujourd'hui, la vaste variété des profils de consommation jumelée à la compétition féroce vécue par la grande majorité des entreprises oblige plus que jamais celles-ci à opter pour une gestion plus stratégique du marketing.

Depuis 1950, la gestion du marketing est enseignée dans le contexte des entreprises qui fabriquent des produits de consommation courante ou industrielle. Dans ce contexte, le produit tangible est fabriqué en usine ou en atelier, peut-être ensuite entreposé pour finalement être acheminé au consommateur via un ou plusieurs réseaux de distribution.

Alors que l'économie canadienne et québécoise repose dans une grande proportion sur le secteur des services, j'ai remis en question, au début des années 90, les concepts sous-jacents à la gestion du marketing de produits; l'analyse du marché et les stratégies qui en découlent doivent dorénavant être adaptées au contexte particulier entourant la conception, la mise en marché et la prestation de services.

Les meilleures pratiques de gestion
L'effet boomerang : l'importance du service à la clientèle

Il arrive trop souvent qu'un client se retrouve sans recours dans un magasin. Les préposés se font rares et discrets, et leur niveau de compétence est discutable. Il s'agit, dans la plupart des cas, d'employés à temps partiel, qui sont trop peu rémunérés et ressentent un faible niveau d'implication face à leur emploi. La cause? Les entreprises, tentant de faire face à la concurrence grandissante, sabrent bien souvent, en premier lieu, dans le service à la clientèle. Le géant américain de la vente de matériel de rénovation, Home Depot, a vu ses profits stagner après avoir coupé significativement dans la qualité du service. Son concurrent Lowe's, en adoptant la stratégie opposée et en misant sur la qualité du service, a au contraire vu ses ventes hausser de 5.7% au cours de la même période. Il s'agit d'un exemple parlant du retour sur investissement auquel les dirigeants peuvent s'attendre s'ils misent sur un service de haute qualité pour attirer et conserver la clientèle d'aujourd'hui, volage et pressée par le temps.

Michèle Boisvert
Éditoriaux « L'effet boomerang »
La Presse, Montréal, p. A12, 2 juillet 2006.

1.2 Les particularités des services

Se faire coiffer, prendre un taxi, effectuer une transaction bancaire par Internet ou encore faire réparer un appareil électroménager, voilà quelques exemples d'expériences de services que nous pouvons vivre dans le cours de nos activités quotidiennes. Les activités de services sont caractérisées par six (6) particularités distinctes qui obligent le gestionnaire à adopter de nouvelles habiletés analytiques et à déployer de nouvelles stratégies touchant l'ensemble des fonctions de gestion de l'entreprise, et non uniquement la fonction marketing.

1.2.1 Un service : une expérience temporelle

Une entreprise de services offre à ses clients de vivre une expérience de courte (ex. lave-auto), de moyenne (ex. service d'entretien ménager) ou de longue durée (ex. courtage immobilier). Au cours de cette expérience, le client peut entrer en contact avec un ou plusieurs employés, des serveurs électroniques (téléphone, Internet) ou, tout simplement, les éléments physiques du point de service (ex. un panier dans un marché d'alimentation). Ces contacts, que nous appellerons des interactions, sont répartis dans le temps selon un processus planifié à l'avance par l'entreprise.

Interaction

Chacun des contacts que le client peut avoir avec l'entreprise par le biais des employés, des serveurs électroniques ou des éléments physiques.

1.2.2 Un service : une expérience vécue en temps réel

Autant pour le prestataire de service que pour le client, l'expérience de service se passe en temps réel. Le prestataire doit être prêt lorsque le client est disposé à être servi; une erreur au début du processus de prestation de service peut avoir des conséquences négatives sur la suite des évènements.

La notion du temps est fondamentale dans la gestion des services; temps d'attente, temps de prestation, délais de service après-vente sont autant de dimensions de la notion de temps que j'aborderai tout au long de cet ouvrage.

De plus, la synchronisation de l'offre de service par le prestataire et de la demande de services par le client est cruciale. Le défi de toute entreprise de services : être toujours prête à servir le client, et maintenir un niveau de qualité élevé et constant, peu importe l'heure de la journée, le jour de la semaine, la semaine du mois ou le mois de l'année.

1.2.3 Le service : une offre intangible supportée par des éléments tangibles

L'objet du service, i.e. l'expérience vécue par le client, repose sur une combinaison de ressources tangibles mises en place par l'entreprise. Au restaurant, par exemple, l'interaction avec plusieurs employés, la qualité de la nourriture, le choix de la musique et l'ambiance créée par l'aménagement intérieur sont autant d'éléments tangibles qui, ensemble, façonnent en quelque sorte le bien-être, la détente et le plaisir du client.

Intrants

Ressources mises en place pour créer l'expérience vécue par le client.

Extrant

État qu'engendre l'expérience vécue par le client, la résultante.

Les ressources mises en places seront appelées des intrants, alors que la résultante (ex. le bien-être, la détente, le plaisir) sera appelée l'extrant. Autrement dit, l'entreprise de services décidera, a priori, du type d'expérience (l'extrant) qu'elle veut faire vivre à ses clients et, a posteriori, des intrants à mettre en place pour générer l'expérience désirée.

Figure 1.1	Relations intrants–extrant

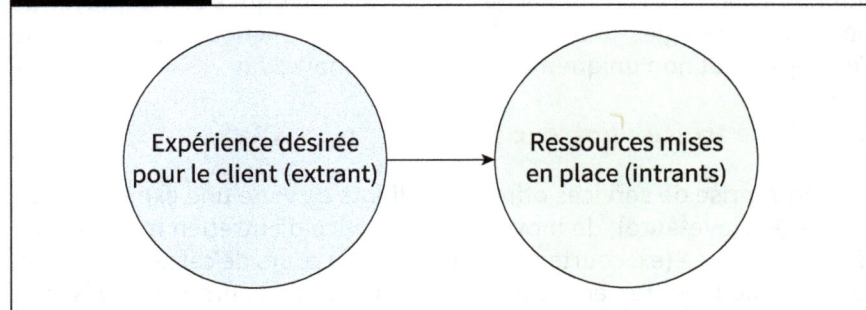

1.2.4 La participation du client à la prestation de service

La grande majorité des prestations de service exigent la présence et la participation active du client avant, pendant et après la prestation. Ceci suppose que le client soit volontaire, disponible et apte à participer à la prestation de service. Le nouveau client devra être entraîné à utiliser vos processus de prestation et, par la suite, devra être en mesure de vous contacter facilement. De votre côté, vous devrez être en mesure de répondre aux attentes du client en tout temps. Tout un défi!

1.2.5 La présence d'employés de service lors des interactions

Personnel de contact

Les employés de service qui sont directement en contact avec les clients.

Les prestations de services sont souvent offertes par un employé chargé de servir le client. L'interaction prend alors la forme d'une relation humaine entre deux personnes. Vous aurez donc à recruter, former et mobiliser vos employés de telle sorte que le client soit très satisfait de ces interactions. Dans le contexte de prestations de services très personnalisées, vos employés sont, en quelque sorte, le service! Le client apprécie la qualité du service reçu à partir de la qualité de la relation vécue avec les employés de service, que nous appellerons le personnel de contact. Vu l'importance cruciale du rôle du personnel de contact, un chapitre complet (le chapitre 9) y est consacré.

1.2.6 De nombreuses sources de variabilité peuvent causer des écarts importants de qualité de service

Lors du processus de fabrication d'un produit tangible, les intrants (matières premières, procédés d'assemblage, machinerie, tâches des employés, etc.) sont uniformisés de telle sorte que les produits finis (les extrants), à quelques dixièmes de pourcentage près, sont similaires, d'un produit à l'autre.

Lors d'une prestation de services livrée en temps réel avec la participation du client et de l'employé et parfois avec le support d'un système informatisé, un retard important du client, un manque d'attention de l'employé, une panne du système informatique ou encore les éléments incontrôlables de l'environnement (exemple : la pluie en février pour une station de ski) sont autant de sources qui peuvent causer des écarts importants dans la qualité de la prestation.

Exemple d'environnement incontrôlable : la crise du verglas.

Une entreprise de services n'est jamais à l'abri d'erreurs de prestation. Dans le secteur des services, le « zéro défaut » n'existe pas. Tout en gardant à l'esprit la faillibilité des processus de prestation, nous verrons que les entreprises performantes tentent de :

- Prévoir les erreurs afin de les éviter;

- Corriger rapidement les erreurs observées;

- Dédommager le client lésé.

Dans le chapitre 11, j'exposerai de quelles façons une entreprise doit réagir lors d'interactions manquées.

1.3 Le service comme valeur ajoutée au produit tangible

Les entreprises offrant des produits tangibles améliorent de plus en plus leur avantage concurrentiel par l'ajout de services offerts avant la transaction (ex. services-conseils, services d'estimation) et après la transaction (ex. livraison, réparation, service de maintenance). Ces services, appelés services liés au produit, possèdent les mêmes particularités que celles présentées à la section 1.2. Les entreprises dont l'offre est essentiellement composée d'éléments intangibles, comme une compagnie d'assurances, seront appelées des *entreprises de services*.

Services liés au produit

Services offerts avant ou après la transaction.

Entreprises de services

Entreprises dont l'offre est essentiellement composée d'éléments intangibles.

1.4 L'expérience client

L'expérience client comprend l'ensemble des interactions vécues par le client lorsqu'il fait affaire avec une entreprise, que ce soit avec le personnel de contact, les technologies de services à distance (WEB, courriel, téléphone, télécopieur) ou avec les équipements et technologies de services mis à sa disposition au point de service. La consommation d'un produit ou d'un service inclut une dimension utilitaire ainsi qu'une dimension expérientielle.

L'utilité pour le client, c'est le motif pour lequel il achète un produit ou un service. La dimension expérientielle, elle, correspond aux sensations et aux émotions, positives ou négatives, que ressent le client à chaque fois qu'il entre en interaction avec l'entreprise, peu importe le type et le nombre d'interactions.

Les interactions se déroulent durant une période de temps donné; les sensations et les émotions se cumulent durant toute la durée de l'expérience. Ainsi, une mauvaise sensation (ex. un accueil froid au téléphone) aura une incidence sur la perception du client lors des interactions subséquentes.

Figure 1.2 Les 14 dimensions de l'expérience client

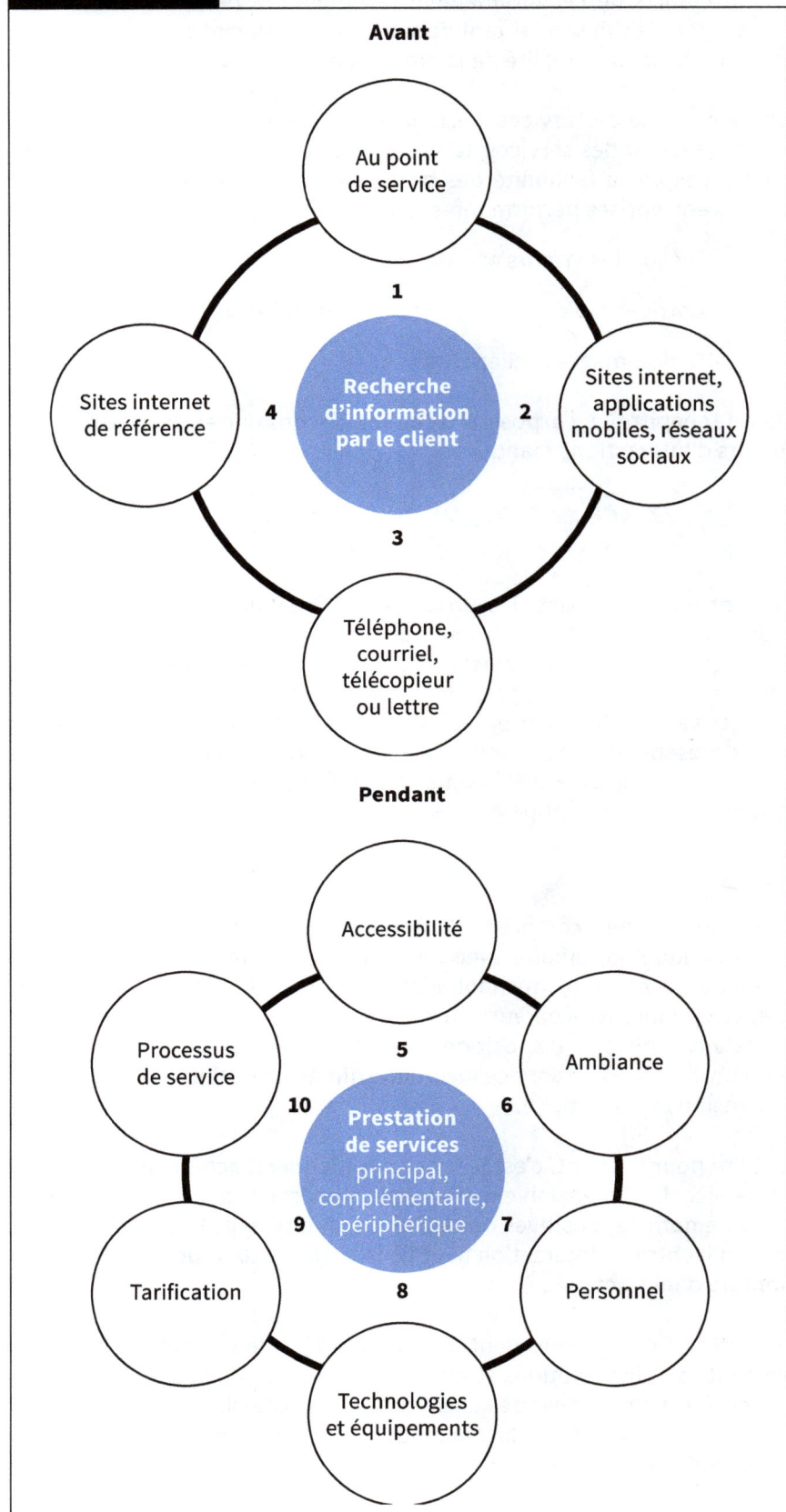

Avant

Au point de service

1

Sites internet de référence

4

Recherche d'information par le client

2

Sites internet, applications mobiles, réseaux sociaux

3

Téléphone, courriel, télécopieur ou lettre

Pendant

Accessibilité

5

Processus de service

10

Ambiance

6

Prestation de services
principal, complémentaire, périphérique

9

7

Tarification

8

Personnel

Technologies et équipements

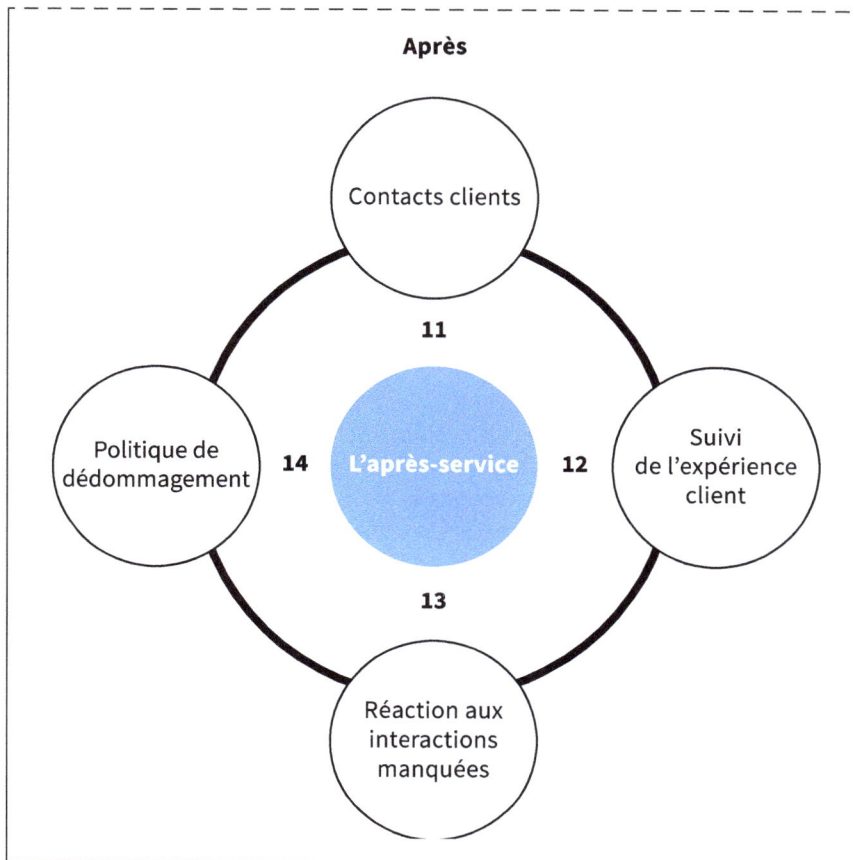

Après

Contacts clients

11

Politique de
dédommagement

14

L'après-service

12

Suivi
de l'expérience
client

13

Réaction aux
interactions
manquées

Source : La figure 1.2 a été développée en collaboration avec Monsieur Yves Filion, M.B.A., consultant.

L'entreprise qui désire maximiser l'expérience du client, et développer une relation d'affaires durable et rentable, doit créer, promouvoir et livrer une proposition de valeur supérieure à celle de ses concurrents. La proposition de valeur, en matière de qualité de service, doit porter sur toutes les interactions avant, pendant et après la visite du client. La Figure 1.2 illustre bien les 14 dimensions de l'expérience client.

1.4.1 Avant la visite du client

Avant de se déplacer au point de vente ou de services, le client recherche de plus en plus de l'information sur les produits et services en consultant le site WEB de l'entreprise, les applications mobiles et les sites d'entreprises présentes sur les réseaux sociaux. Il tentera d'obtenir les commentaires d'autres clients sur les sites Internet de référence (ex. Trip Adviser, pour l'industrie du voyage).

Pour obtenir de l'information plus précise, il contactera l'entreprise par courriel, par téléphone, par télécopieur ou par lettre. Les clients qui ne sont pas confortables avec les technologies de contact à distance se rendront au point de service, afin de s'adresser directement au personnel sur place, avec ou sans rendez-vous.

L'entreprise doit donc s'assurer que, peu importe le type d'interaction choisi par le client pour obtenir les informations voulues, l'information offerte soit précise, mise à jour, facile à trouver, et réponde aux demandes du client.

1.4.2 Pendant la visite du client

Lorsque le client décide de se déplacer au point de service, six (6) dimensions de l'expérience client doivent avoir été minutieusement planifiées par l'entreprise. L'accessibilité comprend les moments de la journée durant lesquels les produits et services sont disponibles, au point de service ou à distance, ainsi que la facilité pour le client de se déplacer physiquement au point de service. L'ambiance de service comprend tous les stimuli sensoriels mis en place, ainsi que la conception d'un parcours client humanisé qui rendra l'expérience de consommation unique, conviviale et mémorable. Le personnel de contact, les employés formés pour servir le client, devront posséder les habilités techniques, professionnelles, relationnelles et commerciales pour faciliter la transaction avec le client. Au point de services, l'entreprise peut offrir des équipements (ex. un chariot pour transporter des plantes) ou des technologies de services (ex. un écran tactile pour acheter un billet au cinéma) qui devront être fonctionnels et conviviaux. La tarification de produits et services doit être clairement affichée au point de services; celle-ci doit être compréhensible pour le client. Les étapes de service (ex. accueil, temps d'attente, rencontre avec le personnel, compléter un formulaire, etc.) forment un processus de services. Pour chacun des services offerts, soit le service principal, les services complémentaires ou périphériques, l'entreprise doit concevoir un expérigramme, un schéma d'activités séquentielles représentant toutes les étapes de l'expérience client.

1.4.3 Après la visite du client

Après le départ du client, le client peut contacter l'entreprise pour exprimer son insatisfaction ou demander des précisions concernant la transaction. L'entreprise doit avoir mis en place un service de gestion des plaintes et des commentaires des clients, afin de réagir efficacement et rapidement au problème du client, et, au besoin, dédommager le client pour les inconvénients vécus. Afin de s'assurer de la pleine satisfaction du client, les entreprises performantes mettent en place un système de suivi de l'expérience client en contactant le client peu de temps après la transaction.

Chacune des quatorze (14) dimensions de l'expérience-client sera expliquée et développée, avec exemples concrets à l'appui, tout au long des chapitres de ce livre.

1.5 Le marketing de services : définition

Le marketing de services est une fonction intégrée de l'entreprise, composée d'un ensemble de processus d'affaires visant à créer, promouvoir et livrer de la valeur au client, de telle sorte que l'entreprise prestataire, ses actionnaires, ses partenaires et ses clients retirent de leurs échanges des avantages tangibles, et ce de façon durable.

Passons maintenant en revue les éléments importants de cette définition :

1.5.1 Une fonction intégrée

Les stratégies de marketing de services doivent être développées conjointement avec les responsables de la gestion du personnel de contact et les responsables de la gestion des opérations de services. La satisfaction du client incombe, le plus souvent, au gestionnaire du marketing; étant donné le rôle crucial des employés de contact et des processus de prestation de services, le gestionnaire marketing se doit de savoir qui servira le client et de quelle façon celui-ci sera servi.

Il sera donc très actif lors de la conception de nouveaux processus de services et dans la gestion des employés de contact.

1.5.2 Un ensemble de processus d'affaires

L'implantation d'une fonction marketing dans une entreprise repose sur la mise en place d'un processus d'affaires étendu, détaillé dans la section 1.6, qui lui-même est composé de plusieurs sous-processus. Un processus est composé d'une série d'activités réalisées de façon séquentielle par la personne responsable du processus.

La création d'un nouveau service, la gestion des appels et des courriels, la gestion des commentaires des clients et la politique de dédommagement sont quelques exemples de processus qui seront développés et illustrés dans cet ouvrage.

1.5.3 Créer de la valeur

La fonction marketing comme processus d'affaires débute par la compréhension de la valeur désirée par le client; ceci permettra de créer une offre de services qui, combinée à un prix déterminé et à un niveau d'accessibilité optimal, produira une forte valeur ajoutée pour le client. L'accessibilité physique et temporelle d'un service sera vue de façon détaillée au chapitre 7.

1.5.4 Promouvoir la valeur

Une fois créée, la fonction marketing planifie et met en œuvre les stratégies de promotion visant à éduquer la clientèle et à promouvoir la valeur offerte. Une promesse au client sera formulée; celle-ci, dans certains cas, sera supportée par une garantie de services.

1.5.5 Livrer la valeur

La fonction marketing, en grande partie responsable du niveau de satisfaction et de fidélisation de la clientèle, planifie et met en œuvre les stratégies visant à gérer l'expérience-client, i.e. ce que vit concrètement le client avant, pendant et après la prestation des services.

Plus précisément, ces stratégies portent sur la conception des processus de prestation de services, la gestion du personnel au service du client ainsi que la sélection des facteurs d'ambiance au point de services.

Figure 1.3   **Valeur ajoutée conçue par l'entreprise pour le client**

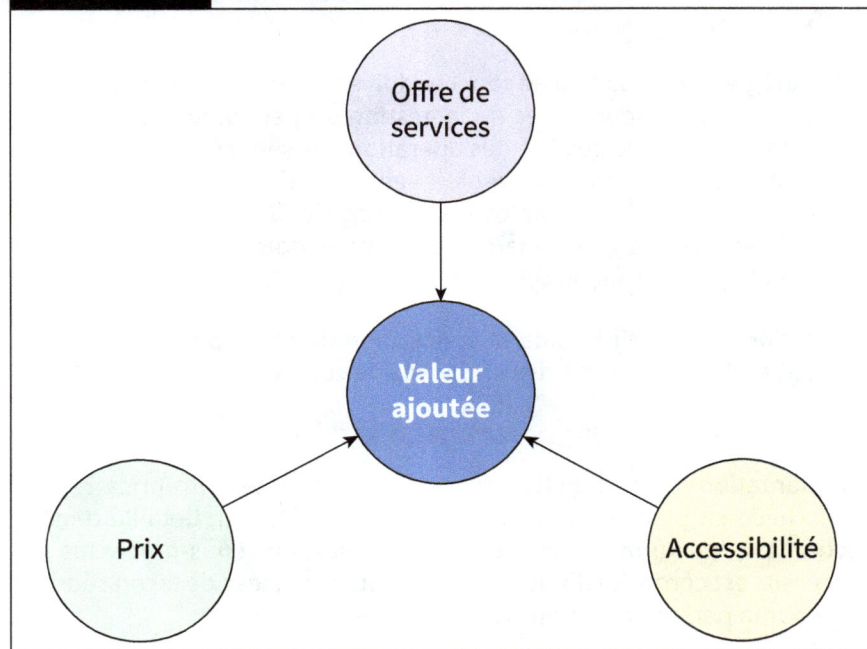

1.5.6 Partenaires : les impartiteurs et les intermédiaires

Les impartiteurs (sous-traitants) sont des partenaires externes à qui l'on confie une partie de la prestation de services. Par exemple, un nettoyeur de tapis peut faire nettoyer certains types de tapis par une entreprise externe. Un intermédiaire, quant à lui, assure la promotion et la prestation de l'offre de services d'une autre entreprise. Dans le secteur de l'assurance aux particuliers, des courtiers servent d'intermédiaire entre les compagnies d'assurances et le client.

1.5.7 Retirer des avantages de leurs échanges

L'échange est au cœur de toute activité économique, qu'elle soit à but lucratif ou non. Deux parties, l'entreprise prestataire et le client, se rencontrent et discutent des termes. Une fois le premier échange conclu, chaque partie examine les avantages retirés. Tous les acteurs de l'échange cherchent à obtenir le maximum. En fin de compte, l'entreprise à but lucratif et les partenaires viseront le profit et le maintien d'une relation d'affaires durable et profitable; les actionnaires, quant à eux, chercheront à maximiser le rendement de leurs investissements. Enfin, le client voudra que l'on satisfasse ses attentes et cherchera à maintenir sa relation d'affaires avec l'entreprise prestataire aussi longtemps que cette dernière répondra aux dites attentes.

1.5.8 De façon durable

La fonction marketing dans le secteur des services se préoccupe, à court terme, de maximiser la qualité de la première expérience du client avec l'entreprise. Pour assurer la loyauté du client à long terme, l'entreprise de services doit mettre en place des stratégies de rétention. Ma thèse, tout au long de cet ouvrage, soutient qu'un contrôle optimal de l'expérience-client, jour après jour, client après client, assure un taux de rétention élevée, garante d'une profitabilité accrue. Les efforts de marketing seront donc dirigés, en grande partie, vers la rétention de la clientèle existante plutôt que vers l'acquisition constante de nouveaux clients. Les entreprises misant principalement sur l'acquisition « à tout prix » d'une nouvelle clientèle vivent souvent le « syndrome de la chaudière percée » : le nombre de clients qui délaissent leur fournisseur est souvent beaucoup plus élevé que le nombre de nouveaux clients! Et les clients que l'on essaie d'attirer rapportent habituellement beaucoup moins que ceux qui nous ont quittés à cause de mauvaise qualité de service vécue par ceux-ci.

1.6 Le marketing de services, un processus d'affaires

Le processus de gestion du marketing de services, autour duquel est organisé le présent ouvrage, est présenté à la figure 1.4.

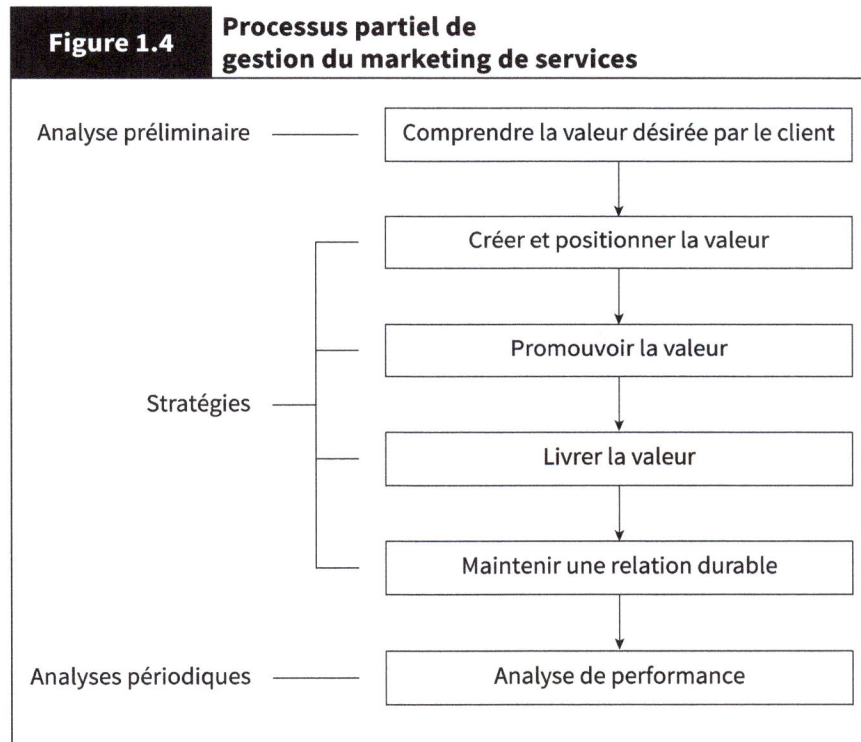

Figure 1.4 Processus partiel de gestion du marketing de services

Le processus débute par une compréhension approfondie de ce que désire le client lorsqu'il recherche un prestataire de services. La valeur désirée par le client repose sur trois piliers : les attributs des services recherchés, le prix et l'accessibilité de ces services.

À titre d'exemples, les attributs de services peuvent porter sur la rapidité, la fiabilité, la compétence du personnel, la ponctualité, la sécurité ou encore la confidentialité.

Valeur désirée par le client

Ce que désire le client lorsqu'il recherche un prestataire de services; elle repose sur trois piliers : les attributs des services recherchés, le prix et l'accessibilité.

Pour identifier les attributs déterminants dans le choix d'un prestataire, nous devons connaître le processus décisionnel qui précède le choix (voir chapitre 3).

Positionner l'offre de services consiste à choisir la clientèle cible et à établir notre avantage concurrentiel. L'analyse de la clientèle potentielle permettant de choisir les clientèles cibles à qui nous offrirons nos services sera décrite au chapitre 4.

Dans le même chapitre, nous aborderons la notion d'avantage concurrentiel, stratégie de marketing fondamentale pour se différentier aux yeux du client dans un marché très compétitif.

| **Figure 1.5** | **Valeur désirée par le client** |

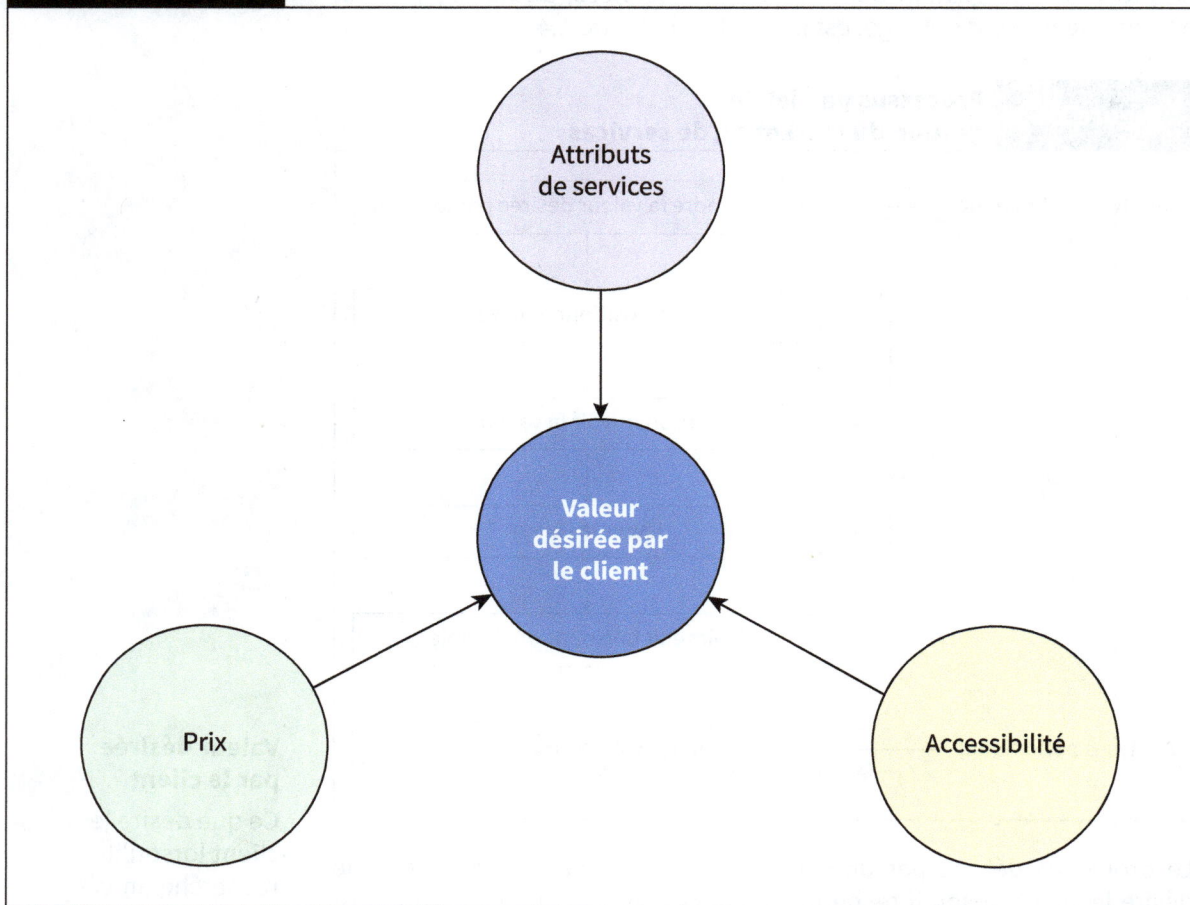

Créer la valeur, tel que définie plus tôt, consiste en premier lieu à concevoir un ou plusieurs services principaux, accompagnés d'un ou plusieurs services complémentaires et périphériques; ces services seront conçus de telle sorte qu'ils correspondent aux attributs recherchés par le client. La conception d'une offre de services à valeur ajoutée sera abordée au chapitre 5.

Le prix d'un service joue un rôle important dans la décision du client, mais rarement un rôle déterminant. Le client recherche la meilleure valeur sur le marché, pas nécessairement le meilleur prix. En fonction des attributs de services offerts par l'entreprise, celle-ci voudra fixer un prix qui, jumelé avec les attributs offerts, permettra d'offrir la meilleure valeur du marché. La fixation des prix des services sera abordée dans le chapitre 6.

L'accessibilité d'un service est évaluée par le client selon les heures d'accès aux services (accessibilité temporelle), la distance du point de service et l'effort physique (accessibilité physique) et mental à déployer (accessibilité psychologique) pour obtenir le service recherché. Un salon de coiffure ouvert de 10 h à 15 h et situé à 50 minutes de métro de la maison est très peu accessible; pour un internaute, la recherche et l'achat de billets d'avion offrent un niveau élevé d'accessibilité, etc. Les stratégies ayant trait au niveau d'accessibilité d'un service seront vues au chapitre 7.

En résumé, le service offrant la meilleure valeur pour un client sera celui qui correspond aux attributs désirés par ce client, à un prix avantageux et à un niveau d'accessibilité optimal.

Le gestionnaire marketing, afin de bien contrôler l'expérience réelle vécue par le client, doit se préoccuper de la façon dont les services sont livrés. Ces préoccupations porteront sur les processus de prestation de services (chapitre 8), i.e. la façon de livrer le service, la gestion du personnel disponible pour le client (chapitre 9) i.e. le rôle des personnes responsables de la livraison des services, ainsi que sur l'ambiance au point de service (chapitre 10).

Le chapitre 11 abordera la façon de gérer les interactions manquées, i.e. toutes les fois que l'entreprise commet une erreur de prestation, phénomène très fréquent et très souvent ignoré par les gestionnaires.

1.7 Le processus étendu de gestion du marketing de services

Le développement de stratégies de marketing ne peut se faire qu'en fonction des attentes des clients. Le gestionnaire marketing efficace doit être en mesure de faire une lecture précise des facteurs d'environnement qui influencent la demande générique pour sa catégorie de services. Il doit également avoir une excellente connaissance de la dynamique concurrentielle de son secteur d'activité, et ce, sur une base régulière.

Demande générique

Demande pour une catégorie de services.

La figure 1.6 présente le processus étendu de gestion du marketing de services.

| Figure 1.6 | **Processus complet de gestion du marketing de services** |

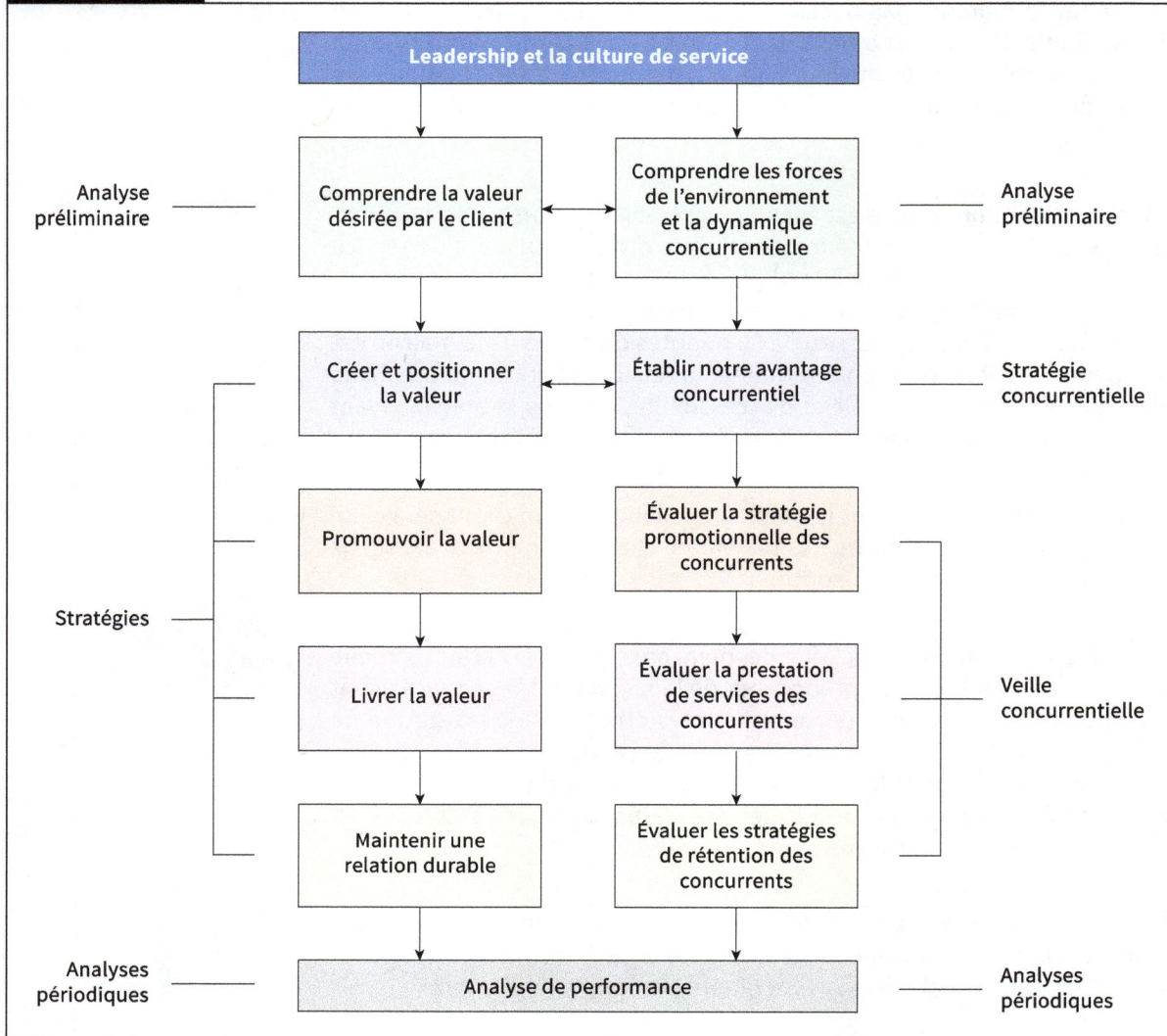

Leadership et la culture de service

Analyse préliminaire — Comprendre la valeur désirée par le client ↔ Comprendre les forces de l'environnement et la dynamique concurrentielle — Analyse préliminaire

Créer et positionner la valeur ↔ Établir notre avantage concurrentiel — Stratégie concurrentielle

Stratégies —
- Promouvoir la valeur
- Livrer la valeur
- Maintenir une relation durable

- Évaluer la stratégie promotionnelle des concurrents
- Évaluer la prestation de services des concurrents — Veille concurrentielle
- Évaluer les stratégies de rétention des concurrents

Analyses périodiques — Analyse de performance — Analyses périodiques

L'analyse de l'environnement (veille environnementale)et l'analyse de la concurrence (veille concurrentielle) doivent être réalisées afin de mieux cerner les occasions d'affaires, et ce de façon continue. Ces analyses permettront d'établir et de valider, sur une base annuelle, l'avantage concurrentiel de l'entreprise.

L'implantation réussie du processus de gestion du marketing, tel que décrit à la figure 1.6, est souvent due à la présence et aux efforts constants d'un membre de la direction de l'entreprise. Que ce soit le propriétaire dirigeant, le président ou le vice-président marketing, cette personne assume un leadership incontesté en matière de services. Ses interventions répétées et sa présence continue auprès du personnel de contact et de support favorisent la création d'une véritable « culture de services ». La culture de services et les pratiques de services qui en découlent seront expliquées au chapitre 9.

1.8 L'audit de services

Afin de favoriser la mise en œuvre des notions contenues dans ce livre, j'ai conçu un outil de diagnostic appelé l'audit de services; il s'agit d'un questionnaire autodiagnostic lequel permettra au gestionnaire, à la fin de chaque chapitre, de se poser les questions les plus pertinentes pour améliorer de façon continue l'expérience client. La compréhension de chacune des questions nécessite une lecture attentive du chapitre auquel les questions sont liées. L'audit de services sera présenté de façon séquentielle à la fin de chaque chapitre.

Les réponses aux questions de l'audit, en fonction des notions vues dans chacun des chapitres, permettront au gestionnaire de l'entreprise établie d'identifier, en premier lieu, les forces et les faiblesses de l'entreprise en matière de services (F.F.S.). Celles-ci peuvent être observées en comparant les notions de chaque chapitre avec les pratiques actuelles de l'entreprise. Dans un deuxième temps, l'analyse des facteurs de l'environnement, de la clientèle potentielle et de la concurrence permettra d'identifier les occasions et menaces de marché (O.M.M.).

Le tableau synthèse d'une analyse O.M.M. / F.S.S. peut se présenter ainsi :

Tableau 1.1   Analyse O.M.M. / F.F.S.

Occasions	Menaces
• •	• •
Forces	Faiblesses
• •	• •

L'analyse des occasions et menaces nécessite la collecte de données primaires et secondaires concernant la concurrence, la clientèle et les tendances. À partir des résultats de cette analyse externe, l'entreprise élabore des stratégies et tactiques permettant de profiter des occasions d'affaires et de contrer les menaces actuelles et futures.

L'analyse des forces et faiblesses en matière de service nécessite la collecte de données internes concernant les stratégies et tactiques actuelles de l'entreprise. Cette analyse permet d'évaluer la capacité de l'entreprise à profiter des occasions rencontrées, à contrer les menaces et, le cas échéant, à identifier les stratégies et tactiques à mettre en place pour renforcir les points forts et améliorer les points faibles.

Audit de services

Questionnaire autodiagnostic permettant au gestionnaire de prendre connaissance des forces et des faiblesses de son entreprise.

Données primaires

Données externes non publiées que le gestionnaire doit recueillir à l'aide de différentes méthodes de recherche (entrevues, sondages, etc.).

Données secondaires

Données externes publiées par des organismes publics ou privés.

Données internes

Données disponibles dans les systèmes d'information (financier, comptable, ventes, etc.) de l'entreprise.

Tactiques

Éléments concrets de la stratégie pouvant être ajustés de façon ponctuelle (ex. augmenter le nombre de caissiers au comptoir).

L'audit de services comporte donc deux types d'analyses distincts : une analyse externe et une analyse interne. L'audit de service est généralement suivi d'une série de recommandations stratégiques et tactiques pouvant être implantées à court terme (1 an), à moyen terme (1 à 3 ans) ou à long terme (3 à 5 ans).

Bibliographie

Assael, Henry. Marketing: Principles and Strategy. 2e édition. Dryden Press. 1993. p.20-24

2 | Analyse du marché : veille environnementale et veille concurrentielle

Introduction 30
2.1 Veille environnementale 30
2.2 La veille concurrentielle 39
Bibliographie 44
Audit de services 44

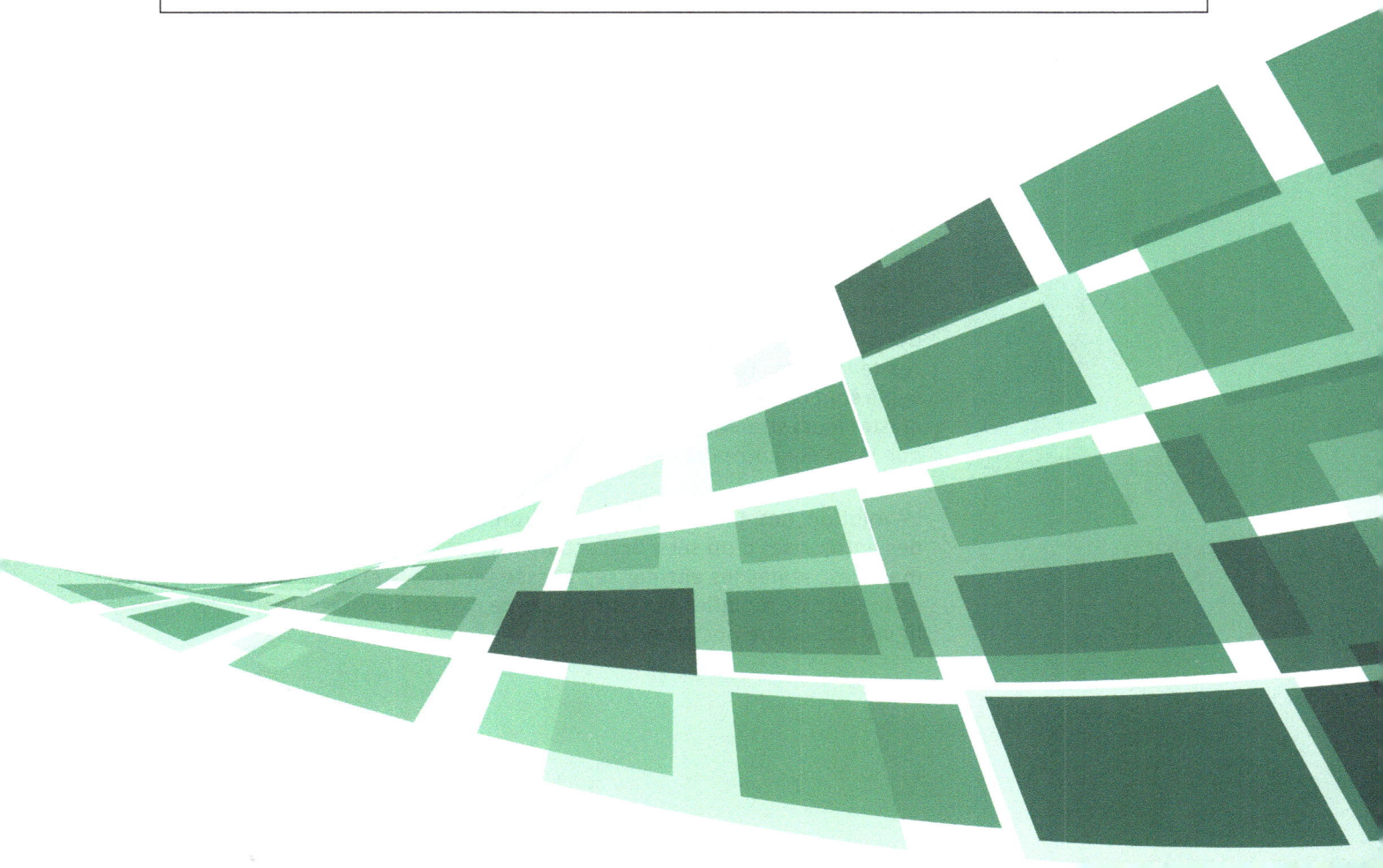

Introduction

Les tendances du marché et le développement de nouvelles formes d'expériences client par vos compétiteurs auront une incidence déterminante sur la valeur que vous devez offrir à vos clients. Ceux-ci ne sont plus à la recherche d'une simple activité de consommation : ils recherchent des entreprises capables de leur faire vivre une expérience d'achat unique, stimulante et conviviale. Les tendances du marché, vues dans la première section de ce chapitre, détermineront le type d'expérience recherché par vos clients. Dans un monde de plus en plus compétitif, vous devez connaître à fond le type d'expérience offert par vos compétiteurs et vous différencier par rapport à eux plutôt que de chercher à les imiter.

2.1 Veille environnementale

Veille environnementale

Processus de gestion ayant pour objet l'analyse continue des tendances qui auront un impact sur la demande pour une catégorie de produits ou de services.

La consommation de produits ou de services est fortement influencée par le contexte qui prévaut au moment de la décision d'achat. Bien que les décisions du client reposent, en grande partie, sur des influences internes (ex. ses besoins, ses attentes, sa situation financière, etc.), plusieurs influences externes contribueront à déterminer son choix.

Ces influences externes proviennent, entre autres, de l'environnement économique, social, démographique et politique qui prévaut lors de la décision d'achat.

La *veille environnementale* correspond à un processus de gestion ayant pour objet l'analyse continue des tendances qui auront un impact sur la demande générique, i.e. la demande pour une catégorie de produits ou de services. En observant sur une base annuelle les principaux indicateurs économiques, sociaux, démographiques, etc., on peut déceler des tendances; ***une tendance lourde*** sera observée lorsque celle-ci sera importante et constante.

Par exemple, le taux d'endettement des ménages québécois constitue, depuis 2004, une tendance économique lourde; de même, le vieillissement de la population représente une tendance démographique lourde. L'analyse des tendances doit être réalisée de façon continue afin de déceler le plus tôt possible l'émergence ou le renforcement d'une de ces tendances. Les entreprises performantes possédant un système de veille sont en mesure de les déceler plus rapidement; elles peuvent ainsi ajuster leurs stratégies d'affaires plus promptement et plus efficacement que leurs concurrents.

L'évolution des tendances de l'environnement crée, pour l'ensemble des entreprises d'un secteur d'activités, des occasions de marché et des menaces; seules les entreprises possédant un système de veille seront en mesure de modifier leurs stratégies de marketing en conséquence. La figure 2.1 illustre nos propos.

Figure 2.1 | **Les occasions et menaces du marché : impacts et réactions**

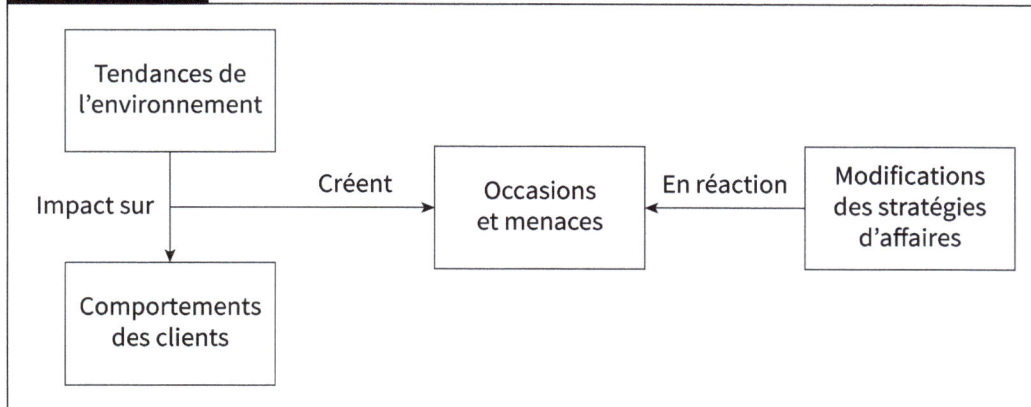

Nous avons identifié sept (7) tendances qui sont particulièrement présentes dans le secteur des produits et services :

1. Les tendances démographiques;

2. Les tendances économiques;

3. Les tendances culturelles;

4. Les tendances sociales;

5. Les tendances technologiques;

6. Les tendances politico-légales;

7. Les tendances climatiques.

2.1.1 Les tendances démographiques

« La démographie explique deux tiers de tout! », s'exclame David K. Foot, célèbre démographe, au début d'un de ses ouvrages à succès. En effet, en suivant l'évolution de la population en ce qui concerne l'âge, le sexe, le niveau de scolarité, l'état civil, etc., on peut prédire la demande pour plusieurs secteurs d'activités de services.

Par exemple, en se basant sur l'espérance de vie des Canadiens, on peut prédire la demande du marché pour les services funéraires pour les dix années à venir; le taux de natalité, jumelé au niveau d'emploi des parents, permet de prédire la demande pour des services de garde d'enfants; etc.

Le phénomène dominant des prochaines années sera incontestablement en lien avec les retraites massives des Boomers, ces personnes nées entre 1947 et 1966.

| Figure 2.2 | Pyramides des âges pour le Canada et le Québec |

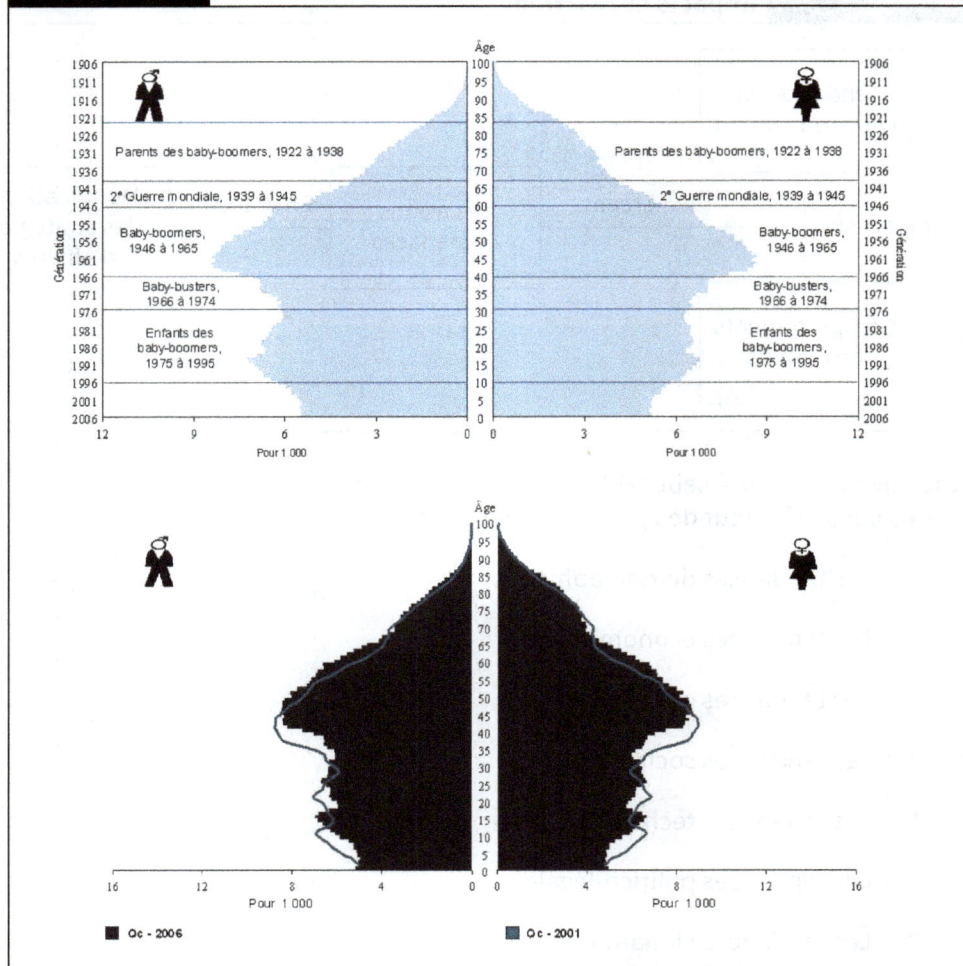

Source : Statistique Canada, recensements de la population, 2001 et 2006.

Pyramides des âges pour le Canada et le Québec

En 2007, plus du tiers de la population canadienne a eu entre 41 ans et 60 ans. Au cours des 20 prochaines années, un nombre impressionnant de personnes quitteront le marché traditionnel du travail pour s'adonner à d'autres types d'activités. En effet, l'âge médian de la population canadienne augmentera : s'il a atteint la barre des 39 ans en 2005, il pourrait se situer entre 43 ans et 46 ans en 2031 et grimper jusqu'à 45 ans et même 50 ans en 2056.

De plus, la proportion des personnes âgées (13 % de la population en 2005) augmentera substantiellement; ces dernières pourraient représenter environ 25 % de la population en 2031 et environ 30 % en 2056. L'augmentation de l'espérance de vie, combinée à un meilleur état de santé de cette population, provoquera un accroissement de la demande pour des services liés aux activités de jardinage, de voyages spécialisés, de conseils financiers, de services d'entretien ménager, de gardiennage de résidences, de soins de santé, de soins du corps et de l'esprit, de services de transports adaptés, etc.

Le vieillissement de la population met les prestataires de services devant l'obligation d'adapter leurs stratégies de marketing à cette nouvelle réalité. La diminution graduelle des sens (vue, ouïe), des habiletés intellectuelles, ainsi que des capacités physiques (dextérité, souplesse) obligera les entreprises à concevoir des processus de services mieux adaptés.

La taille des ménages aura également un impact sur la demande pour certains services. En milieu urbain, dans certains quartiers, le nombre de ménages comptant une seule personne frôle parfois les 60 %. Par exemple, les services d'entretien et de réparation sont fort populaires dans ces quartiers, tout comme les services de traiteurs à domicile.

Enfin, il ne faut pas oublier que, même si l'on parle en général des consommateurs, ce sont surtout... des consommatrices. En effet, les femmes contrôlent 80 % de chaque dollar dépensé par ménage. Une étude récente effectuée auprès de 2000 Canadiennes a révélé que ces dernières sentent souvent que les compagnies ne les prennent pas au sérieux.

Ceci est particulièrement vrai dans des domaines traditionnellement réservés aux hommes, comme l'automobile ou la rénovation par exemple. Un centre de rénovation canadien a par ailleurs réussi à dégager une croissance annuelle de 40 % en intégrant entre autres à son offre de services de nouvelles options en matière de décoration appréciées des femmes. Dans la même optique, les concessionnaires Toyota ont mis au point le système Accès Toyota en se basant sur les recommandations de ses clientes, parfois intimidées au moment de négocier le prix d'une voiture. Ce service en ligne, permettant de déterminer très précisément le prix d'une voiture, est également fort apprécié de la clientèle masculine. Il s'agit donc pour les entreprises d'être à l'écoute de cette clientèle, qui saura se montrer fidèle à une compagnie qui aura compris ses besoins particuliers.

2.1.2 Les tendances économiques

La consommation de services est fortement influencée par les facteurs économiques suivants : les revenus individuels et les revenus des ménages, le statut d'emploi (population active, en recherche d'emploi, emploi à temps plein, à temps partiel, etc.), les taux d'intérêt pour les prêts à la consommation, le taux d'endettement et le fardeau fiscal (taxes directes et indirectes).

2.1.3 Les tendances culturelles

La composition ethnoculturelle de la population québécoise a fortement changé au cours des vingt dernières années. Le tableau 2.1 illustre bien à la fois l'importance de l'immigration dans l'accroissement de la population québécoise (plus de 190 000 personnes ont immigré au Québec entre 2000 et 2004) et la diversité culturelle du Québec. Ces immigrants proviennent principalement de la Chine, du Maroc, de la France et de l'Algérie.

Tableau 2.1	Lieu de dernière résidence des immigrants admis de 1996 à 2006 et résidant au Québec en janvier 2007

Pays	Immigrants	Pourcentage
France	28 571	10.2 %
Algérie	21 147	7.6 %
Maroc	19 597	7.0 %
Chine	17 995	6.4 %
Roumanie	15 024	5.4 %
Haïti	13 820	4.9 %
Colombie	8 567	3.1 %
Liban	8 430	3.0 %
Inde	7 743	2.8 %
Pakistan	6 575	2.4 %
Autres pays	132 067	47.2 %

Source : Immigration et communautés culturelles Québec, avril 2007.

Tableau 2.2	Pays de naissance de la population québécoise immigrée en 2007		
Rang	Pays de naissance	Nombre	Pourcentage
1	Maroc	3 612	8,0
2	France	3 467	7,7
3	Algérie	3 414	7,5
4	Colombie	2 542	5,6
5	Chine	2 471	5,5
6	Roumanie	1 827	4,0
7	Liban	1 826	4,0
8	Mexique	1 304	2,9
9	Haïti	1 203	2,9
10	Iran	1 110	2,3
11	Inde	1 061	2,0
12	Pérou	908	1,9
13	Philippines	863	1,9
14	États-Unis	852	1,9
15	Cameroun	761	1,7

Source : Immigration et communautés culturelles Québec, avril 2007.

Une entreprise qui exerce ses activités dans un marché culturellement hétérogène tel qu'il en existe au Québec ne peut donc pas se permettre d'ignorer les particularités propres aux individus de cultures différentes.

La croissance de la population du Canada et du Québec au cours des dernières années a principalement été basée sur l'immigration plutôt que sur la natalité. En 2001, on dénombrait d'ailleurs 4,7 millions de Canadiens dont la langue maternelle n'était ni l'anglais ni le français. En 2007, certaines ethnies en sont à leur 3e génération en sol canadien. En analysant cette clientèle, il faut donc distinguer les nouveaux arrivants (immigrés depuis moins de 2 ans), les enfants de 1re, 2e ou 3e génération nés au Canada et les enfants d'immigrants provenant de pays autres que leur pays d'origine. Servir la première catégorie d'immigrants nécessitera un effort d'éducation de la part des entreprises de services, surtout pour celles œuvrant dans le secteur des utilités publiques. Par exemple, Hydro-Québec a publié, dès 1995, des documents d'information multilingues. Également en 1995, la Société de l'Assurance Automobile du Québec, pour sa part, a mis sur pied sa Politique de service à la clientèle pour les gens provenant de différentes communautés culturelles.

Cette nécessité de s'adapter aux besoins des communautés culturelles est particulièrement présente pour des entreprises installées dans les grands centres. Les nouveaux immigrants ont en effet tendance à privilégier des villes comme Montréal, Toronto ou Vancouver puisqu'ils pensent y trouver davantage d'emplois et de possibilités d'intégration.

Examinons de plus près le cas de Montréal. En plus des majorités francophone et anglophone, on y retrouve près de 20 % d'immigrants représentants plus de 80 communautés culturelles. Un grand nombre d'immigrants d'origine italienne (Saint-Léonard) ou arabe (Saint-Laurent) se sont installés dans cette métropole cosmopolite. Chacun des groupes ayant choisi d'élire domicile à Montréal est porteur de traits particuliers. Par exemple, on retrouve beaucoup de Grecs dans le secteur de la restauration et de l'hébergement, alors que les Français auront tendance à privilégier l'enseignement et les Vietnamiens le secteur manufacturier. Par contre, il ne faut pas faire l'erreur de généraliser ces tendances à chacun des membres de ces communautés : il existe plusieurs sous-groupes au cœur d'une même culture.

Servir les clients provenant des différentes communautés culturelles exige donc des employés de contact une attention particulière. Outre la maîtrise de la langue d'usage, la communication non verbale (signes, gestes, postures) joue un rôle important lors des contacts face à face. Enfin, certains membres des communautés culturelles apprécient de pouvoir reprendre les habitudes acquises sur leur terre natale. Les épiceries Adonis, qui se spécialisent dans les produits d'origine arabe, constituent un bel exemple d'environnement permettant aux gens de cette communauté de retrouver les produits auxquels ils étaient habitués dans leurs pays d'origine. Tout, de la gamme de produits jusqu'à la mise en marché, en passant par la façon de servir les gens, rappelle la culture arabe. Il s'agit d'une méthode efficace pour assurer un lien entre le passé et le présent pour les membres de la communauté arabe et également pour initier les membres d'autres communautés à cette culture.

2.1.4 Les tendances sociales

En fonction de leurs valeurs, les consommateurs adoptent un style de vie qui leur est propre. Par exemple, une personne qui attache beaucoup d'importance à la famille favorisera des activités familiales plutôt que des activités individuelles, alors qu'une personne qui valorise beaucoup son apparence physique fréquentera un centre de conditionnement physique et choisira des restaurants offrant de la nourriture saine. Il est donc possible d'expliquer plusieurs comportements de consommation de services à partir des valeurs que possède un individu. Une importante firme québécoise de conseil en marketing a développé un système de classification des consommateurs québécois en fonction de leur style de vie. Cette typologie a permis de découper la population québécoise en 16 groupes types (socio-styles).

Ce découpage est le résultat de l'analyse des informations que 5 000 Québécois et Québécoises ont donné à propos de leurs intérêts, leurs valeurs, leurs attitudes et leurs comportements. Le tableau suivant présente quelques socio-styles québécois.

Tableau 2.3   Les socio-styles québécois (extrait)

Groupes types	Définitions
Les décideurs	Ce sont des dirigeants actifs aux revenus supérieurs, au grand train de vie, ouverts au monde et bien informés. Ils sont de grands consommateurs de produits de luxe et de voyages.
Les douillets	Ce sont surtout des banlieusards qui recherchent la réussite sociale et financière. Ils sont soucieux de leur intégration à la vie du quartier, à leur voisinage. Les douillets dépensent beaucoup afin d'améliorer leur confort domestique.
Les enthousiastes	Ils ont des revenus modestes, mais un niveau d'éducation élevé. Ils sont ambitieux sur les plans professionnel et social. Innovateurs, ils croient à un travail passionnant ainsi qu'à une société juste et écologique. Ce sont des « touche-à-tout » de la culture qui recherchent l'originalité dans les produits et les loisirs.
Les économes	Ce sont des consommateurs à petits moyens qui achètent des produits bon marché. Plutôt d'âge mûr, ils sont d'une nature inquiète, mais satisfaite. Ils sont discrets et respectueux des règles sociales. Ils préfèrent magasiner dans leur voisinage.
Les gourmands	En majorité, ce sont des jeunes individualistes, insouciants et libérés, qui sont en quête de sensations tous azimuts et consomment mode et divertissement.

Source : Zins, Beauchesne et associés. Les socios-styles québécois, Août 2008.

Ce type d'étude permet de localiser, pour chaque territoire géographique, la proportion de résidents présentant les caractéristiques inhérentes aux différents styles de vie.

2.1.5 Les tendances technologiques

L'élaboration de nouvelles technologies de l'information (NTI), comme les téléphones intelligents, les boîtes vocales, la messagerie électronique, Internet ou la télévision interactive, a créé une multitude de possibilités pour les entreprises de produits et services. Les NTI ont largement facilité la gestion des contacts-clients, autant pour les contacts entrants que les contacts sortants. Au point de services, les technologies de services comme les écrans tactiles, les bornes interactives d'information ou les lecteurs optiques ont permis un accroissement de la productivité tout en améliorant la qualité du service à la clientèle. L'utilisation des NTI lors de la conception des processus de prestation de services sera discutée au chapitre 8.

2.1.6 Les tendances politico-légales

La plupart de produits et entreprises opèrent dans un cadre législatif qui influence fortement leurs opérations. Plusieurs stratégies de marketing peuvent être affectées par la réglementation qui prévaut dans leur secteur d'activité. Par ricochet, ces contraintes d'ordre politico-légal auront un impact sur les comportements des consommateurs. Par exemple, on n'a qu'à penser à la loi qui, depuis le 31 mai 2006, interdit l'usage des produits du tabac dans tous les lieux publics au Québec; les propriétaires de restaurants et de bars doivent se conformer à la nouvelle loi, sachant bien qu'à court terme cela aura un impact sur l'achalandage dans leur établissement. Les propriétaires de taxis voient leurs tarifs et leurs prestations de services fixés par un organisme gouvernemental; les institutions financières, pour leur part, majorent leurs taux en fonction des orientations de la Banque du Canada.

2.1.7 Les tendances climatiques

Plusieurs activités de services sont influencées par les conditions climatiques. Il suffit de penser aux activités qui ont lieu à l'extérieur comme le ski alpin, les tournois sportifs (golf, tennis) ou encore aux évènements culturels (festivals, concerts, etc.). En anticipant une réduction importante des précipitations de neige, les stations de ski alpin se sont assurées, dès 2001, d'équiper leurs pistes de canons à neige. Les organisateurs d'évènements sportifs ou culturels prévoient, lors de la conception de leur offre de services, des solutions de rechange en cas de mauvais temps. Certains grands magasins offrent à leurs clients, à l'automne et au printemps, un parapluie pour leur permettre de regagner leur voiture.

Implantation d'un système de veille environnementale

L'implantation d'un système de veille doit être confiée à une personne à l'interne qui en assurera la conception et le suivi. Par contre, la collecte des données externes peut être confiée à une personne ou à une firme indépendante. La mise en œuvre d'un tel système comporte cinq (5) étapes distinctes :

1. L'identification des variables pertinentes au secteur d'activité à l'étude, pour chacune des tendances mentionnées ci-dessus, s'il y a lieu. Par exemple, il est possible que les tendances climatiques ne soient pas pertinentes pour un secteur d'activité donné;

2. Pour chacune des variables (ex. l'âge), déterminer le type de mesure désirée (ex. âge moyen) et les *marchés géographiques* pour lesquels les données doivent être obtenues;

3. Déterminer les sources de données externes ainsi que les modes de transmissions des données (voir encadré 2.1);

4. Prévoir les modes de traitement et d'analyse des données;

5. Acheminer les rapports d'analyse de ces données aux décideurs concernés.

Un budget de fonctionnement doit comprendre les heures travaillées de la personne responsable et celles du ou des analystes. Il doit également comprendre le coût d'acquisition de données externes auprès de firmes spécialisées.

Marché géographique

Quartier, ville, agglomération, région métropolitaine de recensement, région, province, pays.

2.2 La veille concurrentielle

2.2.1 La concurrence

Dans la grande majorité des secteurs de produits et services, on observe généralement un phénomène de concurrence parfaite, i.e. la présence de plusieurs concurrents, indépendants les uns des autres, qui cherchent tous à s'approprier la plus grande part des dépenses des consommateurs pour une catégorie de produits et services donnée. Les dirigeants d'une entreprise œuvrant dans le secteur de la téléphonie cellulaire rêvent de voir tous les consommateurs de tels produits utiliser leurs services. La réalité est toute autre : plusieurs entreprises cherchent à dominer le même marché! C'est à ce niveau que le marketing stratégique prend tout son sens. En plus de répondre aux besoins spécifiques des clients potentiels, l'entreprise doit pouvoir se différencier des concurrents et convaincre ces clients qu'elle offre la meilleure valeur du marché. Avant même de se comparer, pour ensuite définir notre avantage concurrentiel (voir chapitre 4), encore faut-il savoir qui sont nos concurrents.

Les entreprises visant la même clientèle cible, avec une offre de services similaire et cherchant à satisfaire le même besoin sont des *concurrents directs*. Les entreprises visant la même clientèle cible, avec une offre de services différente, et cherchant à satisfaire le même besoin sont des *concurrents indirects*. Par exemple, une compagnie d'autobus offrant des trajets de la ville A à la ville B sera en concurrence directe avec une autre compagnie d'autobus offrant les mêmes trajets, aux mêmes prix, avec le même niveau de services; une compagnie de train représente un concurrent indirect car celle-ci vise la même clientèle mais avec une offre de services différente. Il existe également un autre type de concurrence qu'il ne faudrait pas négliger; il est en effet possible que, pour certains types de services, un individu puisse effectuer lui-même les tâches plutôt que de payer pour les services d'une entreprise. Par exemple, on peut choisir de tondre la pelouse soi-même plutôt que d'avoir recours à une firme d'aménagement extérieur. Par contre, il semble beaucoup plus malaisé de poser un diagnostic médical sur notre propre personne… L'option de « faire soi-même » s'offre également aux entreprises et non seulement aux particuliers. Une firme désirant recruter du nouveau personnel

Concurrents directs

Entreprises visant la même clientèle cible, avec une offre de service similaire, et cherchant à satisfaire le même besoin.

Concurrents indirects

Entreprises visant la même clientèle cible, avec une offre de service différente, et cherchant à satisfaire le même besoin.

pourra, si elle le souhaite, rédiger elle-même une annonce et la placer dans les journaux ou sur Internet plutôt que d'avoir recours à une agence de placement ou à des chasseurs de têtes.

L'analyse approfondie de la concurrence constitue une étape cruciale du processus étendu de gestion du marketing, et ce pour les raisons suivantes :

- Les clients potentiels comparent ce qu'une entreprise a à leur offrir avec ce que les concurrents proposent. Il devient donc impératif de bien connaître les stratégies des concurrents;

- Une des stratégies dominantes du marketing consiste à se différencier des autres entreprises aux yeux des clients en leur offrant une valeur unique. De quelle façon peut-on se distinguer des concurrents si l'on ne connaît pas leurs stratégies?;

- Les concurrents, tout comme vous, réagissent aux changements du marché; il faut donc connaître les actions des concurrents afin de s'ajuster rapidement.

Connaître les types et les sources de données externes

Pour plus de détails consulter :

BiblioGuide n°1a, HEC Montréal (http://neumann.hec.ca/biblio/biblioguides/guide01.pdf)

Statistiques générales :

Le Canada en statistiques : Statistique Canada
http://www40.statcan.ca/l02/cst01/

Le Québec statistique : Institut de la statistique du Québec
http://www.stat.gouv.qc.ca/

Données sociodémographiques :

Le Canada en statistiques : Population et démographie
http://www40.statcan.ca/l02/ind01/l2_3867_f.htm

Perspectives démographiques Québec: Institut de la statistique du Québec
http://www.stat.gouv.qc.ca/donstat/societe/demographie/index.htm

Banque de données E-Stat (gratuit pour les étudiants)
http://www.statcan.ca/francais/Estat/licence_f.htm

Données sur les industries :

Strategis : Industrie Canada
http://strategis.ic.gc.ca/frndoc/main.html

Culture et médias :

Guide de la statistique de la culture : Statistique Canada
http://www40.statcan.ca/l02/ind01/l2_3955_f.htm

Observatoire de la culture et des communications du Québec : Institut de la statistique du Québec
http://www.stat.gouv.qc.ca/observatoire/default.htm

2.2.2 Analyse de la concurrence : implantation d'un système de balisage

Le terme « balisage » provient du mot anglais « benchmark », qui désignait à l'origine un point de référence servant à effectuer une mesure dans le langage des géomètres. En gestion, où l'usage du terme tend à se répandre de façon exponentielle depuis quelques années, le balisage consiste à établir un étalonnage permettant de mesurer diverses performances. L'entreprise qui effectue un balisage de la concurrence cherche donc à déterminer comment elle se positionne par rapport à ses principaux concurrents.

Le balisage de la concurrence est une pratique fort prisée au sein des industries manufacturières. Il semble en effet logique pour une entreprise de chercher à mettre la main sur le produit du concurrent afin de l'analyser et de se servir des données recueillies pour perfectionner son propre produit. Par contre, il n'en est pas de même pour les entreprises de services, qui semblent avoir plus de mal à adopter cette technique. Elles auraient toutefois tout intérêt à avoir davantage recours au balisage, puisque la nécessité d'offrir une qualité de services de haut niveau et de maintenir de bonnes relations avec les clients se fait de plus en plus sentir dans le milieu compétitif des services. Il a été démontré à plusieurs reprises que la perception que les clients ont du service reçu influence directement leur satisfaction et, par ricochet, la profitabilité de l'entreprise.

Les bénéfices d'un système de balisage dans le secteur des services sont nombreux. En étudiant l'offre des concurrents, une entreprise sera en mesure de devenir plus efficace. Cette hausse de l'efficacité entraînera la réduction des coûts, la hausse de la productivité et, éventuellement, l'amélioration de la qualité du service à la clientèle et de l'offre par rapport à la concurrence. Le balisage facilite également le processus de planification stratégique puisqu'il permet d'identifier des actions cibles et de déterminer les niveaux de services à atteindre. Pour ce faire, il ne faut pas se contenter de se comparer uniquement avec les concurrents directs mais bien chercher à mettre au jour les meilleures pratiques présentes sur le marché, peu importe le secteur d'activité. En étant à l'affût des pratiques innovatrices en matière de services, il est possible d'importer des idées originales. Par exemple, une entreprise de services funéraires située dans un centre urbain offre à ses clients, comme le font ses voisins restaurateurs, un service de valet pour le stationnement.

Le balisage au sein des entreprises de services comporte également quelques inconvénients : les ressources humaines et temporelles sont limitées et l'identification des concurrents et du détail de leur offre peut être ardue. Par exemple, il est plus difficile de bien cerner les tarifs (qui dépendent de plusieurs facteurs) dans le domaine des services que dans celui des produits. Par contre, le fait que les services soient très visibles peut faciliter la tâche d'observation de la concurrence.

Une analyse assidue de la presse d'affaires, des rapports annuels des concurrents ainsi que du contenu des nombreuses conférences et colloques sectoriels permettra de déceler l'arrivée imminente de nouveaux concurrents (concurrence potentielle). Par exemple, l'arrivée des câblo-distributeurs dans le marché de la téléphonie résidentielle a complètement changé la donne pour les compagnies spécialisées en téléphonie par fil.

L'encadré 2.1 propose une méthode de balisage de la concurrence en 7 étapes.

Encadré 2.1   **Méthode de balisage de la concurrence**

1. Identifiez les concurrents directs et indirects en fonction des marchés géographiques.

Pour cette première étape, élargissez votre champ de vision.

Par exemple, un studio de photographie, qui limitait son analyse aux autres studios, s'est aperçu par la suite que plusieurs grands magasins offraient également des services de photographie; une firme d'architectes spécialisée dans le secteur résidentiel a constaté que la concurrence provenait davantage des bureaux de technologues en architecture que des autres firmes d'architectes.

2. Estimez l'importance de chaque concurrent.

À l'aide de données secondaires concernant votre secteur d'activité et portant sur le chiffre d'affaires, le nombre de points de services, le nombre d'employés, etc., tentez d'identifier le chef de file, les prétendants (no. 1, 2, 3) et les concurrents de créneau. Ces derniers sont généralement de petite taille et offrent des services très spécifiques.

Par exemple, parmi les grands transporteurs de courrier au Québec se trouvent de plus petits transporteurs qui se spécialisent dans le transport de certains biens au sein de territoires relativement restreints.

3. **Évaluez les stratégies de marketing des concurrents.**

Plus particulièrement :

- Les segments de marché visés;
- Leur positionnement;
- L'offre de services;
- L'accessibilité des services;
- La tarification;
- La promotion;
- L'ambiance au point de services;
- Les processus de prestations;
- La gestion du personnel de contact.

En examinant les pratiques d'affaires des concurrents et leur performance sur le marché, l'entreprise sera en mesure d'améliorer ses propres pratiques actuelles.

4. **Comparez vos stratégies à celles des concurrents.**

5. **Identifiez les forces et faiblesses de vos concurrents.**

6. **Identifiez vos forces et faiblesses par rapport à vos concurrents.**

7. **Identifiez et documentez la concurrence potentielle.**

2.2.3 Méthodes de recherche

L'analyse de la concurrence peut se faire par le biais de recherche documentaire, par exemple en ayant recours à la documentation fournie par les autres entreprises du secteur à leurs clients ou à leurs clients potentiels. On peut également chercher dans les outils de recherche spécifiques à certains domaines, sur Internet (le moteur de recherche Google permet de créer des agents de recherche qui enverront systématiquement toute information pertinente à une adresse courriel), ou encore avoir recours à une firme de relations publiques pour amasser toutes les informations publiées sur la concurrence. Enfin, on peut également faire affaire directement avec des courtiers en information qui ont accès aux bases de données électroniques contenant les principaux journaux et revues d'affaires.

Mais rien ne vaut la recherche sur le terrain; le fait de vivre, à titre de client, l'expérience de services offerte par la concurrence constitue la source la plus directe de compréhension de votre position dans le marché. Par exemple, les dirigeants d'une des rôtisseries les plus populaires au Québec se font un devoir de manger régulièrement chez tous leurs concurrents; cela leur permet de garder l'œil sur les initiatives prises par leurs rivaux. Si certains dirigeants d'entreprise préfèrent visiter eux-mêmes les établissements des compétiteurs, ou encore choisissent de déléguer des employés de confiance, il est possible d'avoir recours à une firme professionnelle embauchant des clients mystères. Ces derniers se chargeront de rapporter de façon minutieuse leur expérience et pourront répondre à des questions précises sur le service. Enfin, il importe de ne négliger aucun des aspects du service; par conséquent, il faut faire l'expérience du service offert par la concurrence par le biais de ses canaux électroniques de communication. On peut donc téléphoner aux concurrents et évaluer le service offert par le personnel de contact ou encore visiter le site Internet de l'entreprise et évaluer son contenu en information et sa capacité à nous permettre de réaliser les tâches désirées.

Bibliographie

Brooks, Roger et Tim Wragg. Benchmark for the best business, Managing Service Quality, 1993.

Fabien, Louis et Séverine Le Loarne. La convergence des offres de services dans le secteur des télécommunications : freins et enjeux, Cahier de recherche No 04-01, HEC Montréal, 2004.

Foot, David K. Boom, Bust and echo. Éd. M.W&R. 2000. p. 8

Smith, A. Using consumer benchmarking criteria to improve service sector competitiveness, Benchmarking, 2000.

Thomas Yaccato, Johanne. The 80% Minority: Reaching the World of Women Consumers, 2006.

Wikipédia.org

Zins, Beauchesne et associés. Les Sociostyles québécois, Montréal, août 2008.

Audit de services

Partie 2 : Analyse du marché

Méthodologie
Recherche sur les sites indiqués en référence.

Méthodologie
Analyse de données fournies par l'entreprise (site web, rapports financiers, entretien avec le gestionnaire).

1. Identifier et documenter les tendances qui auront un impact sur la demande des services de votre entreprise. Choisir les tendances les plus pertinentes.

    – Tendances démographiques;

    – Tendances économiques;

    – Tendances culturelles;

    – Tendances sociales;

    – Tendances technologiques;

    – Tendances politico-légales;

    – Tendances climatiques.

    Juger de la qualité du système de veille environnementale mise en place interne dans votre entreprise.

2. Effectuer une analyse de balisage auprès de deux concurrents directs.

  – Identifier les concurrents directs en fonction des marchés géographiques.
    Exemple : Deux studios photos situés dans le même quartier.

  – Estimer l'importance de chaque concurrent.
    Se baser sur les données secondaires du secteur d'activités : nombre de points de services, nombre d'employés…

  – Identifier le chef de file, le prétendant, et le suiveur.

  – Identifier les concurrents indirects en fonction des marchés géographiques. Exemple : Un studio photo en concurrence avec un grand magasin qui offre aussi des services de photographie.

Méthodologie

Visite au point de service de votre entreprise et aux points de services des entreprises concurrentes. L'analyse de la concurrence peut se faire par le biais de documentations fournies par les autres entreprises et par le biais de recherches documentaires.

3. Comparer les stratégies de votre entreprise à celles des concurrents.

Stratégies	Votre entreprise	Concurrent 1	Concurrent 2
Stratégie de positionnement			
Stratégie de différenciation			
Stratégie de segmentation			
Offre de services			
Accessibilité			
Processus de prestation de service			
Gestion du personnel de contact			
Ambiance de service			
Tarification			
Après-service			

4. Identifier les forces et les faiblesses de vos concurrents et de votre prestataire de service.

	Votre entreprise	Concurrent 1	Concurrent 2
Forces			
Faiblesses			

5. Identifier et documenter la concurrence potentielle.

6. Suggestions.

☐ Formuler des recommandations visant à améliorer la performance du service de veille environnemental Internet de votre entreprise.

☐ Formuler des recommandations visant à instaurer une analyse continue de balisage.

Références

Exemple : Google, HECTOR (base de données de HEC Montréal), Biblio-Giude, No1

Le Québec statistiques : http://www.stat.gouv.qc.ca

Données sociodémographiques
Perspectives démographiques Québec
http://www.stat.gouv.qc.ca/statistiques/population-demographie/index.html

Données sur les industries
http://www.ic.qc.ca/Intro.html

Culture et médias
Observatoire de la culture et des communications du Québec : institut de la statistique du Québec.
http://www.stat.gouv.qc.ca/statistiques/culture/index.html

3 | Le client au cœur de l'interaction de services : analyse des comportements de la clientèle

Introduction 48

3.1 L'expérience-client 48

3.2 L'implication du client 50

3.3 Les attentes du client 52

3.4 Le processus décisionnel du client 57

3.5 La satisfaction de la clientèle 60

3.6 Le risque perçu 63

3.7 Les méthodes de recherche 66

Bibliographie 68

Audit de services 69

Annexe 70

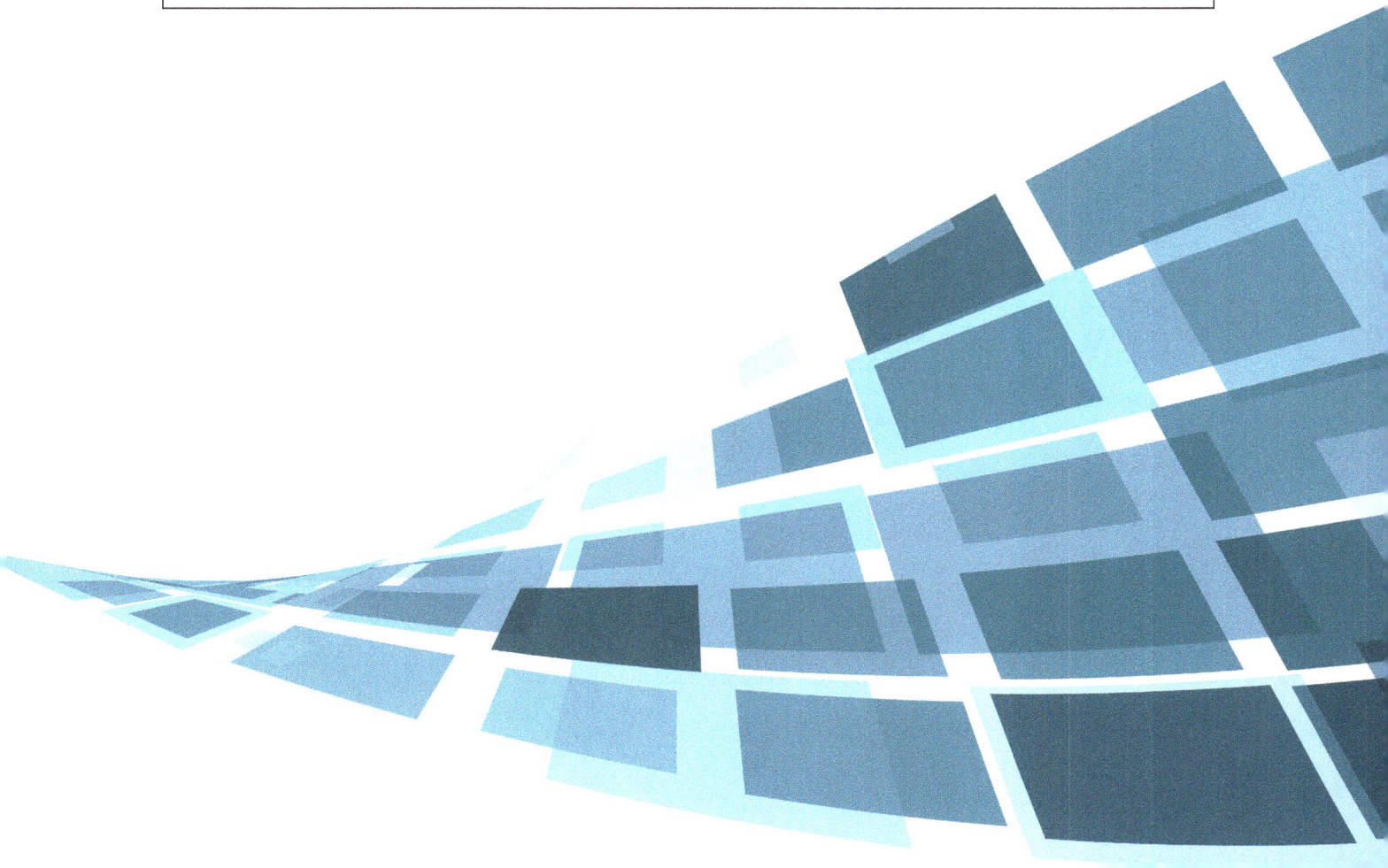

Introduction

La participation active du client au processus de prestation de services a été mentionnée au chapitre 1 comme une des particularités qui distinguent le marketing de produits du marketing de services. Le client, avec ses caractéristiques sociodémographiques, ses attentes, ses émotions et ses prédispositions, constitue en quelque sorte un intrant majeur du processus de prestation de services. Bien connaître la clientèle devient donc impératif avant d'élaborer des stratégies de marketing de services.

Servir tous les clients de la même façon conduit nécessairement à des écarts importants d'un client à l'autre. La raison est simple : les clients n'ont pas tous les mêmes attentes lorsqu'ils se font servir. Certains arrivent pressés, d'autres exigent qu'on prenne le temps de bien leur expliquer les services offerts avant de s'engager. De plus en plus de clients s'attendent à pouvoir utiliser des services sans se déplacer : services en ligne, services à domicile ou au lieu de travail. Les attentes, en plus de varier d'un client à l'autre, peuvent évoluer pour un même client, en fonction du contexte, de son humeur, de sa contrainte de temps, de son budget.

Pour se faire servir, le client doit s'impliquer avant, durant et après le processus de prestation de services. Au moment où le client entre en interaction avec l'entreprise, quelles sont ses attentes précises? Quels sont les critères qui motiveront sa décision de choisir un prestataire plutôt qu'un autre? Quels sont les attributs de services qui auront une incidence sur son degré de satisfaction? Et, plus important encore, quels sont les attributs-clé de services qui amèneront à coup sûr le client à faire de nouveau appel à une entreprise? Autant de questions fondamentales qui seront abordées dans le présent chapitre.

3.1 L'expérience-client

Tout au long de ce chapitre, j'adopterai une perspective client, i.e. le service tel que perçu et vécu par le client. ***L'expérience client comprend l'ensemble des interactions vécues par le client lorsqu'il fait affaire avec une entreprise, que ce soit avec le personnel de contact, les technologies de services à distance (WEB, courriel, téléphone, photocopieur) ou avec les équipements et technologies de services mis à sa disposition au point de service.***

Dans une période donnée, le client peut vivre plusieurs interactions avec la même entreprise : une demande d'information par téléphone, une demande d'estimation du coût du service, une prise de rendez-vous, une visite au point de services pour recevoir ou utiliser le service en question, une demande de précisions au préposé au service à la clientèle au sujet du service reçu, une plainte formulée sur le site Internet de l'entreprise. Toutes ces interactions peuvent être vécues par un client qui, par exemple, désire faire laver les vitres de son domicile : contact par téléphone au sujet des tarifs et des disponibilités, visite d'un représentant, estimation des coûts expédiée par courriel.

Expérience client

Ensemble des interactions vécues par le client lorsqu'il fait affaire avec une entreprise, que ce soit avec le personnel de contact, les technologies de services à distance (WEB, courriel, téléphone, photocopieur) ou avec les les équipements et technologies de services mis à sa disposition au point de service.

Technologies de services à distance

Interfaces technologiques qui permettent au client d'entrer en contact avec l'entreprise de services sans passer par le personnel de contact.

On peut identifier cinq (5) types d'interactions :

1. Les interactions avec le personnel de contact aux points de services;

2. Les interactions avec le personnel de contact à distance (téléphone, télécopie, courriels);

3. Les interactions avec les équipements de services mis à la disposition du client (ex. : chariot dans un supermarché);

4. Les interactions avec les *technologies de services* (ex. : les distributeurs automatisés de carte d'embarquement d'Air Canada);

5. Les interactions avec les éléments d'ambiance (ex. : couleurs, formes, mobilier, uniforme du personnel, etc.).

Gérer le service, c'est gérer chacune des interactions vécues par l'ensemble des clients actuels et potentiels, jour après jour, dans tous les points de services. Dans certaines entreprises, le nombre de ces interactions peut être assez impressionnant. C'est le cas pour la Grande Bibliothèque de Montréal. Après deux années consacrées à la construction du bâtiment, la Grande Bibliothèque de Montréal a ouvert ses portes au grand public le 5 mai 2005. Elle offre une panoplie de services aux usagers : consultation d'ouvrages et de banques de données, abonnements annuels, prêts sur place et entre bibliothèques, services de référence au téléphone et sur place, visites guidées, séances de formation, activités d'animation, réception des suggestions des usagers, etc. Au cours de la première année d'opération, plus de 2 863 000 usagers ont fréquenté la Grande Bibliothèque. Si l'on tient compte des différents services utilisés sur place, par téléphone ou par le site Internet, la Grande Bibliothèque a dû gérer plus de 9 567 000 interactions-clients au cours de cette première année.

| Exercice 3.1 | Testez vos connaissances Visite au Musée des beaux-arts de Montréal |

En regardant une émission de télévision, Chloé et Louis apprennent qu'une exposition sur le design italien a lieu au Musée des beaux-arts de Montréal. Ils décident alors de visiter le site Internet du MBAM pour recueillir plus d'informations. Ils téléphonent également au musée afin de s'assurer que le musée est ouvert lors des jours fériés. Ils se rendent à la billetterie du musée, laissent leur parapluie au vestiaire et se procurent un audioguide. À mi-parcours, Chloé va à la toilette. Pendant ce temps, Louis discute avec une employée préposée à la section consacrée à l'exposition du mobilier italien. Avant de quitter, ils commandent un café au restaurant du musée et achètent une affiche à la boutique du musée.

Q1 Combien d'interactions Chloé et Louis ont-ils vécues lors leur expérience au MBAM? Nommez-les.

Type d'interaction

On compte cinq types d'interactions de services : avec le personnel de contact au point de service, avec le personnel de contact à distance, par le biais des technologies de services, avec les éléments d'ambiance.

Lors d'une expérience-client, toutes les interactions n'ont pas la même importance aux yeux du client; certaines ont une plus grande incidence sur son niveau de satisfaction. Normann nomme ces interactions les moments de vérité. Rater une interaction de moindre importance passe toujours mais rater un moment de vérité peut s'avérer catastrophique! Un client qui arrive au stationnement d'un hôtel ne s'offusquera pas outre mesure de la saleté du stationnement. Par contre, si un employé à la réception ne reconnaît pas un client assidu et que ce dernier n'obtient pas la chambre qu'il avait réservée, il sera fortement déçu de son expérience.

3.2 L'implication du client

Lors de toute prestation de service, le client doit s'impliquer, que ce soit avant, pendant ou après la prestation. On ne peut tout simplement pas réussir une prestation de services si le client ne s'implique pas à un moment donné du processus de prestation. L'implication exigée du client varie d'un service à l'autre. Par exemple, faire le plein d'essence dans une station-service exige évidemment beaucoup moins d'implication qu'un projet de décoration intérieure de son domicile avec une professionnelle. Par contre, même pour une activité simple comme faire le plein d'essence, l'implication exigée du client peut être très différente, selon le type de processus de prestation de services adopté par le distributeur d'essence.

Exercice 3.2	**Testez vos connaissances** **Implication du client**

Parmi ces 6 modes de prestation de services, lequel exige la plus grande implication du client? La plus faible implication ?

Dans une station d'essence...

☐ Le client pompe l'essence et paye automatiquement à la pompe.

☐ Le client pompe l'essence et paye le pompiste à la pompe.

☐ Le client pompe l'essence et paye à l'intérieur.

☐ Le pompiste pompe l'essence et le client paye à l'intérieur.

☐ Le pompiste pompe l'essence; le client paye automatiquement à la pompe.

☐ Le pompiste pompe l'essence et accepte le paiement à la pompe.

L'implication du client peut demander un effort physique (ex. emballer soi-même son épicerie), un effort mental (ex. remplir un questionnaire lors d'un examen médical) ou un effort à la fois physique et mental (ex. séance d'évaluation avant d'entreprendre un programme de mise en forme dans un centre sportif). Les efforts exigés du client nécessitent obligatoirement un investissement en temps; pour la clientèle très active, le temps devient une ressource rare, qu'elle tente de gérer de façon optimale. À l'inverse, la clientèle moins active aura plus de temps disponible à consacrer à son ou ses prestataires de services. Avant d'offrir un service, il faut évaluer la prédisposition du client à vouloir s'impliquer dans le processus de prestation qu'on lui offre :

- Est-il prédisposé à consacrer les efforts demandés?

- A-t-il envie de consacrer les efforts demandés?

- A-t-il le temps de consacrer les efforts demandés?

- A-t-il les capacités mentales ou physiques pour réussir correctement les tâches exigées?

Les réponses à ces questions, que l'on doit valider par des méthodes de recherche (voir section 3.7), auront une incidence sur plusieurs stratégies de marketing : la conception des processus de prestation, la tarification des services, l'éducation du client ainsi que la formation des employés de contact.

3.2.1 La conception des processus de prestation

Selon le degré d'implication souhaité par le client, l'entreprise devra préciser qui, du client ou de l'entreprise elle-même, aura la responsabilité d'exécuter chacune des tâches du processus de prestation. La figure 3.1 illustre nos propos.

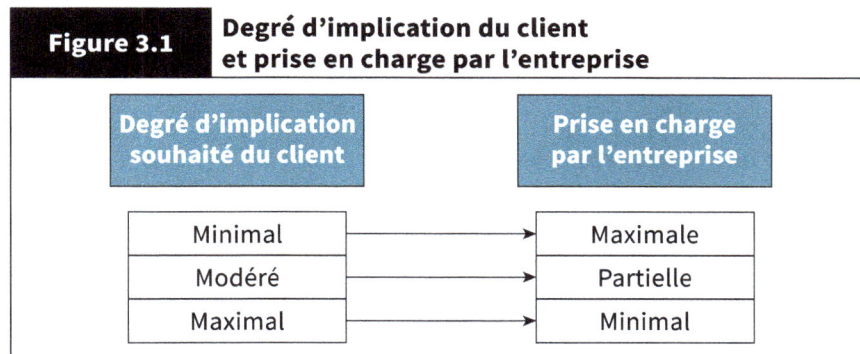

Figure 3.1 — Degré d'implication du client et prise en charge par l'entreprise

Degré d'implication souhaité du client	Prise en charge par l'entreprise
Minimal	Maximale
Modéré	Partielle
Maximal	Minimal

Lorsqu'on exige une implication minimale du client, l'entreprise prend en charge l'exécution de toutes les tâches. Par exemple, une entreprise de lavage et nettoyage de voiture se rend au domicile ou au lieu de travail du client pour prendre possession de son véhicule, l'amène au centre de lavage, exécute le service et rapporte le véhicule au client. Le montant facturé est porté au compte du client (qui reçoit un compte mensuel) et est payable par virement bancaire.

Par contre, un concurrent peut exiger une implication modérée : le client arrive avec sa voiture, attend pendant qu'on la lui lave, essuie lui-même son véhicule à l'aide d'un linge fourni par l'entreprise et paie le préposé avant de quitter. Enfin, un troisième concurrent offre un libre-service : il fournit les brosses et jets à pression pour que le client exécute lui-même le travail. Il paie à l'arrivée en insérant des pièces de 2,00 $ dans un serveur automatisé. Il n'y a aucun équipement pour essuyer la voiture et aucun employé de contact n'est disponible sur les lieux.

Nous verrons plus en détail au chapitre 8 les conséquences du choix du degré d'implication souhaité de la part du client lors de la conception du processus de prestation de services.

3.2.2 La tarification des services

Lorsqu'une entreprise délègue une partie des tâches au client (ex. remplir un questionnaire avant un examen médical), elle diminue nécessairement ses coûts de prestation. À ce sujet, on peut facilement imaginer la différence de tarifs entre les trois entreprises de lavage de voiture que nous venons de voir en exemple. De plus en plus d'entreprises délèguent au client des tâches dont elles assuraient précédemment la réalisation. Par exemple, plusieurs entreprises d'utilités publiques encouragent leurs clients à recueillir, imprimer au besoin et régler leurs factures via l'Internet. Le client peu disposé à faire les efforts nécessaires serait peut-être prêt à payer un supplément acceptable pour que le prestataire réalise à sa place une partie du processus de prestation.

3.2.3 L'éducation du client

Déléguer des tâches au client exige un effort important d'éducation de la part de l'entreprise prestataire qui doit alors rédiger des documents explicatifs (guide de l'utilisateur, mode d'instructions, signalisation et équipement libre-service aux points de services, etc.); ceux-ci permettront, en quelque sorte, au client d'utiliser ses services. Par exemple, au printemps, un distributeur de piscines extérieures propose à ses clients une trousse de démarrage de leur piscine. Le client peu disposé à faire les efforts nécessaires peut demander les services d'un technicien, moyennant les frais de visite, tandis que celui qui est prêt à en faire un peu plus aura une facture réduite.

3.2.4 La formation des employés de contact

La tâche des employés de contact, à chaque point d'interaction avec le client, dépendra fortement du niveau d'implication de ce dernier. Par exemple, dans une clinique médicale, vérifier le questionnaire rempli par le client durant sa période d'attente constitue une tâche fort différente de celle qui consisterait à remplir le questionnaire pour le client en l'interrogeant directement.

3.3 Les attentes du client

Les attentes constituent l'élément clé du comportement prédécisionnel du client. On définit une *attente* comme une expectative de performance, i.e. ce à quoi le client s'attend du prestataire de services. Il existe deux dimensions à la performance attendue : la performance *technique* et la performance *fonctionnelle*. La performance technique représente le résultat obtenu après la prestation de services, alors que la performance fonctionnelle repose sur la façon dont le service a été livré. Un client qui désire faire laver les vitres de sa propriété peut être très satisfait de la performance technique si les vitres sont d'une propreté étincelante. Cependant, l'expérience de services a été plutôt douloureuse puisque l'entreprise a remis le rendez-vous à deux occasions sans avertir, les employés sont arrivés avec deux heures de retard et ont sali le tapis

Attente
Expectative de performance; ce à quoi le client s'attend du prestataire de services.

Performance technique
Résultat obtenu après la prestation de services.

Performance fonctionnelle
Performance de l'entreprise à chaque étape de la livraison du service; elle repose sur la façon dont le service a été livré.

d'entrée. Enfin, le montant chargé s'est avéré beaucoup plus élevé que l'estimation verbale fournie au téléphone. Malgré la propreté des vitres, le client est vraisemblablement insatisfait de la performance fonctionnelle de ce prestataire et les chances qu'il fasse de nouveau appel à cette entreprise sont plutôt minces.

Il faudra donc distinguer deux types d'attentes : celles liées à la performance technique et celles liées à la performance fonctionnelle. À mon avis, les gestionnaires se préoccupent beaucoup plus de la performance technique que de la performance fonctionnelle, alors que les causes d'insatisfaction des clients se trouvent le plus souvent au niveau de la performance fonctionnelle (Fabien, 2002).

Pour mieux comprendre les attentes, il faut s'intéresser à leurs sources. Voici quelques exemples :

- Les attentes naturelles, i.e. celles qui proviennent de l'environnement familial et culturel du client;

- Les attentes créées par l'expérience du client avec la catégorie de services;

- Les attentes créées par la communication-marketing du prestataire;

- Les attentes créées par les médias (journalisme d'enquête, critiques,émissions d'affaires publiques, etc.), en particulier l'Internet;

- Les attentes créées par le bouche-à-oreille.

Peu importe la source, le gestionnaire se doit de connaître les attentes précises des clients visés, et ce pour chacune des deux dimensions de la performance attendue.

3.3.1 Les attentes liées à la performance technique

Pour évaluer ce type de performance, le client utilise ses propres indicateurs de performance; le prestataire de services se doit de bien comprendre la nature et la provenance de ces indicateurs. La fiabilité du service représente l'attente qui a le plus d'incidence sur le niveau de satisfaction et elle n'est souvent associée, à tort, qu'au résultat final alors qu'elle se décline en deux dimensions : une dimension technique et une dimension fonctionnelle. Un service de préparation de rapports d'impôts peut être jugé très fiable parce qu'il répond à l'attente du client qui consiste, par exemple, à retirer x \$ en impôts payés en trop (dimension technique). Il peut également être jugé très fiable parce que le comptable s'est présenté au domicile à l'heure prévue et a remis au client des rapports d'étapes clairs et concis (dimension fonctionnelle, section 3.3.2). En cherchant à connaître la provenance des indicateurs de performance du client, l'entreprise prestataire peut tenter, par des stratégies de communication ciblées, de modifier à son avantage les indicateurs du client.

Il existe plusieurs expériences de services pour lesquelles le client peut difficilement apprécier la performance technique : ce sont des indicateurs de croyance. Un étudiant qui termine son diplôme universitaire éprouvera de la difficulté à évaluer la qualité de l'éducation reçue. Sa satisfaction reposera alors presque entièrement sur des indicateurs liés à la performance fonctionnelle (qualité des cours, disponibilité des professeurs, etc.). Après plusieurs années sur le marché du travail, l'étudiant devenu salarié sera en mesure d'apprécier la performance technique (i.e. la pertinence) de sa formation. Dans le même sens, le client d'un architecte ne pourra apprécier la solidité et le confort de sa maison que lorsqu'il y aura vécu quelques années.

3.3.2 Les attentes liées à la performance fonctionnelle

Les engagements de l'entreprise, en ce qui concerne la dimension fonctionnelle du service, portent sur le qui, le quoi, le quand et le comment du service. La fiabilité de ce dernier, telle que mentionnée à la section précédente, représente, de loin, l'attente la plus importante. Nous examinerons, dans la présente section, la dimension fonctionnelle de cette attente cruciale. Fournir un service fiable consiste à respecter, d'une expérience à l'autre, ses engagements, explicites ou implicites, dans les délais prescrits, selon des modalités précisées au début de la prestation, et ce quel que soit le *type d'interaction*. Les engagements explicites sont généralement formulés verbalement ou par contrat de service au début du processus de prestation; les engagements implicites correspondent au service normalement attendu par le client. Par exemple, le client d'une compagnie d'aviation s'attend à ce qu'on lui offre un breuvage au début d'un vol.

Les attentes implicites sont le plus souvent créées par les normes de l'industrie; le joueur de golf parcourant les clubs privés du Québec s'attend à ce que ses bâtons soient lavés par le préposé aux bâtons à la fin de sa partie. Offrir un service fiable, d'une expérience à l'autre, peu importe le moment de la semaine, du mois ou de l'année, pour toutes les interactions, à tous les points de services, permet à l'entreprise de construire sa réputation de fiabilité, composante fondamentale de l'image de marque.

Le tableau 3.1 passe en revue les autres attentes liées à la performance fonctionnelle. Pour chacune de ces attentes, nous indiquerons exactement ce que le client recherche comme comportement de la part de l'entreprise et de ses employés à son égard.

Tableau 3.1 **Attentes liées à la performance fonctionnelle**

Attentes	Ce que le client attend de l'entreprise
Connaissance	Apprenez à me connaître, moi; intéressez-vous à ce que je suis et à ce que je fais; voyez-moi comme un client unique, différent des autres; apprenez à « connecter » avec moi, i.e. à créer un lien émotionnel avec le client.

Attentes	Ce que le client attend de l'entreprise
Honnêteté	Méritez ma confiance; jouez franc jeu; communiquez clairement toutes les informations pertinentes; formulez des engagements que vous êtes capables de respecter; ne me mentez pas; ne me cachez rien.
Accessibilité	Soyez disponible quand je le suis, aux points de services ou à distance; proposez-moi de nouvelles façons d'accéder à vos services; offrez-moi des heures d'accès qui conviennent à mon horaire; évitez-moi les déplacements inutiles; mettez-moi en contact rapidement et efficacement avec la personne qui peut m'aider.
Rapidité	Évaluez le temps dont je dispose et adaptez vos technologies de contact à mes contraintes de temps; pour accélérer le service, offrez-moi des options même s'il y a des coûts additionnels; répondez rapidement et efficacement à mes demandes : mon temps est aussi important que le vôtre!
Compétence	Inspirez-moi; permettez-moi d'entrer en contact avec des employés qui possèdent les habiletés et les connaissances pour me suggérer des solutions novatrices; fournissez-moi des technologies de services qui me serviront lorsque j'en aurai besoin; faites-moi sentir que je suis entre bonnes mains.
Courtoisie	Mettez-moi en contact avec des employés polis et respectueux, sans être envahissants, et qui me considèrent important pour eux.
Empressement	Faites-moi sentir que vos employés sont heureux de me servir, qu'ils sont disponibles pour moi et qu'ils consacreront le temps et l'attention nécessaires pour répondre à mes demandes.
Compréhension	Faites-moi sentir que vos employés comprennent bien mes demandes; assurez-moi que vous avez bien compris; si vous n'avez pas bien saisi, posez-moi la question à nouveau.

Attentes	Ce que le client attend de l'entreprise
Reconnaissance	À la première visite, saluez-moi simplement; lors des visites subséquentes, souvenez-vous de moi et de mes préférences; démontrez-moi que vous appréciez ma loyauté; récompensez-moi; prouvez-moi que ce ne sont pas que les nouveaux clients qui bénéficient des avantages.
Flexibilité	Si mes demandes ne cadrent pas dans vos façons de servir vos clients, prenez le temps d'examiner d'autres solutions pour me servir; si vous n'en trouvez pas, dites-le moi.
Sécurité	Assurez-moi que vos services ne mettent aucunement ma santé physique et mentale en danger et qu'ils ne mettent pas en péril mes possessions; protégez-moi contre tout danger pouvant résulter de l'utilisation de vos services; n'hésitez pas à me rassurer.
Empathie	Tentez de bien comprendre mes émotions; confirmez-moi que vous sentez bien ce que je ressens.
Simplicité	Facilitez-moi la vie; offrez-moi des processus de services conviviaux et simples à utiliser; prenez en charge les étapes importantes, ne me les confiez pas; si je m'en remets à vous, c'est que je crois que vous êtes mieux placés que moi pour effectuer ces tâches.
Conseils	Guidez-moi dans mes choix; informez-moi sur les options qui me sont offertes; proposez-moi des systèmes d'information qui pourront m'assister dans mes choix; présentez-moi l'information pertinente de façon claire et compréhensible pour moi, et non pour vous; parlez mon langage.
Équité	Traitez-moi de façon équitable par rapport aux autres clients; lorsque vous faites une erreur, ne me laissez pas assumer seul les inconvénients; lorsque c'est moi qui ai fait une faute, ne vous déchargez pas de vos responsabilités; m'avez-vous bien informé tout au long du processus de services? Faites-moi sentir que vous êtes de mon coté lorsqu'un problème survient.

Attentes	Ce que le client attend de l'entreprise
Autonomie	Laissez-moi prendre en charge la façon dont je veux être servi; offrez-moi des solutions libre-service, laissez-moi cheminer à mon rythme, décider à quel moment je désire être contacté, choisir l'information qui m'est utile.

Les attentes liées à la performance fonctionnelle ne sont pas présentes pour tous les clients, pour tous les types de services et pour tous les types d'interactions. Par exemple, on voit difficilement le préposé d'une station d'essence développer un lien émotionnel avec le client. Par contre, cette attente est beaucoup plus présente dans le cas d'un client qui fait affaire avec son courtier financier ou son médecin.

Pour chaque type d'interaction, pour chaque segment de clientèle, on doit, en premier lieu, déceler les attentes les plus importantes pour le client. Par la suite, on se doit de préciser les stratégies qui seront mises de l'avant pour répondre à ses attentes. La personne la mieux placée pour déceler les attentes les plus importantes, c'est le client lui-même! Nous verrons à la section 3.7 les méthodes de recherche à utiliser.

Pour l'instant, examinons quelques cas concrets. Le client qui désire une certaine autonomie lors de sa recherche de documents dans une bibliothèque spécialisée pourra utiliser sans frais, au point de services ou par Internet, un système de recherche informatisé permettant de consulter plusieurs bases de données. Dans une tout autre situation, le client ayant l'intention de subir une correction oculaire au laser et qui cherche à se faire rassurer recevra par courriel, avant sa première visite à la clinique, un document d'information concernant les précautions prises pour assurer sa sécurité.

Segment de clientèle

Chacun des groupes distincts de notre clientèle cible, dont les membres possèdent des attentes communes qui les différencient des autres groupes.

3.4 Le processus décisionnel du client

Le cœur de l'analyse du comportement de la clientèle réside dans la compréhension du processus décisionnel menant au choix ainsi qu'à l'évaluation post-expérience d'un prestataire de service. Le gestionnaire avisé doit obtenir des réponses aux questions suivantes :

- Quel véritable problème le client cherche-t-il à régler?

- Quelles sources d'information consulte-t-il?

- Quelles informations possède-t-il sur la catégorie de services? Sur nous? Sur nos concurrents?

- Quels sont les choix retenus?

- Quels critères d'évaluation serviront à choisir parmi les possibilités retenues?

- Quels sont les critères déterminants lors de l'évaluation du taux de satisfaction du client?

Afin d'approfondir ces questions, passons en revue les principales étapes du processus décisionnel étendu présentées à la figure 3.2. Ce processus étendu se met en marche habituellement lors du premier contact avec une catégorie de services ou lors de la recherche d'un nouveau prestataire de services. Par exemple, trouver les services d'un bon notaire, lors d'une première expérience, peut engendrer un processus de décision étendu. Par contre, une proportion importante de clients potentiels sous-traitent, en quelque sorte, leur processus en se fiant uniquement aux personnes crédibles faisant partie de leur entourage. Ils interrogeront leurs amis, leurs parents ou leurs collègues et leur demanderont : « Connaissez-vous un bon notaire? » Nous verrons que le bouche-à-oreille, dans le secteur des services, constitue une des plus importantes sources d'information utilisées par la clientèle.

3.4.1 Identification du problème/besoin

La première étape du processus décisionnel par lequel passe le consommateur consiste à identifier le problème à résoudre à partir du besoin ressenti. En fait, la consommation d'un service est perçue par le client comme une solution à un problème présent. Nous verrons au chapitre 9 que la première tâche d'un employé de contact (représentant, préposé à l'information, conseiller, etc.) consiste à bien comprendre le problème du client.

Selon la nature du problème identifié, un client qui a déjà fait l'expérience d'une catégorie de services donnée passera directement à l'étape du choix (étape 4) par souci d'économie de temps et d'efforts. Chaque printemps, certains clients, lorsqu'ils constatent la saleté de leurs vitres, ont recours aux services du même prestataire dont ils sont satisfaits. Ils répèteront ce processus décisionnel court jusqu'au moment où le prestataire diminuera la qualité de sa prestation ou lorsqu'ils recevront une offre supérieure de la part d'un concurrent. Nous pensons que le client dans le secteur des services est, par nature, fidèle à ses prestataires. Changer de prestataires (ex. changer de banque, changer de fournisseur Internet, changer de coiffeur, etc.) s'avère parfois long, périlleux et risqué.

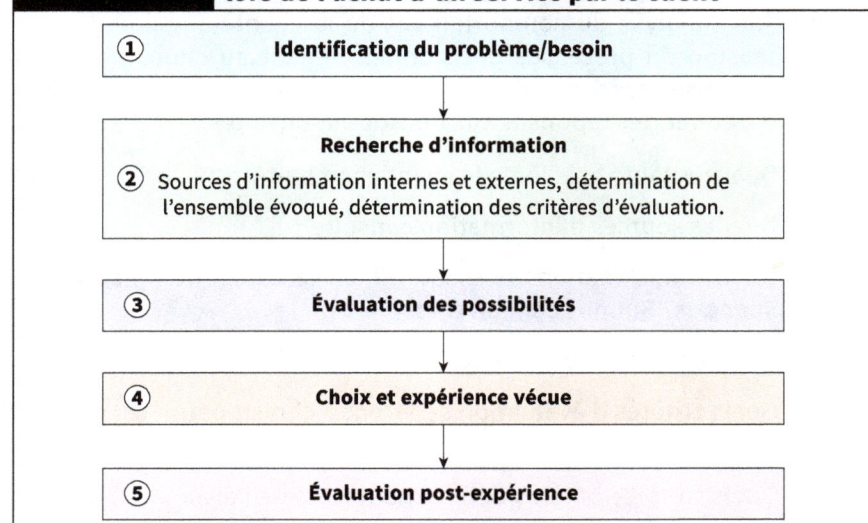

Figure 3.2 — **Processus décisionnel étendu lors de l'achat d'un service par le client**

① Identification du problème/besoin

② Recherche d'information
Sources d'information internes et externes, détermination de l'ensemble évoqué, détermination des critères d'évaluation.

③ Évaluation des possibilités

④ Choix et expérience vécue

⑤ Évaluation post-expérience

3.4.2 Recherche d'information

Après avoir identifié le problème, le client cherche à en apprendre davantage sur les différentes firmes offrant les services qui pourront l'aider à résoudre ledit problème. Il aura recours à deux types de sources d'information : internes et externes. Les sources internes d'information sont propres à l'individu; celui-ci se base alors sur les connaissances acquises lors de ses expériences de consommation avec la catégorie de services. Par contre, dans ce secteur, le passé ne peut pas toujours être garant de l'avenir. C'est pourquoi les clients consultent également des sources externes d'information, comme Internet, les répertoires d'entreprises (ex. les Pages jaunes), les médias spécialisés, la promotion et les préposés à l'information des prestataires ainsi que les parents et amis. Ces derniers sont particulièrement importants lors de l'achat d'un service. Comme il est difficile de juger de la qualité d'un service avant la prestation, les clients ont tendance à consulter leur entourage avec plus d'insistance que lors de l'achat d'un produit. Le bouche-à-oreille constitue donc une source de diffusion de l'information très utilisée, d'où l'importance de faire en sorte que le client qui a expérimenté les services d'un prestataire en soit ravi. Les clients heureux deviennent ainsi vos meilleurs ambassadeurs!

À l'aide des informations disponibles, le consommateur pourra établir un ensemble évoqué, i.e. un ensemble de noms de marques de prestataires qui sont pris en considération dans la suite du processus de décision. Ces prestataires sont retenus parce que le client juge qu'ils peuvent répondre à ses attentes. Il est en effet possible qu'un prestataire soit éliminé d'emblée, parce qu'il n'offre pas de service de livraison à domicile par exemple.

Enfin, le consommateur identifiera les critères sur lesquels reposera son choix. À cette étape, le client cherche à utiliser des critères tangibles et observables qui lui permettront d'évaluer la qualité des services offerts avant d'en faire l'expérience.

Par exemple, les années d'expérience et les performances récentes peuvent servir de critères tangibles lors du choix d'un conseiller en placement. Le client cherchera également à fonder sa décision sur des critères liés à la performance fonctionnelle. Qui s'occupera de son compte? Combien de fois devra-t-il se déplacer? De quelle façon et à quelle fréquence son conseiller l'informera-t-il de l'évolution de la performance de ses placements?

3.4.3 Évaluation des possibilités

Une fois que tous les éléments d'information nécessaires à l'évaluation des possibilités ont été réunis, le client évalue chacun des prestataires de services de son ensemble évoqué selon les critères de sélection retenus. Ce processus est plus ou moins formel, tout dépend de la nature du service, de l'expérience du client et du risque perçu associé à la catégorie de services (voir section 3.6).

3.4.4 Choix et expérience vécue

À cette étape, le client contacte le prestataire de son choix et débute l'expérience de services. C'est le moment où le client confirme son intention de retenir les services du prestataire. Celui-ci, dans bien des cas, exige un engagement formel (ex. verser un acompte, signer un contrat de service, signer une offre formelle de services, remplir un formulaire de réservation, etc.). Il est impératif d'informer le client, lors de sa recherche d'information (étape 2), des modalités d'engagement. Par la suite, le client expérimente la prestation de services.

3.4.5 Évaluation post-expérience

Après avoir expérimenté la prestation de services, le client compare ce qu'il a vécu (performance vécue) avec ses attentes (performance attendue), tant en ce qui a trait aux attentes liées à la performance technique qu'à celles liées à la performance fonctionnelle. L'écart entre ces deux types de performances déterminera le niveau de satisfaction du client. Lors de cette étape, le prestataire doit identifier les critères déterminants, i.e. les critères qui ont le plus d'impact sur le degré de satisfaction du client.

3.5 La satisfaction de la clientèle

À service égal, satisfaction inégale. Servir tous les clients de la même façon mène nécessairement à des degrés de satisfaction différents, compte tenu de la variété des attentes. La satisfaction de la clientèle comme indicateur ultime de performance a fait l'objet de plusieurs ouvrages et articles de journaux professionnels. La satisfaction du client garantit-elle son attachement à long terme à un prestataire de services?

Client loyal

Client très satisfait des services offerts qui aura recours à l'entreprise de façon systématique pour combler ses besoins et utilisera des services à forte valeur ajoutée et à forte marge bénéficiaire.

La relation entre le niveau de satisfaction, le taux de rétention et la profitabilité a été démontrée dans plusieurs études. En augmentant le taux de rétention de 5 %, certaines entreprises ont réussi à augmenter leur profitabilité de 30 % à 100 % (Reichheld, 2006). Les profits des entreprises performantes proviennent, en très grande partie, des clients très satisfaits des services obtenus (clients loyaux), qui utilisent des services à forte valeur ajoutée et à forte marge bénéficiaire. À l'inverse, une étude a démontré (Reichheld, 2006) que plusieurs entreprises perdent plus de la moitié de leur clientèle chaque année. De plus, elles comptent parmi leur clientèle plusieurs clients peu actifs ou même inactifs. Dans ces entreprises, la proportion de clients très satisfaits et loyaux est très faible. Elles doivent donc constamment reconquérir la clientèle perdue ou partir à la conquête d'une nouvelle clientèle.

Et si on inversait les choses? Au lieu d'investir des sommes importantes dans la conquête d'une nouvelle clientèle, pourquoi ne pas concevoir des stratégies de marketing de services visant à satisfaire le nouveau client à sa première visite comme à toutes ses interactions futures avec l'entreprise? La satisfaction du client est fonction de la comparaison, a posteriori, entre la performance attendue (P.A.), fondée sur ses attentes, et la performance vécue (P. V.), fondée sur les services reçus. La figure 3.3 illustre nos propos. Les clients très satisfaits deviennent vos meilleurs partenaires; à l'intérieur de leur *groupe de référence*, ils deviennent vos ambassadeurs et l'impact du bouche-à-oreille est loin d'être négligeable.

À l'opposé, chaque client déçu et frustré par la piètre performance d'une entreprise lors d'une prestation de services devient le pire détracteur de l'entreprise prestataire. Le développement vertigineux des réseaux sociaux, au cours des dernières années, a décuplé l'effet du bouche-à-oreille. Un commentaire négatif concernant une mauvaise prestation de service diffusé sur un ou plusieurs réseaux sociaux aura un effet dévastateur sur la réputation de l'entreprise. À l'inverse, des entreprises font le plein de clients à l'aide de références positives affichées sur les réseaux sociaux. Le client satisfait, sans plus, que plusieurs entreprises considèrent fidèle, est plutôt un client passif et volatile qui se laissera facilement tenter par une offre alléchante d'un concurrent.

En termes de satisfaction de la clientèle, connaissez-vous la situation de votre entreprise? Êtes-vous en mesure de déterminer, aujourd'hui, la proportion de votre clientèle actuelle très satisfaite, satisfaite et peu satisfaite de vos services? Nous passerons en revue, dans la section 3.7, quelques méthodes de mesure de la satisfaction de la clientèle.

Contrairement aux produits tangibles, pour lesquels le client évalue après l'achat son degré de satisfaction lors de l'utilisation du produit, la satisfaction du client dans le contexte des services se développe tout au long de l'expérience-client (voir figure 3.4). Celle-ci peut se diviser en trois phases : la phase initiale (T n − 1) correspond aux premières interactions de l'expérience-client. Par exemple, la visite du site Internet, le contact téléphonique, le degré d'empathie de l'employé à l'accueil, la propreté de la salle d'attente, etc. Le client compare ses attentes liées à la performance fonctionnelle à la performance vécue lors de cette phase initiale. Le degré de satisfaction du client pour cette première phase le prédisposera de façon positive ou négative en vue des phases ultérieures.

Figure 3.3 — Performances, satisfaction et attitude de la clientèle (adapté de Walker, 1995)

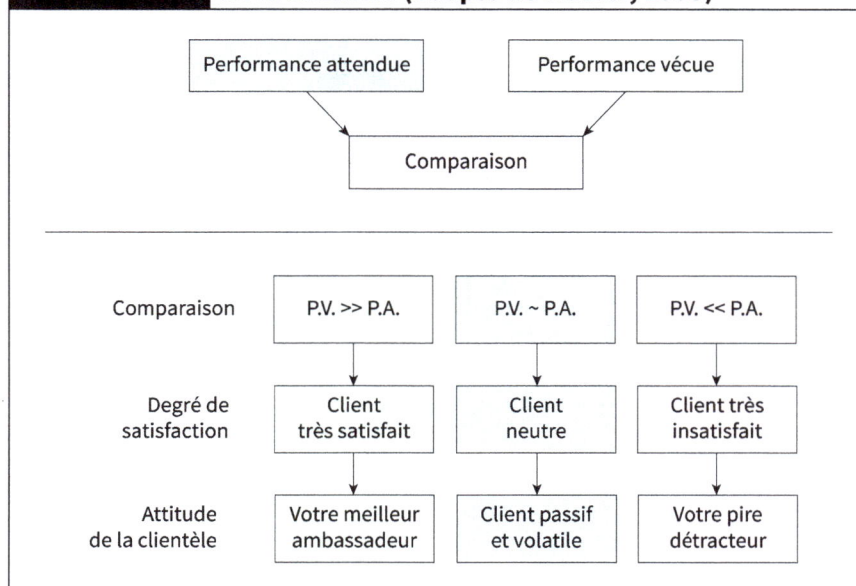

Imaginez un client arrivant à un hôtel pour la première fois et qui se fait dire que sa réservation a été égarée mais qu'on peut lui trouver une chambre dans un établissement voisin. Si le client accepte, cette bourde influencera son niveau de satisfaction lors des phases ultérieures. La phase initiale (temps n-1) comprend donc toutes les interactions menant à la livraison du service principal. Le même type de comparaison a lieu au temps n, i.e. durant la prestation du service principal. La comparaison porte alors sur la performance fonctionnelle du service, comme, par exemple, les comportements et attitudes du personnel, le respect des délais, le nombre de rendez-vous, etc. L'évaluation, quant à elle, porte sur le qui, le quoi, le où, le quand et le comment (voir section 3.3.2). Après la prestation de services (temps n + 1), le client évalue la performance fonctionnelle et la performance technique, s'il en est capable. En ce qui concerne la performance fonctionnelle de cette 3e phase, on y retrouve les éléments de services comme la remise de la facture, les procédures de départ dans un hôtel, la visite au vestiaire d'un restaurant, le service de prêt d'une bibliothèque, etc. Il s'agit donc des dernières interactions de l'expérience-client. Chase et Dasu (2001) affirment qu'il est plus important de terminer l'expérience-client sur un point fort que de commencer sur un point fort. Plusieurs entreprises misent entièrement sur la qualité de l'accueil et négligent les derniers moments de l'expérience. Au restaurant, il arrive que l'on attende indéfiniment la facture, le 2e café, etc. Souvent, la dernière impression est celle qui compte!

Figure 3.4 Satisfaction du client face à l'expérience globale de services (adapté de Walker, 1995)

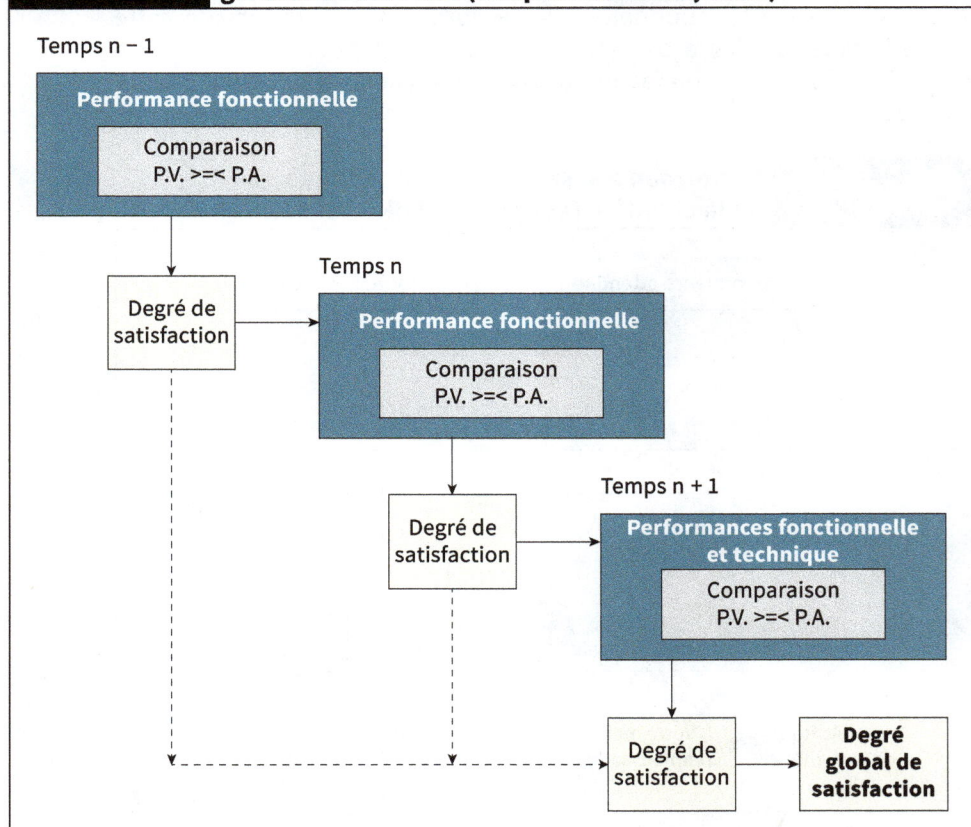

Le degré de satisfaction face à l'expérience globale repose donc sur trois évaluations séquentielles et fortement liées entre elles. Tout au long du parcours du client, ce dernier accumule ces évaluations; un client ravi au plus haut point de son expérience aura donc été très bien servi lors de chacune des interactions, durant chacune des phases. Nous verrons à la section 3.7 que la mesure de satisfaction doit nécessairement porter sur les différentes phases de l'expérience-client. Pour évaluer son service de location achat-rachat de voitures, l'entreprise Renault a mis en pratique ce principe. Ainsi, le questionnaire d'évaluation de la satisfaction porte sur chacune des étapes de l'expérience-client, de la réservation sur Internet ou par téléphone au rapatriement du véhicule loué. On évite donc les questionnaires dans lesquels on évalue uniquement la satisfaction globale. L'encadré 3.1 présente certains éléments-clés du questionnaire d'évaluation de l'entreprise française.

Les meilleures pratiques de gestion
Évaluation du service chez Renault Eurodrive

Le questionnaire d'évaluation de la qualité du service que la firme française Renault demande à ses clients de remplir au sujet de son service Renault Eurodrive est fort élaboré. L'entreprise ne se contente pas d'évaluer la satisfaction globale des clients, elle s'intéresse aussi à leur expérience de services sous toutes ses facettes et à toutes ses étapes. La première section du questionnaire porte sur le processus de commande d'un véhicule; on demande au client d'indiquer les produits sélectionnés ainsi que les autres compagnies envisagées lors du processus de sélection d'une entreprise offrant des services de location de véhicules. La deuxième section du questionnaire concerne la livraison du véhicule, la durée et la qualité du service offert par le préposé. La section 3 examine la performance de la firme en ce qui a trait à l'assistance et à l'assurance offertes au client au cours de son voyage. Enfin, la quatrième section s'intéresse à la restitution du véhicule tandis que la cinquième et dernière section comporte des questions sur le style de vie du client et cherche à évaluer sa satisfaction globale par rapport à son expérience avec Renault Eurodrive.

3.6 Le risque perçu

S'engager avec un prestataire de services comporte des risques beaucoup plus élevés que lors de l'achat d'un produit. Alors que l'on peut souvent essayer un produit avant de l'acheter (ex. vêtement, automobile, téléviseur), le client peut très rarement essayer un service avant de s'engager. L'intangibilité propre aux services fait en sorte que le client ne peut utiliser de critères objectifs pour faire son évaluation. Il se fie généralement sur les promesses du prestataire concernant la performance technique et sur la performance fonctionnelle, s'il y a lieu. À mon avis, les entreprises de services devraient s'engager autant sur la performance fonctionnelle (ex. : le temps d'attente) que sur la performance technique (le résultat final).

Le client, avant de prendre une décision risquée, cherche à minimiser le risque perçu en obtenant des éléments d'information qui sauront le rassurer. Il incombe au gestionnaire marketing de :

- Préciser les risques potentiels liés à chaque type de service offert.
- Mettre en place des stratégies visant à minimiser le risque perçu par le client.

Tableau 3.2 **Types de risques associés à l'achat de services**

Type de risque	Inquiétude du client	Exemples
Le risque technique	• Est-ce que j'obtiendrai les résultats désirés?	• Est-ce que la chirurgie au laser améliorera ma vue?
Le risque fonctionnel	• Qui s'occupera de moi? • De quelle façon ça se passera? • Où dois-je me présenter? • Quand aura lieu la prestation de services?	• Quel conseiller financier s'occupera de mes placements? • De quelle façon l'architecte préparera-t-il les plans de notre maison? • À quel département de l'hôpital dois-je me rendre pour ma prise de sang? • À quel moment de la journée la compagnie de téléphone viendra-t-elle installer ma nouvelle ligne?
Le risque monétaire (coût) et non monétaire (temps et effort)	• Combien me coûtera le service en tout? • Quel est le temps d'attente pour ce service? • Quelle est la durée de prestation de ce service? • Quel type d'effort aurai-je à consacrer?	• Combien me coûtera la réparation de ma voiture? • Combien de temps devrai-je consacrer pour obtenir mon permis de conduire? • Est-ce que l'autobus arrivera à temps pour me permettre d'arriver à l'heure à mon cours? • Quels efforts devrai-je fournir pour suivre la méthode d'amaigrissement de ce centre sportif?

Type de risque	Inquiétude du client	Exemples
Le risque physique lié à la personne et aux biens	• Quels sont les risques de me blesser, de tomber malade, d'altérer ma condition physique? • Quels sont les risques que ce bien soit endommagé?	• Est-ce que les sentiers pédestres de ce parc provincial sont sécuritaires? • Est-ce que la nourriture de cet hôtel est bonne? • Est-ce que les rayons de cet appareil de bronzage affecteront ma peau? • Est-ce que ma voiture transportée par train arrivera à destination en bon état?
Le risque psychologique	• Quels sont les sentiments négatifs ou les émotions liés à l'utilisation de ce service?	• Est-ce que je peux me perdre en utilisant les sentiers de ce parc provincial? • Quelles seront les conséquences sur mon état psychologique si notre fournisseur ne termine pas les travaux à temps?
Le risque sensoriel	• Quels sont les risques associés à la vue, l'ouïe, le goût et le toucher?	• Est-ce que je verrai bien le jeu des joueurs de tennis au niveau 300 du stade? • Est-ce que cette chambre d'hôtel est bien insonorisée? • Quels sont les effets secondaires de ce vaccin?

Il existe six (6) types de risques associés à l'achat de services (adapté de Volle, 1995). Le risque est un phénomène multidimensionnel; il est donc possible que l'utilisation d'un service occasionne plusieurs types de risques.

Par exemple, une chirurgie mineure dans une clinique médicale privée peut comporter un risque technique (est-ce que je serai soulagé?), un risque fonctionnel (quel médecin s'occupera de moi?), un risque temporel (combien de temps vais-je attendre?), un risque physique (est-ce que cela fera mal?) ainsi qu'un risque psychologique (si la chirurgie ne fonctionne pas, comment vais-je réagir?). Afin de minimiser le risque associé à l'utilisation d'un service, vous devrez élaborer des stratégies de marketing propres à chaque type de risque. Par exemple, les centres sportifs, pour atténuer le risque fonctionnel, offrent à leurs clients potentiels un essai gratuit de deux semaines. Lorsque cela s'avère impossible, certains fournisseurs offrent une garantie formelle de services portant sur la performance fonctionnelle. Par exemple, les entreprises de réparation de véhicules, afin de minimiser les risques, monétaires et non monétaires, fournissent une estimation écrite du coût de la réparation, contactent le client en cas de dépassement du coût estimé et convoquent le client au moment où le véhicule est prêt.

3.7 Les méthodes de recherche

Il existe plusieurs méthodes de recherche permettant aux responsables de la qualité du service de déterminer le niveau de satisfaction de la clientèle. Ces méthodes sont utilisées avant, pendant ou après la prestation de services et remplissent différentes fonctions selon le moment choisi pour la recherche. Par exemple, elles peuvent permettre d'identifier les attentes du client a priori ou de vérifier la qualité de prestation des services a posteriori en la comparant aux attentes du client. Elles servent également à mesurer la performance des employés de services en décelant les erreurs qui peuvent survenir au cours de la prestation des services ou en mettant en lumière les progrès réalisés et les possibilités d'amélioration. Avant la prestation de services, il est possible de faire des sondages auprès des clients et des non-clients. On peut ainsi mesurer les attentes et la satisfaction envers notre entreprise, ou la perception et la satisfaction par rapport aux services offerts par la concurrence. L'échelle SERVQUAL est tout indiquée pour mesurer la satisfaction; ces items ont été soigneusement choisis pour représenter toutes les dimensions de la qualité du service. On ne peut en effet pas avoir recours aux échelles utilisées pour la satisfaction par rapport aux produits, les services étant dotés de caractéristiques dites plus « humaines ». L'encadré 3.2 présente les dimensions de l'échelle SERVQUAL.

Les meilleures pratiques de gestion
Une échelle de mesure de la qualité des services : SERVQUAL

L'échelle de mesure de la qualité des services SERVQUAL, élaborée par Parasuraman, Zeithaml et Berry en 1988, comporte cinq dimensions :

1. **Éléments tangibles**
   Aspect des installations, du personnel et des équipements physiques de communication.

2. **Fiabilité**
   Capacité d'assurer le service promis d'une manière digne de confiance et avec précision.

3. **Réactivité**
   Volonté d'aider les clients et de fournir un service rapide.

4. **Confiance**
   Connaissances et courtoisie des employés et leur capacité à inspirer confiance et à rassurer.

5. **Empathie**
   Capacité de la firme à fournir un soin et une attention individualisés à ses clients.

> Le score de l'entreprise, dans chacune de ces catégories, est calculé en utilisant le pointage obtenu pour les items liés à chaque dimension. Par exemple, les items de la dimension « éléments tangibles » portent sur la propreté et l'esthétisme des lieux et des équipements et l'apparence des employés de contact.

Il ne suffit pas de mesurer la performance de l'entreprise sur les différentes dimensions de la qualité. En effet, même si l'entreprise performe bien dans un secteur spécifique, cela ne signifie pas que ça lui procure un avantage notable.

Cela ne permet pas non plus à l'entreprise de savoir si elle doit travailler à améliorer sa performance liée aux éléments de services avec lesquels elle a plus de difficultés. Il faut donc déterminer l'importance de chacun des éléments avant de demander aux clients de juger la performance de l'entreprise sur chacun de ses mêmes éléments.

De cette façon, on peut créer une matrice dans laquelle se croisent l'importance et la performance des éléments. La firme CROP a elle aussi conçu un programme d'évaluation de la qualité du service.

Les meilleures pratiques de gestion
Le Satisfomètre: le programme CROP d'évaluation
de la qualité du service

Le Satisfomètre, mis au point par la firme de recherche marketing CROP, a pour objectifs d'identifier les éléments du service qu'il faut améliorer ainsi que les lacunes, les avantages concurrentiels et les occasions de marché, et de définir les interventions prioritaires sur le terrain afin de mieux orienter les initiatives de croissance.

La firme montréalaise a élaboré un calcul de la vulnérabilité de l'entreprise qui s'avère particulièrement pratique pour identifier les éléments du service qui créent le plus d'insatisfaction auprès de la clientèle. On peut également identifier le ou les éléments du service les plus corrélés avec la satisfaction générale des clients à l'égard de l'entreprise. En bout de ligne, on peut mettre le doigt sur l'élément qui rend l'entreprise plus vulnérable face à ses clients ; c'est donc cet élément qui doit constituer la priorité d'action pour les gestionnaires.

Matrice des priorités

Performance de l'entreprise sur les éléments de services

	−	+
+	• •	• •
−	• •	• •

Importance des éléments de services

Après la prestation de services, l'entreprise qui le désire peut effectuer une enquête de type « tracking », par téléphone ou par le biais d'un autre médium, afin de connaître la satisfaction des personnes ayant fait l'expérience de ses services. Elle pourra ainsi connaître l'impact de certaines décisions marketing et mettre sur pied les prochaines initiatives en fonction des commentaires des clients.

Enfin, certaines méthodes de recherche ne sont pas réservées à un moment particulier. Par exemple, on peut avoir recours à un panel-aviseur, un groupe de discussion permanent qui permet de comprendre l'évolution de l'opinion des clients dans le temps.

Lorsqu'on songe à la recherche, ce sont les études effectuées auprès de la clientèle qui nous viennent le plus spontanément en tête. Il ne faudrait cependant pas négliger l'apport important des employés de l'entreprise (avec qui on peut discuter des problèmes vécus et des améliorations à apporter aux systèmes) et, plus précisément, des employés de contact. Ces derniers sont à même d'observer les clients et de rapporter leurs commentaires, leurs problèmes, leurs suggestions, etc. De plus, ce sont souvent eux qui reçoivent les commentaires de la clientèle, commentaires qu'il faut absolument analyser en détail pour être en mesure de réagir efficacement.

Bibliographie

Chase, Richard B. et Siriam Dasu. "Want to Perfect Your Company's Service? Use Behavioral Science", Harvard Business Review, no. 79, juin 2001, pp. 79-84.

Crozier, David A. et Fiona McLean. "Consumer Decision-Making in the Purchase of Estate Agency Services", The Service Industries Journal, Vol. 17, No. 2, pp. 278-293, 1997

Dorsh, Michael J., Grove, Stephen J. et William R. Darden. "Consumer Intentions to Use A Service Category", The Journal of Services Marketing, Vol. 14, No. 2, pp. 92-105, 2000

Fabien, Louis. "Permanent listening to consumer's reactions following a service encounter", Cahier de recherche, No. 00-30, Septembre 2002

Mooney, Kelly. The Ten Demandments, McGraw Hill, 2002, 266 p.

Normann, Richard. Services Management: Strategy and Leadership in Service Business, Chichester, John Wiley & Sons, 2/E, pp. 16-17, 1991

Parasuraman, Zeithaml, Berry, "A Conceptual Model of Service Quality and Its Implications for Future Research", Journal of Marketing, 1988

Reichheld, Fred. Ultimate Questions, Driving Good Profits and True Growth, Harvard Business School Press, 2006, 210 p.

Turley, L.W. et Ronald P. Leblanc. "An Exploratory Investigation of Consumer Decision Making in the Service Sector", The Journal of Services Marketing, Vol. 7, No. 4, pp. 11-18, 1993

Volle, Pierre. "Le concept de risqué perçu en psychologie du consommateur : antécédents et statut théorique", Recherches et Applications Marketing, Vol. 10, pp. 39-56, 1995

Walker, James L. "Service Encounter Satisfaction: Conceptualized", Journal of Services Marketing, Vol. 9, No. 1, p.5-14, 1995

White, Lesley et Lester W. Johnson. "A Conceptual Model of Relative Influence in Decision Making in a Professional Services Context", Journal of Professional Services Marketing, Vol. 16, No. 2, pp. 75-93, 1998

Audit de services

Partie 3 – Analyse des comportements de la clientèle

1. Identifier tous les types d'interactions vécues par les clients de votre entreprise.

   – Interaction avec le personnel de contact aux points de service.

   – Interaction avec le personnel de contact à distance.

   – Interaction avec les équipements de services mis à la disposition du client.

   – Interaction avec les technologies de service.

   – Interaction avec les éléments d'ambiance.

   (Évaluation détaillée à compléter au chapitre 10.)

   Méthodologie
   Visite au point de service.

2. Évaluer le degré d'implication exigé des clients et le niveau de prise en charge par votre entreprise.

3. Rédiger un guide d'entretien semi-structuré que vous devrez soumettre à 20 utilisateurs de services offerts par votre entreprise (clients et non clients).

Méthodologie
Visite au point de service et analyse des supports de communications du prestataire (site web, dépliants, affichage, téléphone, personnel de contact...)

Vous devez mesurer les éléments suivants :

   – Les attentes liées à la performance technique et fonctionnelle;

   – Le processus décisionnel menant au choix d'un fournisseur de service;

   – Identifier le problème que le client cherche à régler;

   – Décrire les sources d'informations qu'il consulte;

   – Identifier les informations que le client possède sur la catégorie de services, sur nous, sur nos concurrents;

   – Décrire les choix retenus par le client;

   – Identifier les critères d'évaluation qui amènent le client à prendre une décision;

   – Quel est le niveau de satisfaction du client par rapport aux services offerts?

Méthodologie

Se renseigner auprès de l'entreprise (personnel de contact, site web...) de faire l'expérience d'achat du service et/ou organiser un entretien avec le gestionnaire du point de service.

Méthodologie

Explication du site web. Recherches Internet.

4. Identifier les types de risques perçus par la clientèle de l'entreprise. Quelles sont les méthodes utilisées par votre entreprise pour minimiser chacun des risques perçus par la clientèle?

5. Évaluer l'ergonomie et l'efficacité du site web de votre prestataire de service (voir annexe).

6. Suggestions.

   ☐ Identifier les interactions qui nécessitent une amélioration. Quels changements recommandez-vous?

   ☐ Le degré d'implication client correspond-il aux attentes du client envers l'entreprise? Si non, que recommandez-vous?

   ☐ Les méthodes utilisées pour réduire les risques perçus sont-elles efficaces? Si non, que recommandez-vous pour les améliorer?

   ☐ Quelles améliorations pourrait-on apporter au site web de votre entreprise?

Annexe

Principaux critères d'évaluation d'un site web

Critère	Sous-critère	Description
Sobriété	Simplicité	Un site web très épuré renforcera la crédibilité de l'organisation.
	Peu changé	Les images animées sont déconseillées. Les animations doivent être privilégiées pour afficher des messages forts car elles attirent le regard de l'internaute.
Lisibilité	Clarté	Il convient de prendre en compte le fait que les informations écrites sont moins faciles à lire sur un écran que sur papier (25 % de temps de lecture supplémentaire). Ainsi, le texte devra être suffisament aéré.
	Structuration	Le texte devra être structuré à l'aide de paragraphes et de titres de différents niveaux, afin d'en faciliter la lecture.
	Organisation	Les éléments d'informations doivent être hiérarchisés par niveau d'importance.

Critère	Sous-critère	Description
Efficacité	Facilité de navigation	La « règle des trois clics », globalement suivie, stipule que toute information doit être accessible en moins de 3 clics.
	Repérage	À tout moment le visiteur doit pouvoir être en mesure de se repérer dans le site. Qui plus est, le logo doit être présent sur toutes les pages, au même emplacement, et une charte graphique uniforme doit être appliquée à l'ensemble des pages afin de permettre à l'usager de savoir qu'il est toujours sur le même site. Un plan du site peut constituer un excellent moyen de permettre au visiteur de savoir où il est.
	Visibilité de l'adresse	L'URL de la page en cours doit être constamment visible et suffisament explicite pour permettre à l'utilisateur de se repérer afin de pouvoir revenir facilement.
	Tangibilité de l'information	Les informations présentes sur le site doivent être qualifiées, c'est-à-direque des éléments permettant d'en connaître la date de mise à jour où l'auteur doivent être présents. D'autre part, il est néfaste pour un site de proposer une façade accrocheuse aboutissant sur des sections en travaux.
Rapidité	Temps de chargement	Le temps d'affichage d'une page doit être le plus petit possible car la majorité des internautes ne patientent pas plus de 8 secondes lors du chargement d'une page.
Interactivité	Liens hypertextes	L'interactivité caractérise les interactions possibles entre l'utilisateur et le site web. Les liens hypertextes offrent de vastes possibilités dans ce domaine et permettent d'offrir au visiteur des parcours multiples, au gré de ses envies. Il est conseillé de mettre suffisamment de liens entre les différentes pages. À l'inverse, trop de liens peuvent rendre difficile la lecture.
	Facilitation des échanges	Il est souhaitable de tout mettre en place pour faciliter l'échange avec les visiteurs, notamment afin de recueillir leurs impressions et leurs demandes, en vue de faire évoluer le site. A minima, le visiteur doit pouvoir trouver facilement le moyen de contacter une personne, par courrier électronique ou grâce à un formulaire de contact.

Critère	Sous-critère	Description
Adaptabilité	Facilitation des échanges (suite)	L'adaptabilité caractérise la possibilité de personnalisation du site web sur intervention de l'utilisateur.
	Redimensionnement des polices	Les textes du site doivent préférentiellement utiliser des polices dont la taille n'est pas exprimée en valeur absolue, afin de laisser la possibilité de les redimensionner aux personnes le souhaitant.
Accessibilité	Universalité de l'accès	L'accessibilité est la capacité du site web à être consulté universellement, c'est-à-dire par tout type d'utilisateurs, y compris les malvoyants et non voyants. Il existe un certain nombre de règles d'accessibilité simples, à respecter afin de permettre l'accès au site web au plus grand nombre, quel que soit leur configuration logicielle et matérielle ou leur handicap.

Composition

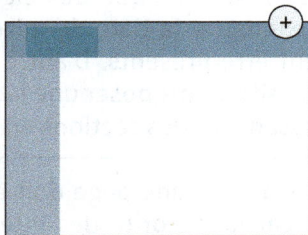

Le logo est généralement positionné en haut à gauche de l'écran. Le menu est potionné en haut ou sur le côté du site.

Une grande image permet de plonger le visiteur dans une ambiance.

Sens de lecture

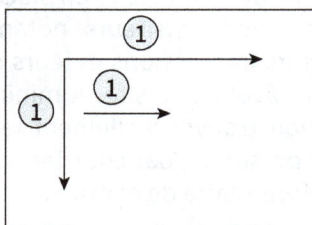

Le regard fait naturellement un F lorsque nous lisons sur le web.

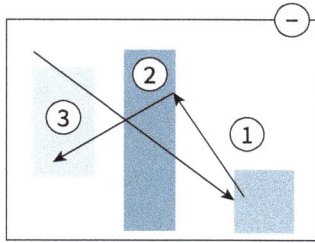

Le parcours de lecture peut être modifié par des éléments qui attirent l'attention (photo, animations, etc).

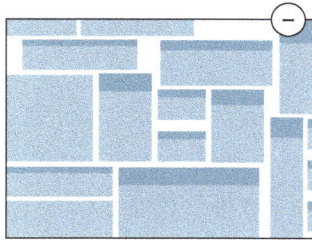

Une page trop encombrée gêne la elcture. Le visiteur sortira rapidement du site.

Navigation

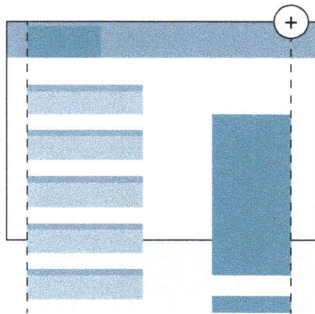

Un site construit en longueur est recommandé (pas plus de 4 hauteurs d'écran).

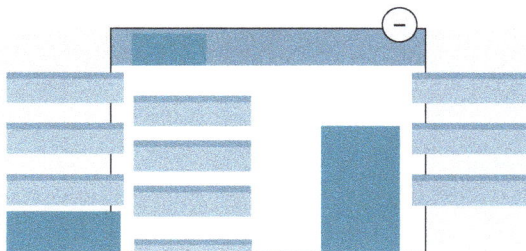

Un site construit en largeur est déconseillé (complique la lecture, pas adapté aux plate-formes des téléphones intelligents).

4 | Positionner votre proposition de valeur dans un marché compétitif

Introduction 76

4.1 Le positionnement d'une proposition de valeur 76

4.2 La stratégie de différenciation : à la recherche de l'avantage concurrentiel 84

4.3 Le positionnement stratégique et le positionnement perçu 89

Bibliographie 90

Audit de services 91

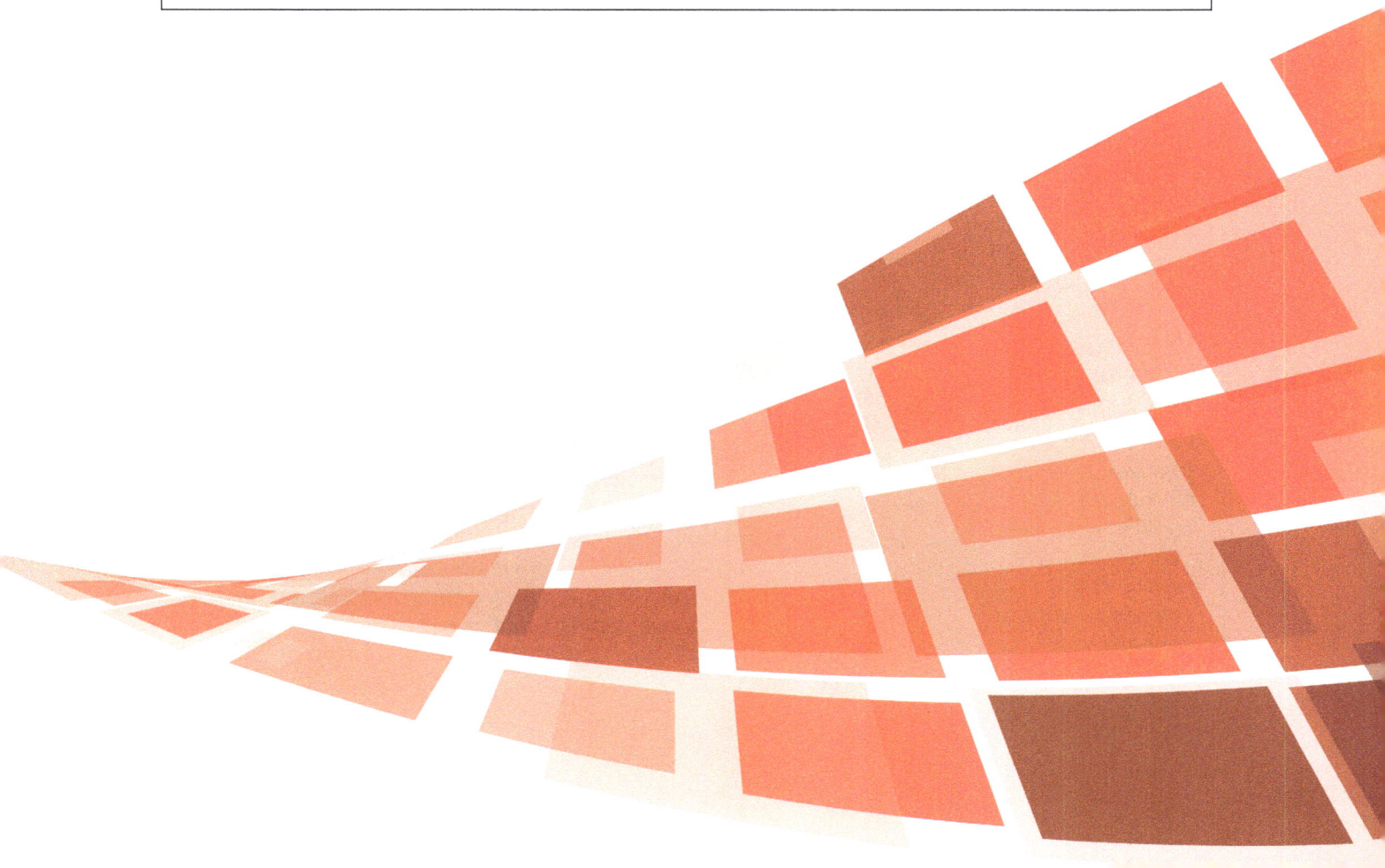

Introduction

Les marchés concurrentiels sont composés principalement de deux types d'acteurs : des clients potentiels qui recherchent des entreprises offrant des produits et services pouvant répondre à leurs attentes et des concurrents qui tentent de s'approprier la plus grande part de cette même clientèle. On observe que le comportement des clients est fortement influencé par les tendances de l'environnement et que les entreprises performantes adaptent leurs stratégies d'affaires aux tendances observées. L'analyse continue de l'environnement, des comportements de la clientèle et de la concurrence permet de prendre la décision la plus cruciale et la plus lourde de conséquences sur le processus de gestion du marketing : le positionnement de la proposition de valeur. La stratégie de positionnement aura un effet direct sur l'ensemble des stratégies de marketing à mettre en œuvre pour réussir la mise en marché des produits et services offerts.

4.1 Le positionnement d'une proposition de valeur

Avantage concurrentiel

Ensemble des éléments de votre proposition de valeur qui permettent à l'entreprise de se distinguer de la concurrence et de se différencier auprès d'une clientèle potentielle spécifique.

Stratégie de ciblage

Choix de la clientèle potentielle à qui on désire s'adresser.

Analyse de segmentation

Division de l'ensemble de la clientèle potentielle en sous-groupes appelés segments, de telle sorte que les clients qui composent chaque segment soient homogènes.

Positionner sa proposition de valeur dans un marché consiste à prendre deux décisions **simultanées** et fortement liées :

- À quels segments de la clientèle offrirez-vous vos produits et services? (stratégie de ciblage)

- En quoi vos stratégies de marketing seront-elles différentes et uniques par rapport à celles de vos concurrents? (stratégie de différenciation)

Positionnement = Ciblage + Différenciation

Répondre à ces deux questions fondamentales vous permettra de définir et de défendre sur le marché *l'avantage concurrentiel* de votre entreprise, i.e. ce qui vous permettra de vous distinguer de la concurrence auprès d'une clientèle potentielle spécifique. Dans une situation de monopole, i.e. en l'absence d'une alternative commerciale pour le client, chose très rare, la stratégie de différenciation visera à créer, aux yeux du client, une image claire et unique de ce que l'entreprise offre à sa clientèle.

La stratégie de ciblage, i.e. le choix de la clientèle potentielle à qui on désire s'adresser, est déterminante pour l'ensemble des décisions de marketing subséquentes. Dépendamment de la clientèle visée, vous devrez adapter toutes vos stratégies de marketing aux attentes précises de la clientèle potentielle spécifique.

Avant de prendre une décision concernant votre stratégie de ciblage, il est impératif de connaître le nombre, la taille et le potentiel relatif des segments de clientèle présents sur le marché, à un moment donné, sur un territoire donné. *L'analyse de segmentation* consiste à diviser l'ensemble de la clientèle potentielle en sous-groupes appelés segments, de telle sorte que les clients qui composent chaque segment soient homogènes quant à leurs besoins, leurs attentes, leurs préférences et leurs comportements.

4.1.1 L'analyse de segmentation

L'analyse de segmentation vous permet, dans un premier temps, de connaître la *configuration de la demande*, i.e. le nombre, la taille et le potentiel des segments de clientèle présents sur le marché, à un moment donné, sur un territoire donné. Tous les clients susceptibles d'être intéressés par une catégorie de produits et services forment le *marché potentiel*.

Les variables qui différencient les segments entre eux sont appelées des *bases de segmentation* alors que les variables permettant de décrire le profil des clients à l'intérieur d'un segment sont appelées des *descripteurs de segmentation*.

Une représentation graphique de l'analyse de segmentation est présentée à la figure 4.1 :

Configuration de la demande

Nombre, taille et potentiel des segments de clientèles présents sur le marché à un moment et sur un territoire donné.

Marché potentiel

Ensemble des clients susceptibles d'être intéressés par une catégorie de produits services.

Segments

Sous-groupes homogènes dans le marché potentiel.

Bases de segmentation

Variables qui différencient les segments entre eux.

Descripteurs de segmentation

Variables permettant de décrire le profil des clients à l'intérieur d'un segment.

Figure 4.1   Analyse de segmentation

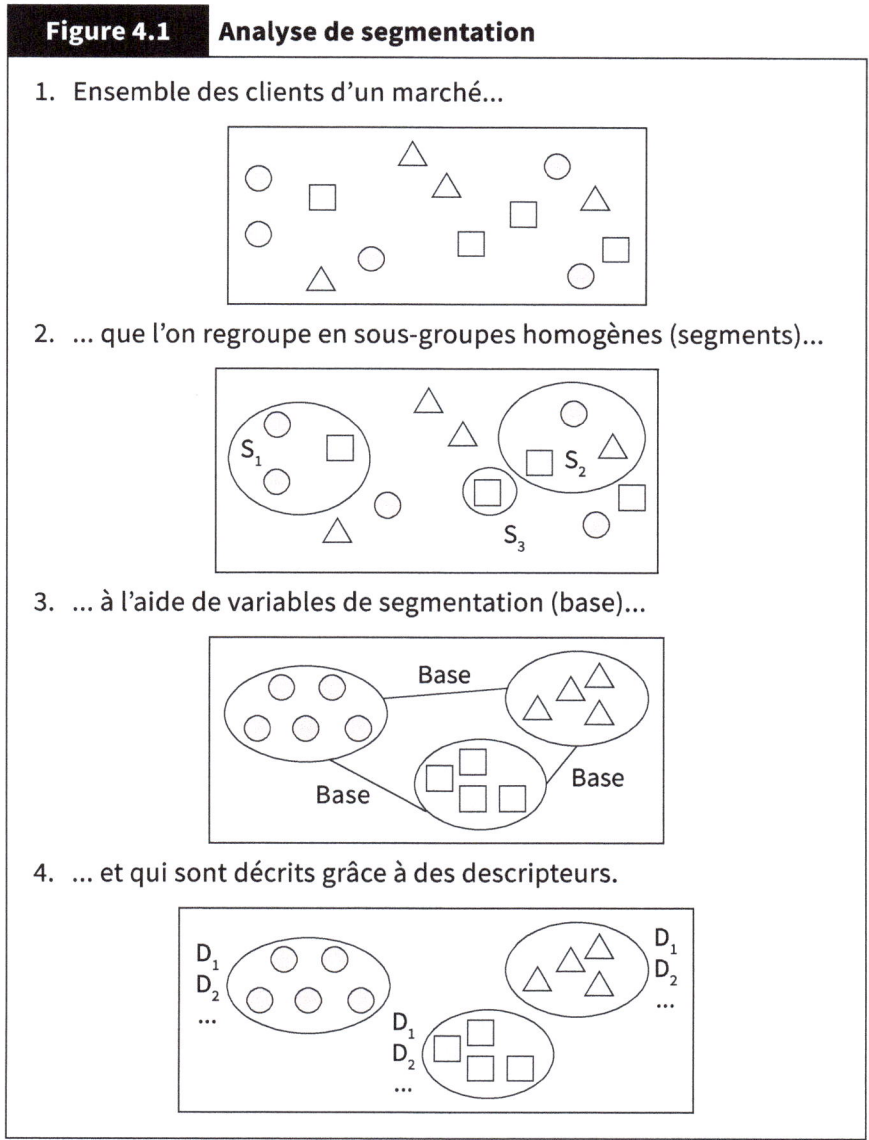

1. Ensemble des clients d'un marché...

2. ... que l'on regroupe en sous-groupes homogènes (segments)...

3. ... à l'aide de variables de segmentation (base)...

4. ... et qui sont décrits grâce à des descripteurs.

L'analyse de segmentation repose sur l'analyse de données internes (ex. bases de données client) ou sur l'analyse de données primaires (sondage client). Dans le premier cas, cependant, l'analyse fournit un portrait de la clientèle de l'entreprise, alors que dans le deuxième cas, l'analyse fournit un portrait de l'ensemble de la clientèle (client et non-client).

En utilisant des techniques d'analyse statistique *multivariée* comme l'analyse de regroupement (*cluster analysis*) ou l'analyse de variance, il est possible de regrouper les clients en sous-groupes homogènes. Ces techniques servent à identifier, de façon itérative, les variables (bases de segmentation) qui expliquent le mieux l'appartenance d'un client à un segment. Une fois les groupes identifiés, on procède à la description du profil des clients de chacun des segments à l'aide de descripteurs.

Les principales variables servant de bases de segmentation sont :

- Les attentes envers la catégorie de services et les avantages recherchés;

- Le degré de qualité de services désiré;

- Les comportements d'achat (fréquence d'achat, volume et valeur des transactions).

Ces bases de segmentation sont intimement liées entre elles; un client ayant des attentes élevées par rapport à la compétence d'un conseiller en fiscalité cherchera à obtenir des informations lui permettant d'évaluer ses compétences; un client désirant un degré de qualité de services acceptable lors du séjour de son enfant dans un camp de vacances, par exemple, aura des attentes différentes de celles du client qui désire un degré de qualité de services élevé. L'analyse des comportements d'achat permet de segmenter la clientèle actuelle en fonction de sa rentabilité relative pour l'entreprise. Souvent, les clients divisés sur la base de leurs comportements d'achat forment des groupes très homogènes.

Les principaux descripteurs de segmentation sont :

- Les variables sociodémographiques telles que l'âge, le revenu, le sexe, le niveau de scolarité, l'origine ethnique, la religion, la langue parlée, l'occupation, la valeur des actifs, la composition du ménage (conjoint, enfants), etc.;

- Les variables géographiques, i.e. le lieu où réside le client (résidence principale ou secondaire);

- Les styles de vie (valeurs) (voir le chapitre 2, section 2.1.4).

En identifiant des segments très différents les uns des autres, on s'assure que les clients de segments distincts ne répondront pas de la même façon à une stratégie de marketing donnée.

Par exemple, les clients sensibles aux prix réagiront très positivement à une diminution des tarifs d'un centre de plein air alors que les clients recherchant une qualité de services élevée réagiront négativement à la diminution des tarifs.

L'analyse de segmentation permettra de déterminer :

Le nombre de segments

En général, le nombre de segments présents varie de trois à six, selon les secteurs d'activité.

La taille des segments

La taille fait référence au nombre de clients composant le segment.

Le potentiel du segment

Il s'agit du potentiel de dépenses par client, du potentiel de croissance du segment et du potentiel de rentabilité du segment. Un segment de très petite taille peut s'avérer très intéressant si les clients qui le composent présentent un potentiel de revenus élevés. Les gens qui effectuent de fréquents vols de longue durée en avion (entre 50 et 70 vols par année) sont peu nombreux; ils disposent cependant d'un budget de voyage très élevé.

Une grande banque canadienne a identifié plusieurs attentes différentes chez les détenteurs de cartes de crédit. Suite à cette observation, elle a décidé d'offrir plusieurs types de cartes de crédit, chacune d'elles répondant à une attente précise : voyages, escomptes sur produits, économie d'essence, tarifs avantageux, etc.

Les meilleures pratiques de gestion
Offre de services modulée selon les attentes des différents segments ciblés. Banque Nationale (2006)

Types de cartes chez Mastercard Banque Nationale :

1. Cartes comportant un programme de récompenses
   - Carte Platine : clients fortunés, avantages nombreux
   - Carte Or Ovation : clients fortunés, avantages nombreux
   - Carte Allure : femmes, économies sur produits
   - Carte Escapade : clientèle aimant les sorties, récompenses

2. Cartes sans frais
   - Carte Édition Or : clientèle cherchant le prestige mais qui ne veut pas payer pour une carte
   - Carte Mastercard : clientèle moyenne, carte pratique et simple

3. Cartes à taux variable
   - Carte Syncro : taux d'intérêt évolutif compétitif

4. Carte pour travailleurs autonomes
   - Carte Premia Affaires : clientèle d'entrepreneurs (PME)

5. Carte avec partenaire
   - Carte Ultramar : économies sur les achats d'essence
   - Carte Husky/Mohawk : clientèle premières nations
   - Carte Sunoco : économies sur les achats d'essence

Les techniques statistiques multivariées permettent de concevoir des cartes perceptuelles, sur lesquelles on peut visualiser le nombre de segments, la taille de chaque segment, ainsi que leur position par rapport aux bases de segmentation retenues. Ces cartes sont conçues à partir des résultats de sondages visant à mesurer la perception des clients. Par exemple, une analyse de la clientèle d'affaires fréquentant les hôtels de Montréal a permis d'identifier, entre autres, deux avantages recherchés : la localisation et le degré de qualité de services. La figure 4.2 illustre le résultat de notre analyse.

Figure 4.2 **Configuration de la demande : Avantages recherchés par la clientèle d'affaire d'hôtels de Montréal**

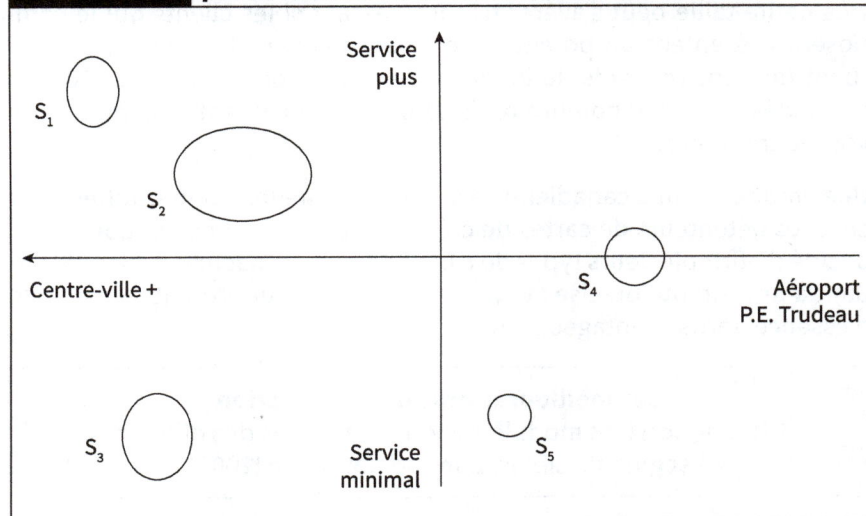

Les clients composant le segment no. 2, le plus important en taille, recherchent un établissement offrant un degré de qualité supérieur à la moyenne et situé près du centre-ville. Les clients du segment no. 1 recherchent plutôt un hôtel offrant des services de qualité très élevée et situé au centre-ville. À l'opposé, les clients composant le segment no. 4 sont intéressés par un hôtel localisé près de l'aéroport Pierre-Eliott-Trudeau et offrant des services de qualité moyenne.

4.1.2 La stratégie de ciblage

La stratégie de ciblage repose sur deux décisions cruciales : le nombre de segments que l'on décide de cibler et l'étendue de l'offre de produits et services. Vous pouvez décider de cibler un seul segment, quelques segments ou l'ensemble des segments présents. L'étendue de l'offre de produits et services correspond au nombre de produits et services différents qui seront offerts.

Une institution bancaire peut offrir à sa clientèle plusieurs types de comptes bancaires, chaque type répondant aux attentes des clients composant les segments différents. Chaque type de compte bancaire constitue un service distinct; *l'offre de services d'une entreprise*, qui sera vue au prochain chapitre, correspond donc à l'ensemble des services distincts offerts par une entreprise.

Offre de services d'une entreprise

Ensemble des services distincts offerts par une entreprise.

La stratégie multisegments

Cette stratégie consiste à offrir un nombre limité de services à un nombre élevé de segments de marché. On mise ainsi sur une qualité supérieure et inégalée de services afin de devenir, en quelque sorte, le spécialiste de l'industrie. Par exemple, une agence de voyages peut décider de concentrer son offre de services sur une seule destination (ex. l'Égypte) et d'offrir ses forfaits à plusieurs segments du marché (particuliers, clientèle d'affaires, marché corporatif, etc.). Cette stratégie est recommandée dans les conditions de marché suivantes : un marché potentiel suffisamment important, une clientèle concentrée géographiquement et une très bonne connaissance de la part de l'entreprise des besoins et attentes de la clientèle visée. La concentration géographique n'est plus une condition essentielle si l'ensemble des services peut être offert à distance. Un traducteur peut maintenant, grâce à l'Internet, servir des clients très éloignés de son lieu de travail.

Figure 4.3   **Stratégies de ciblage**

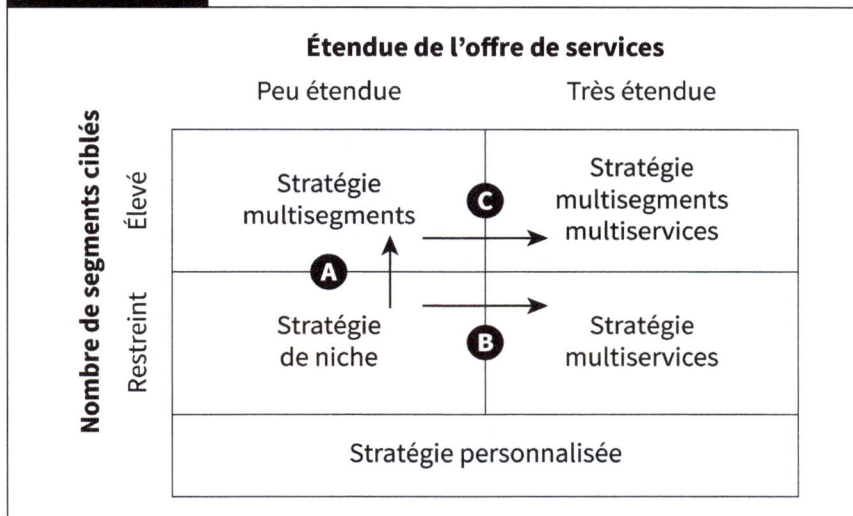

La stratégie de niche

Cette stratégie consiste à offrir un nombre limité de services à un nombre très restreint de segments de marché. De cette façon, vous ciblez un ou deux segments, vous évaluez précisément leurs besoins et leurs attentes pour ensuite concevoir une offre de services étroite et très bien adaptée à la clientèle ciblée. Cette stratégie est recommandée lorsque vous désirez offrir un nouveau service dans un secteur très concurrentiel : il en va de la survie de votre entreprise de trouver une niche qui la distinguera des concurrents présents sur le marché. Cette stratégie est pratiquement incontournable pour les petites et moyennes entreprises (P.M.E.) qui, de cette façon, évitent la concurrence existante en offrant des services possédant des attributs que les plus grandes entreprises ne peuvent offrir. C'est le cas d'une entreprise de manutention de courrier et de colis fondée par deux avocats de Montréal qui considéraient que les grandes entreprises de l'industrie ne répondaient pas aux attentes des firmes d'avocats et de notaires. Ils ont mis sur pied un service de cueillette, de transport et de livraison de documents juridiques; ils ont conçu des routes de cueillette et de livraison entre les différentes firmes de la région de Montréal et les différentes institutions juridiques (palais de justice, bureau d'enregistrement).

La stratégie multisegments multiservices

Comme son nom l'indique, la stratégie multisegment multiservices consiste à cibler un nombre élevé de segments, ou la totalité des segments, en développant une offre de services très étendue. En optant pour cette stratégie, vous obtenez la plus grande couverture du marché possible, afin d'occuper toutes les niches disponibles et ainsi décourager tout nouveau concurrent d'y entrer. Par contre, le choix de cette stratégie suggère que, pour chaque segment ciblé, toutes vos stratégies de marketing (offre de services, tarification, promotion, processus, ambiance, personnel de contact, accessibilité) devront être adaptées aux attentes spécifiques des clients composant le segment. La gestion du marketing devient beaucoup plus complexe lorsque vous optez pour cette stratégie.

La stratégie multiservices

Vous pouvez également choisir une stratégie de ciblage visant à offrir un vaste choix de services à un nombre restreint (un ou deux) de segments. On observe souvent cette pratique de gestion chez des entreprises qui décident de diversifier leur offre de services pour répondre aux nouveaux besoins de leurs clients. Appelée « one stop shopping » par les praticiens anglophones, cette stratégie vise à centraliser les achats de services similaires chez le même fournisseur. Quelques compagnies d'assurances tentent d'augmenter leurs parts de marché en ayant recours à cette stratégie de ciblage.

La stratégie personnalisée

Les stratégies précédentes exigent un équilibre optimal entre le nombre de segments ciblés et le nombre de services offerts. Bien qu'il serait beaucoup plus rentable et efficace de mettre au point les mêmes stratégies de marketing pour l'ensemble de la clientèle potentielle, l'hétérogénéité de la clientèle en ce qui a trait aux attentes (chap. 3, section 3.3) vous oblige à choisir la stratégie de ciblage appropriée. Lorsque les attentes varient beaucoup, non pas d'un segment à l'autre mais d'un client à l'autre, la stratégie personnalisée s'impose. Cette façon de faire consiste à adapter les stratégies de marketing à un très petit nombre de clients possédant des caractéristiques similaires. Le cas extrême de personnalisation survient lorsque l'on doit adapter nos stratégies de marketing à chaque client, sur mesure. Plusieurs firmes du secteur des services professionnels (architectes, ingénieurs, formation en entreprise) ont recours à cette stratégie.

La stratégie de ciblage... une dynamique évolutive

Les nouvelles entreprises de services qui réussissent à se tailler une place dans un marché compétitif adoptent, le plus souvent, la stratégie de niche : un ou deux services offerts à une clientèle très ciblée. L'erreur courante, qui entraîne souvent la fermeture ou la faillite de l'entreprise, c'est de vouloir être tout pour tout le monde. Après quelques années, afin d'assurer la croissance et d'augmenter la rentabilité, vous pouvez élargir votre offre de services à d'autres segments du marché (A. stratégie multisegments) ou offrir un éventail plus large de services à votre clientèle actuelle (B. stratégie multiservices). Les flèches de la figure 4.3 illustrent cette évolution. Lorsque vous possédez une meilleure connaissance du marché (la clientèle, les concurrents et les tendances de l'environnement), vous pouvez envisager une stratégie multisegments multiservices (C).

Voici les erreurs courantes lors de l'analyse de segmentation du marché :

Considérer le marché potentiel comme un ensemble de clients homogènes ayant tous les mêmes attentes.

Le directeur marketing d'une chaîne de restauration canadienne affirmait, lors d'une allocution, que son entreprise visait tout le monde qui a le ventre vide!

L'hypersegmentation : identifier un trop grand nombre de segments de marché.

Il ne faut pas tomber dans le piège de percevoir plus de segments qu'il en existe réellement. Certaines institutions bancaires, croyant satisfaire la demande avec huit cartes de crédit différentes, se sont aperçues qu'elles pouvaient satisfaire les attentes de la clientèle en n'offrant que quatre cartes distinctes.

Utiliser les variables sociodémographiques comme base de segmentation.

Ces variables sont généralement de mauvaises bases pour prévoir les comportements. Qu'ont en commun les femmes âgées de 25 à 35 ans? Elles sont toutes de sexe féminin et appartiennent à la même catégorie d'âge. Cela ne signifie pas qu'elles aient les mêmes attentes et les mêmes comportements en matière d'activités culturelles, de placements ou de soins de santé.

Identifier un segment de marché non quantifiable.

Les amateurs de plein air peuvent former, a priori, un segment de marché intéressant pour les gestionnaires d'une base de plein air. Il est cependant très difficile de quantifier ce segment de façon précise. À l'inverse, les joueurs de golf de la région de Montréal constituent un segment de marché quantifiable à l'aide de données secondaires.

Choisir un segment exigeant une adaptation majeure de nos stratégies de marketing.

Redéployer une nouvelle offre de services, une nouvelle grille de tarifs, de nouveaux processus et de nouveaux points de services peut s'avérer très coûteux. On doit plutôt orienter notre choix vers des segments de marché qui offriront une utilisation optimale de nos ressources. Une entreprise de transport de fonds par camion a élaboré un nouveau service de monétique (comptage et gestion de l'argent) pour ses clients du secteur bancaire. Ce nouveau service a amené les employés à mettre au point de nouvelles compétences et a forcé l'entreprise elle-même à créer de nouveaux processus ainsi qu'à obtenir de nouveaux équipements… mais il a rapidement été abandonné à cause de la faible synergie observée par rapport à l'utilisation des ressources existantes.

4.2 La stratégie de différenciation : à la recherche de l'avantage concurrentiel

Le client, dans la grande majorité des secteurs de services, a le choix entre plusieurs prestataires qui offrent, à première vue, les mêmes services. Les principaux locateurs de voitures de tourisme louent à peu près tous les mêmes types de véhicules, à des prix très similaires. Les banques proposent un panier de services assez semblables : compte courant, compte d'épargne, services de prêts, etc. Il en est de même pour les salons de coiffure pour femmes d'un quartier qui offrent sensiblement les mêmes services (coupe, teinture, etc.). L'intangibilité des services, une des particularités importantes abordées au premier chapitre, fait en sorte qu'aux yeux du client l'offre de services semble très similaire d'une entreprise à l'autre.

Comment alors vous distinguer des concurrents? De quelle façon pouvez-vous doter votre proposition de valeur d'une image unique, distincte et attrayante pour la clientèle cible? Sur quel(s) attribut(s) de services devrez-vous vous démarquer? La réponse à ces questions vous amènera, dans un premier temps, à élaborer votre stratégie de différenciation et, dans un deuxième temps, à mettre au point votre stratégie concurrentielle, i.e. le choix de votre avantage concurrentiel. En bref : sur la base de quels attributs de services recherchés par la clientèle vous distinguez-vous de vos compétiteurs?

4.2.1 La stratégie de différenciation

Stratégie de différenciation

Identification des attributs de services qui répondent aux attentes les plus importantes du segment cible et qui différencient l'entreprise des concurrents.

La *stratégie de différenciation* consiste à identifier les attributs de services qui répondent aux attentes les plus importantes du segment cible et, de surcroît, permettent de vous distinguer de vos concurrents aux yeux du client. Les attributs de services ainsi choisis deviendront vos *vecteurs de positionnement* : toutes les stratégies de marketing subséquentes découleront du choix de ces vecteurs.

Tout dépendant du nombre de segments cibles, vous devrez choisir un ou deux vecteurs de positionnement pour chaque couple services/segment. La dynamique concurrentielle peut varier d'un couple à l'autre; par exemple, dans le secteur des cartes de crédit, le nombre et l'importance des concurrents varient beaucoup d'un type de carte à l'autre. Lors du choix d'un segment de marché, en fonction de la concurrence présente dans le segment en question, vous devez vous assurer de la possibilité pour votre entreprise d'établir une différenciation claire, nette et précise aux yeux de la clientèle cible.

Une faible différenciation par rapport aux concurrents sera toujours à l'avantage de l'entreprise bénéficiant de la meilleure réputation. De plus, elle amènera le client à choisir, à service égal, le meilleur prix. Les fournisseurs de connexions Internet à haute vitesse clament tous être les plus rapides.

Pour le client qui ne perçoit pas de différence entre les offres de services des prestataires, le meilleur choix sera d'opter pour le concurrent le moins cher. Le défi pour ces fournisseurs consiste à se différencier sur la base des attributs déterminants autres que le prix, tels que la fiabilité du réseau, le service de soutien en cas de problème, etc.

Un *attribut déterminant* permet au client de départager les offres des concurrents. Par exemple, le niveau de sécurité offert par les transporteurs aériens est très important pour les passagers, mais n'est pas déterminant : toutes les compagnies d'aviation offrent, sauf exception, le même niveau de sécurité.

Le choix du ou des vecteurs de positionnement représente donc, avec le choix de la stratégie de ciblage une décision cruciale qui nécessite d'abord une analyse approfondie des attentes de la clientèle, pour chaque segment cible, et une analyse détaillée des forces et faiblesses des concurrents. Par la suite, à l'aide d'un audit de services, vous devrez évaluer vos propres forces et faiblesses. Dans l'encadré suivant est présentée la réflexion effectuée dans ce sens par la Banque Laurentienne en 1998, lorsqu'elle a voulu repositionner son service de prêts aux entreprises.

À partir d'une étude effectuée auprès des décideurs financiers d'entreprises canadiennes de petite et moyenne taille, trois vecteurs de positionnement ont été retenus : la rapidité, l'efficacité et la disponibilité du service offert par les chargés de compte.

Avant de confirmer le choix de ces vecteurs, les dirigeants de la Banque ont dû s'assurer que les compétences des chargés de compte, les processus de prestation de services au client, les processus de prestation des employés du service de crédit et les technologies de services (gestion des contacts entrant et sortant) étaient adéquats.

Attribut déterminant

Attribut de services permettant au client de départager les offres des concurrents.

Vecteurs de positionnement

Attibuts de services choisis, qui auront une incidence directe sur toutes les stratégies de marketing subséquentes.

Les meilleures pratiques de gestion
Vecteurs de positionnement des services de prêts aux entreprises de
la Banque Laurentienne (1998)

La Banque Laurentienne, septième banque à charte au Canada, est la plus petite des banques canadiennes. Elle offre des services financiers aux particuliers, aux entreprises et aux intermédiaires de marché. Elle possède 157 succursales et 12 bureaux d'affaires situés dans les principaux grands centres du Canada (Québec, Montréal, Toronto, Calgary, Vancouver). Depuis sa création, en 1846, la Banque Laurentienne desservait exclusivement la clientèle des particuliers. En 1995, elle décida d'entrer dans le marché très compétitif des services financiers aux entreprises, venant ainsi concurrencer les institutions qui dominaient le marché : la Banque Royale, la Banque de Montréal et la Banque CIBC en Ontario ainsi que les Caisses Populaires Desjardins et la Banque Nationale au Québec. Les principaux marchés géographiques du secteur des services financiers aux entreprises sont situés, en ordre d'importance, à Toronto, Montréal, Québec, Calgary et Vancouver.

En 1997, la forte concurrence du marché des services aux entreprises obligea les dirigeants de cette nouvelle division à définir la stratégie de positionnement qui, tout en répondant aux attentes de la clientèle, leur permettrait de se différencier des concurrents majeurs de ce secteur en forte croissance. Avant de prendre une décision d'une telle importance, on demanda à une firme de recherche marketing de Toronto de réaliser une étude visant à mesurer la perception qu'ont les décideurs de chacune des banques canadiennes et ce à partir de 16 attributs de services. On demanda également aux répondants de préciser les attributs qu'ils jugeaient très importants lors du choix d'un prestataire de services financiers. Les résultats ont démontré que la personnalisation de la relation d'affaires, la disponibilité du chargé de comptes et la rapidité du service se trouvaient parmi les attentes les plus importantes pour les clients. Sur ces attributs précis, la Banque Laurentienne apparaissait en tête de liste alors que les performances de ses principaux concurrents étaient jugées relativement faibles.

Lors d'une réunion à laquelle assistaient le premier vice-président, M. Richard, le vice-président marketing, M. Robert, et les deux vice-présidents régionaux du Québec et de l'Ontario, on a tenté, à la lumière de ces résultats, de définir un positionnement qui permettrait à la Banque Laurentienne de se démarquer de ses concurrents. « Il semble que nous soyons très bien perçus en ce qui a trait à la qualité des relations que nous entretenons avec nos clients et que ces derniers recherchent avant tout un prestataire de services apte à mettre au point et à maintenir une excellente relation d'affaires. Nos concurrents, surtout à cause de leur taille, ne sont probablement pas en mesure d'offrir un service aussi personnalisé », avança M. Robert.

La première réaction vint du vice-président du Québec : « Suggé-rez-vous alors que nous misions sur la faiblesse majeure de nos concurrents et que nous élaborions une stratégie de marketing axée sur la personnalisation de notre offre de services ? » Son collègue de l'Ontario interrompit la discussion en soulevant les risques d'une telle stratégie de positionnement. « Alors que nos concurrents ont investi au cours des cinq dernières années en interfaces technolo-giques avec la clientèle et en création de produits financiers de plus en plus sophistiqués, nous irions certes à contre-courant en mettant au point une approche relationnelle très personnalisée. De plus, il faut s'interroger sur la disponibilité de nos directeurs de comptes pour établir une telle approche: nous leur demanderions d'avoir plus de contacts électroniques, d'effectuer davantage de visites chez le client et ce en gardant en tête que nos directeurs consacrent moins de 30 % de leur temps à l'élaboration de plans d'affaires. Il faut éga-lement vérifier l'adéquation de nos structures organisationnelles actuelles et le profil de nos directeurs de comptes. »

C'est alors que M. Richard intervint pour renchérir sur la proposi-tion initiale : « Dans le domaine du financement commercial, une entreprise fait affaire avant tout avec un individu, la relation entre le client et le banquier étant plus importante que la relation entre le client et la Banque. Le banquier commercial doit avoir un pro-fil d'entrepreneur, semblable au profil de son client : rapide, dis-ponible et efficace. En optant pour une approche plus personna-lisée dans ses relations avec ses clients, la Banque Laurentienne pourra devenir un joueur significatif et... différent ! Nos concurrents sont très peu efficaces pour comprendre les besoins des petites et moyennes entreprises ; de plus, ils sont très lents lors de la mise en place de solutions. Certains concurrents font même preuve d'arrogance envers un client qui recherche un banquier plus près de ses réalités.

Le groupe en est venu à la conclusion qu'un positionnement axé sur la personnalisation de la relation d'affaires était pertinent, compte tenu des conditions du marché. On saisit très vite que plusieurs déci-sions rapides devaient être prises à l'interne avant même d'élaborer un plan de communication pour promouvoir ce nouveau position-nement. La première démarche fut d'établir des normes de services cohérentes avec le positionnement ; il fallait définir, concrètement, ce que signifiait « un banquier disponible, rapide et efficace ». Une fois les normes de services définies, elles devaient être présentées aux directeurs de comptes, car c'étaient eux qui devraient les mettre en application. En analysant les structures de fonctionnement de la Banque, on prit conscience que la petite taille et la proximité des équipes de travail favoriseraient un temps de réponse plus rapide aux demandes des clients. Par contre, il n'est pas dans les us et coutumes du personnel des banques de réagir expressément aux demandes des clients et encore moins d'être proactif. Un changement du pro-fil de la tâche s'imposait : en plus de maîtriser l'analyse de risques, les directeurs de comptes devraient dorénavant être des spécialistes dans l'élaboration de plans d'affaires.

Parmi les vecteurs de positionnement les plus fréquents dans le secteur des services, on retrouve notamment :

- La variété des services offerts;
- La performance technique (liée aux résultats);
- Le temps d'attente;
- La rapidité de la prestation;
- La convivialité des processus de prestation (la performance fonctionnelle);
- L'excellence de la qualité du service;
- La compétence du personnel;
- L'accessibilité physique et temporelle;
- La tarification.

4.2.2 Le choix de l'avantage concurrentiel

L'avantage concurrentiel repose sur les vecteurs de positionnement choisis précédemment; les entreprises performantes sont en mesure de le défendre auprès des clients, année après année. Il s'agit donc d'une décision à long terme, que les dirigeants doivent maintenir jusqu'à ce que surviennent des changements importants dans le marché. L'arrivée d'un nouveau concurrent, un changement dans les attentes des clients ou l'émergence de nouvelles tendances de l'environnement peuvent nécessiter le repositionnement de votre proposition de valeur, passant nécessairement par le choix de nouveaux vecteurs.

Le choix des vecteurs de positionnement repose donc sur plusieurs considérations d'égale importance :

Les forces de l'entreprise en ce qui a trait aux processus, aux ressources financières ainsi qu'aux compétences.

Il va de soi que votre entreprise doit être en mesure de supporter ce sur quoi elle mise pour se différencier des autres. Un détaillant voulant se différencier par la qualité supérieure du service à la clientèle qu'offre son entreprise doit s'assurer que les processus, les normes de services et les compétences du personnel soient à la hauteur des attentes créées auprès de la clientèle par la stratégie de positionnement.

Les segments de marché dans lesquels on veut se positionner

La Banque Laurentienne, dans l'exemple présenté aux pages 86 et 87, a choisi des vecteurs propres aux segments composés de directeurs financiers de petites et moyennes entreprises. Les vecteurs de positionnement seront fort différents pour le marché des particuliers.

La nature et la force des concurrents pour chaque segment ciblé

La concurrence n'est pas la même d'un segment à l'autre. Il serait très périlleux de choisir un vecteur de positionnement avec lequel un concurrent domine l'ensemble des segments du marché.

L'avantage concurrentiel doit être significatif auprès de la clientèle et doit offrir une valeur ajoutée

Un transporteur privé de courrier longue distance, ayant décidé de se différencier des ses concurrents en ce qui a trait au temps de livraison, a fixé le délai de livraison à 12 heures, comparativement à ses concurrents qui offraient un délai de 15 heures. La différence de trois heures a été perçue par la clientèle comme significative; de plus, le délai de livraison représente un attribut de services déterminant lors du choix d'un transporteur de courrier longue distance.

L'avantage concurrentiel doit être tangible pour le client

Se différencier sur la base de la qualité du service de réparation, pour un concessionnaire automobile par exemple, peut s'avérer un avantage peu tangible pour le client. Le concessionnaire pourra mieux tirer profit de cet avantage en mettant en lumière, auprès de la clientèle potentielle, la compétence supérieure de ses mécaniciens et de ses équipements de haute performance.

L'avantage concurrentiel doit être durable et difficilement imitable

En mobilisant toutes les ressources de votre entreprise pour supporter le ou les vecteurs de positionnement choisis, les décideurs doivent s'assurer que la stratégie de différenciation sera en place pour une durée de 3 ans à 5 ans. Il faut également s'assurer que l'avantage choisi sera difficile à imiter. Dans le secteur des services, il est facile, a priori, de copier les services offerts par un concurrent. Le premier détaillant en alimentation à offrir un service de livraison à domicile a vu ses concurrents offrir le même service quelques semaines plus tard. Il arrive souvent qu'on puisse facilement copier l'offre de services, les grilles de tarification, les processus de prestation, etc. Nous pensons cependant que c'est dans l'exécution que les entreprises performantes se distinguent. L'exécution dépend d'un amalgame entre le leadership et la culture de service (chap.9), les compétences du personnel (chap. 9), la fiabilité des processus de prestation (chap. 8) et celle des technologies de l'information. Vince Lombardi, célèbre entraîneur des Packers de Green Bay, de la ligue nationale de football (NFL), se souciait peu du fait que d'autres équipes copient son plan de match. Il était même prêt à donner son cahier de jeux. Il était convaincu que la partie se joue lors de l'exécution des jeux.

4.3 Le positionnement stratégique et le positionnement perçu

La décision de positionner votre proposition de valeur est essentiellement stratégique; elle a pour but de conquérir une clientèle cible précise et de distinguer vos marques de services de celles de vos concurrents auprès de cette même clientèle. Une image de marque forte et puissante se construit au fil de longues années d'efforts en ce qui a trait à la stratégie de positionnement. Dans le secteur de l'hôtellerie, des noms de marques comme Hilton, Holiday Inn ou Westin sont tous présents dans le champ de perception des utilisateurs de ce type d'établissement. Le positionnement perçu correspond à l'image que se fait la clientèle après la mise en œuvre des différentes stratégies de marketing.

Exercice 4.1

Configuration de la demande et structure de l'offre du secteur de l'hôtellerie (Montréal)

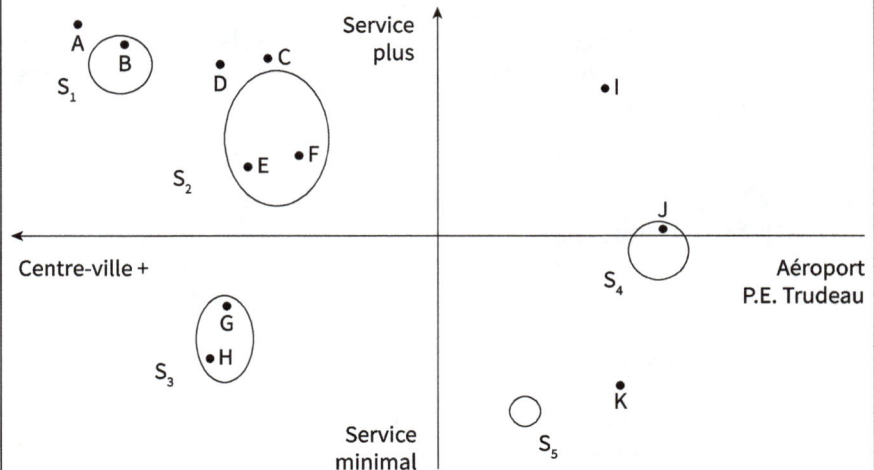

Légende

A. Ritz Carlton
B. Reine Elizabeth
C. Centre Sheraton
D. Nouvel Hôtel
E. Delta
F. Inter-continental
G. Maritimes Plaza
H. Quality Inn
I. Sheraton Dorsal
J. Best Western
K. Plaza Dorval

Q1. Dans quel segment la concurrence est-elle la plus forte?
Q2. Quels hôtels sont le moins en compétition entre eux?
Q3. Qui de I, J ou K semble le plus viable à long terme?

Il est fréquent, surtout après les deux premières années, que le positionnement perçu ne corresponde pas au positionnement stratégique désiré par l'entreprise. On peut alors corriger le tir en modifiant quelques stratégies. Obtenir une adéquation parfaite peut prendre de 3 ans à 5 ans, à condition de mesurer annuellement le positionnement perçu pour chacun des couples services/segment et d'apporter les modifications qui s'imposent.

Bibliographie

Aaker, David A. Strategic market Management. 6e éd., John Wiley, pp. 135-137, 2001

Brunet, Johanne et al. Gestion du marketing, 5e édition, Gaétan Morin Éditeur, Chenelière Éducation. 2011. 456 p.

Lovelock, Christopher and Wirtz, Jochen. Services Marketing People, Technology, Strategy, 5e ed. Pearson Prentice Hall, p. 59, 2004

Normann, Richard. Services Management : Strategy and Leadership in Service Business, Chichester, John Wiley & Sons, 2/E, 1991, pp. 16-17.

Audit de services

Partie 4 – Se positionner dans un marché compétitif

1. Déterminer le nombre de segments ciblés.

2. Quelles bases et quels descripteurs sont les plus appropriés pour comprendre la nature des segments de marchés que vous désirez conquérir?

3. Estimer la taille relative de chaque segment. Nombre de clients, nombre et valeur des transactions.

4. Évaluer le potentiel de chaque segment.

5. Décrire et justifier la stratégie de segmentation utilisée par votre entreprise (figure 4.3).

6. Décrire et justifier la stratégie de différenciation utilisée par votre entreprise, votre avantage concurrentiel et vos vecteurs de positionnement.

7. Résumer en quelques lignes le positionnement de l'offre de services de votre entreprise.

Méthodologie

Analyse de l'offre de l'entreprise et de ses concurrents (s'appuyer sur les informations recueillies au chapitre 3).

Entretien avec le gestionnaire (partie 1) guide semi-structuré

L'analyse des réponses recueillies grâce au guide d'entretien avec les utilisateurs de services doit vous aider à orienter vos questions.

Vous devez être capable :

*   D'identifier la stratégie de segmentation.
    Argumenter votre réponse.

*   De déduire la configuration de la demande.

*   D'identifier la stratégie de différenciation au travers des vecteurs de positionnement pertinents que vous aurez identifié au préalable.

Suite à l'analyse des entretiens avec les clients (chapitre 3) et de votre premier entretien avec le gestionnaire (chapitre 4), construire un schéma de configuration de la demande et structure de l'offre du secteur de votre prestataire de service (voir figure 4.2 du livre).

Méthodologie

Élaborer un guide d'entretien orienté sur le positionnement de l'offre de service sur le marché. Prendre rendez-vous avec le gestionnaire de votre point de service.

Suggestions

☐ Quelles stratégies votre entreprise pourrait-elle développer pour mieux se différencier de ses concurrents? (Segment visé, réponses aux attentes clients, etc.)

☐ La stratégie de segmentation de l'entreprise est-elle appropriée? Si non, que suggérez-vous?

☐ La stratégie de différenciation de l'entreprise est-elle appropriée? Si non, que suggérez-vous?

5 | Créer une offre de services à valeur ajoutée

Introduction 94
5.1 La gestion de l'offre de services 94
5.2 La gestion des marques de services 109
Bibliographie 115
Audit de services 115

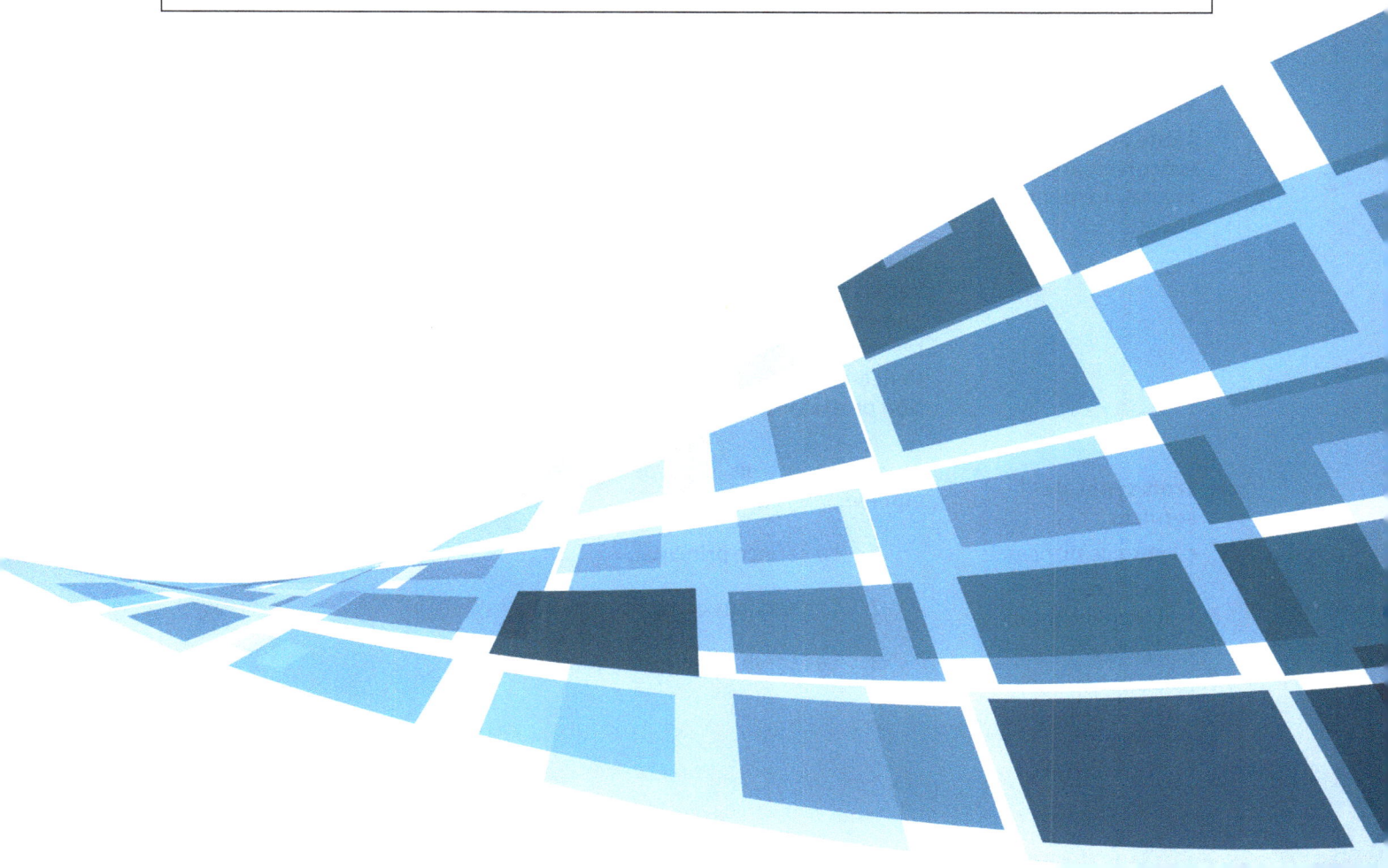

Introduction

La gestion de l'offre de services constitue le cœur du processus de gestion du marketing. À cette étape du processus, il faut concevoir, planifier et rendre opérationnels trois (3) types de services : le service principal, les services complémentaires ainsi que les services périphériques qui seront offerts aux différents segments de marché. L'ensemble des services offerts représente l'offre globale. Dans la première partie du chapitre, je définirai et énumérerai tous les types de services de l'offre globale. Par la suite, j'aborderai la création de forfaits, i.e. le regroupement du service principal et d'un ou plusieurs services complémentaires, accompagnés d'une sélection de services périphériques. Pour terminer cette première partie, je traiterai de la modulation de l'offre de services, qui consiste à décliner un service (principal ou complémentaire) en différentes options proposant différents attributs de services.

Dans la deuxième partie du chapitre, je présenterai la gestion des marques de services. Bien que le nom de l'entreprise serve souvent de marque principale de services, je proposerai une typologie de marques de services qui permettra à la clientèle de mieux distinguer les différents services offerts par votre entreprise.

5.1 La gestion de l'offre de services

Un fournisseur peut offrir un nombre assez élevé de services qui n'ont pas tous le même statut. Pour une entreprise de livraison de courrier, prendre une commande, donner des renseignements au téléphone, livrer le courrier ou expédier une facture sont tous des services rendus au client, mais qui ne contribuent pas de la même façon à l'expérience-client.

Service

Toute action exécutée par un prestataire pour un client.

Nous définissons un *service* comme étant toute action exécutée par un prestataire pour un client. Cette définition simple implique deux parties, l'entreprise prestataire d'une part, et le client, actuel ou potentiel, d'autre part. Elle suggère également l'exécution d'une action, d'une prestation. Ainsi, des gestes simples et routiniers, comme répondre au téléphone, donner un accès au client à l'extranet de l'entreprise, stationner la voiture du client qui se rend au restaurant ou expédier par courriel une estimation des coûts de réparation, sont toutes des actions exécutées pour le client, mais qui contribuent de façon importante à l'expérience-client. Chacun des services mentionnés donne lieu à une interaction prestataire/client.

Trois types de services :

- service principal;
- services complémentaires;
- services périphériques;

Je distingue trois (3) *types de services* faisant tous partie de l'offre globale.

1. Le service principal;

2. Les services complémentaires;

3. Les services périphériques.

5.1.1 Le service principal

Le service principal représente habituellement la raison d'être de votre entreprise, ce pour quoi elle a été créée. Il y a 10 ans, la compagnie américaine Monster a créé une filiale canadienne, baptisée Monster Canada, dont le siège social est situé à Montréal. Le service principal de cette entreprise consiste à offrir aux employeurs du Canada l'affichage de postes disponibles via la plate-forme Internet www.monster.ca; la chaîne d'hôtel Marriott offre, comme service principal, un service d'hébergement de courte durée.

À lui seul, le service principal ne suffit pas toujours à attirer la clientèle. Le client recherchera un prestataire qui offre également des services complémentaires, i.e. des services disponibles qui viennent maximiser, en quelque sorte, l'expérience du client et augmenter la valeur ajoutée perçue. Le service principal et les services complémentaires doivent être accompagnés de services périphériques, qui seront abordés plus loin dans ce chapitre.

5.1.2 Les services complémentaires

Durant la période de croissance de l'entreprise s'ajoutent des services appelés complémentaires qui, comme leur nom l'indique, complètent le service principal. L'offre de services ainsi élargie répond à la variété des besoins des clients tout en optimisant l'utilisation des ressources humaines, physiques et technologiques de l'entreprise. Ainsi, le client peut, s'il le veut, n'utiliser que le service principal ou bien un ou plusieurs services complémentaires. De cette façon, Monster Canada offre à ses clients, en plus de l'affichage de postes, la possibilité de faire eux-mêmes des recherches dans la banque de CV ou d'effectuer une présélection des candidats à partir de questionnaires de recrutement. Pour leur part, les hôtels Marriott offrent, en plus des services d'hébergement, des services de restauration ainsi que des services de soins du corps, entre autres choses. Le nettoyeur Cité, en plus d'offrir le nettoyage de tapis, offre les services complémentaires de nettoyage de meubles et de rideaux.

La création de services complémentaires répond à plusieurs impératifs :

L'identification de nouveaux besoins

Une firme de transport de fonds, ayant comme principal client une grande banque européenne, s'occupait principalement d'approvisionner les guichets automatiques en billets de banque (GAB); elle décida, à la demande de son client, d'offrir un service complémentaire d'entretien des GAB.

La recherche d'optimisation des ressources

La firme de transport de fonds a saisi l'occasion d'utiliser les mêmes préposés et les mêmes équipements (camions) pour effectuer ce nouveau service.

La menace d'un ou plusieurs concurrents

Une firme concurrente de transport de fonds, qui envisageait d'offrir un service d'entretien, aurait été en bonne position pour ravir le compte de ce client, n'eût été la rapidité avec laquelle la firme a été en mesure de répondre aux besoins de son client.

La recherche de synergie

Les proposés aux GAB assurant déjà l'approvisionnement de billets de banque, la firme vit une belle occasion de miser sur la synergie entre les ressources existantes et les besoins du client.

5.1.3 Les services périphériques

3 types de services périphériques :

- Les services essentiels;
- Les services de bien-être;
- Les petits plus.

Le service principal et chacun des services complémentaires doivent être accompagnés de services appelés *périphériques*, qui auront pour objet de faciliter la prestation de services et de rassurer le client tout au long de l'expérience-client. On distingue ainsi trois types de services périphériques :

1. Les services essentiels;

2. Les services de bien-être;

3. Les petits plus.

Les services essentiels

Les services périphériques essentiels doivent être conçus, organisés et rendus opérationnels de façon systémique, i.e. de façon à concevoir l'expérience-client comme un tout et non une suite d'activités indépendantes les unes des autres. Les services essentiels doivent être révisés sur une base annuelle, afin de les rendre plus simples et plus conviviaux. Viendront, par la suite, s'imbriquer les services périphériques de bien-être qui génèreront des éléments de confort pour le client tout au long de l'expérience-client. Les petits plus, quant à eux, viendront donner une touche distinctive et unique à la prestation de services. On distingue six types de services essentiels (voir l'encadré 5.1).

Encadré 5.1	Typologie des services essentiels

1. L'accueil;

2. L'information factuelle, stratégique et relationnelle;

3. La transaction;

4. La facturation;

5. Le paiement;

6. La fin de l'interaction.

L'accueil

Au début de toute interaction prestataire/client, que ce soit un contact face à face, au téléphone, par télécopie ou par courriel, un protocole d'accueil doit être établi. Il s'agit ici de préciser l'approche à travers laquelle le client sera accueilli. L'encadré 5.2 donne quelques exemples de protocoles.

Encadré 5.2 **Exemples de protocole d'accueil**

- Le personnel d'un magasin de vêtements regarde le client lors de son arrivée, le salue et le laisse se promener à l'intérieur du magasin.

- La réceptionniste d'un bureau d'architectes salue le client par son nom (« Bonjour Monsieur… »), lui offre de prendre son manteau, le conduit à la salle d'attente et lui offre un breuvage. Elle lui confirme que la personne avec qui il a un rendez-vous sera disponible dans quelques instants.

- Le préposé à la réception et au traitement des courriels s'assure, en premier lieu, que tous les clients reçoivent un accusé automatique de réception du courriel, accompagné d'un texte assurant le client que sa demande sera prise en charge rapidement.

- La préposée à la réception des appels d'un cabinet d'avocats répond ainsi aux clients : « Bureau de Me… Je suis l'adjointe de Me… De quelle façon puis-je vous aider? »

- Le préposé à l'accueil d'un restaurant souhaite la bienvenue aux clients et, s'il y a lieu, vérifie avec eux la réservation (nom, heure, nombre de personnes, préférences, etc.). Il les invite à s'asseoir sur une banquette pour patienter, leur précise le temps d'attente approximatif et il les avertit que l'attente peut être plus longue que prévu. Dans un tel cas, il peut, par exemple, offrir aux clients une bouchée d'une entrée au menu.

L'information factuelle, stratégique et relationnelle.

Avant même de parler à un employé, le client désire obtenir les informations nécessaires pour bien choisir son prestataire de services. Que ce soit via le site Internet de l'entreprise, au téléphone ou au point de services, le client peut rechercher des informations *factuelles* (ex. les heures d'ouverture, l'adresse du point de vente, la façon de s'y rendre par transport en commun, etc.). Ce type d'information peut facilement être communiqué sur la page d'accueil du site Internet, à l'aide d'un serveur téléphonique vocal ou d'un système d'affichage au point de services. Ces technologies de services permettent au personnel de contact de consacrer son temps à fournir de l'information stratégique et relationnelle au client.

Information stratégique

Fournit des éléments d'information sur les services offerts, les attributs distinctifs des services, les compétences du personnel, etc.

L'information relationnelle

Contient les modalités et les données relatives au déroulement d'une prestation de services pour un client en particulier.

L'information *stratégique*, quant à elle, fournit des éléments d'information sur les services offerts, les attributs distinctifs des services (ex. rapidité, sécurité), le tarif exact ou une estimation du tarif final, les compétences du personnel de contact et de support, la façon de transiger, ainsi que les éléments particuliers d'ambiance (mobilier, éclairage, musique, etc.). Les éléments stratégiques d'information doivent être disponibles *à la demande du client*; il ne faut pas confondre avec les mêmes éléments d'information qui seront inclus dans le matériel promotionnel de l'entreprise. Ce type d'information peut être présenté dans un document informatif expédié au client, dans une section du site Internet ou expliqué par un(e) préposé(e) à la réception des appels téléphoniques.

Enfin, l'information *relationnelle* contient les modalités et les données relatives au déroulement d'une prestation de services pour un client en particulier; il s'agit ici d'informations personnalisées. On inclut, dans ce type d'information, l'estimation d'une prestation (offre de services), un avis de modification, un avertissement, un rappel, un compte rendu, une facture et un état de compte. La facturation des services, étape cruciale de l'expérience-client, sera traitée plus loin. En résumé, il s'agit d'expliquer en détail au client le déroulement complet de la prestation de services, du début à la fin, incluant l'après-service (voir chap. 11).

L'information relationnelle peut être mise à la disposition des clients via l'extranet-client, une section du site Internet de l'entreprise accessible à l'aide d'un numéro d'identification personnelle (NIP). Un bureau d'architectes, par exemple, met à la disposition de ses clients, à la fin de chaque période de réalisation d'un projet de conception de plans, un rapport d'avancement des plans, un budget progressif ainsi qu'un résumé des rencontres de l'architecte avec son client.

Ces trois types d'informations doivent absolument respecter les qualités suivantes :

- Précises;
- Exactes;
- Pertinentes;
- Mis à jour régulièrement;
- Facile à comprendre.

La transaction

Lorsque le client a obtenu toute l'information nécessaire pour prendre une décision éclairée, il doit être informé de la marche à suivre pour transiger avec l'entreprise; la façon de faire varie souvent d'une entreprise à l'autre. Une transaction aussi simple que réserver une chambre d'hôtel ne s'effectue pas de la même façon d'un établissement hôtelier à l'autre. L'encadré 5.3 présente quelques exemples de transactions pour lesquelles des procédures doivent être établies.

| Encadré 5.3 | **Exemples de transactions nécessitant des procédures spécifiques** |

- Réservations (chambre d'hôtel, siège d'avion, place au théâtre, etc);

- Adhésion ou abonnement (club de golf, centre sportif, etc);

- Admission, inscription (cours de danse, cours universitaire, don de sang, etc);

- Rendez-vous (coupe de cheveux, lavage de vitres, etc).

Les procédures transactionnelles doivent être faciles à comprendre, rapides, accessibles et conviviales. Le client doit pouvoir fournir, en premier lieu, les informations personnelles permettant à l'entreprise de l'identifier, le détail des services désirés ainsi que des informations concernant ses préférences (ex. un siège près du hublot dans un avion; un siège dans une section précise dans une salle de spectacle, etc.). De nos jours, l'accessibilité de ce service périphérique essentiel est grandement facilitée par des procédures disponibles en ligne (par Internet ou par téléphone). Une confirmation écrite précisant les coordonnées du client, son choix de services accompagné d'une tarification détaillée (taxes de vente applicables, s'il y a lieu) doit être expédiée au client par la poste, par télécopie ou par courriel, selon le choix du client. La Régie des Rentes du Québec (R.R.Q.) offre à sa clientèle de transiger pour l'obtention de services de trois (3) façons différentes : en expédiant par la poste un formulaire papier, via le site Internet de la R.R.Q. ou par téléphone.

On observe l'apparition récente de documents transactionnels que le client peut imprimer sur son imprimante personnelle et présenter à son arrivée au point de services.

À titre d'exemple, Le Cirque du Soleil, lors de la réservation de billets pour ses spectacles présentés à Las Vegas (sur le site www.cirquedusoleil.com), permet au client d'imprimer un billet contenant un code-barre, que le préposé à l'admission déchiffre à l'aide d'un scanneur. Avec l'apparition des téléphones intelligents, le client peut recevoir ses billets sur son téléphone, se présenter à l'entrée de la salle de spectacle et faire valider son billet à l'aide d'un lecteur optique.

La facturation

La facturation est habituellement remise au client vers la fin de l'expérience-client; elle constitue donc un des derniers moments de vérité de cette expérience. Et pourtant, on voit souvent une expérience de services bien réussie se terminer en queue de poisson à cause d'une facture imprécise, incompréhensible ou inexacte. Ce moment manqué peut causer des frictions importantes entre le personnel de contact et le client, en plus de laisser un mauvais souvenir à ce dernier si le différend n'est pas réglé à sa satisfaction. Voici une expérience vécue dans un restaurant :

Un client commande une bouteille de vin à 39.00 $. Il goûte au vin; il est ravi de son choix. Lors de la réception de la facture, il constate que le serveur a servi la bouteille listée dans le menu juste au-dessus de la bouteille choisie, offerte à 95.00 $. Le serveur persiste à dire que c'est bien la bouteille que le client a commandée et que celui-ci doit payer le prix de la bouteille consommée. Qu'auriez-vous fait?

Le secteur des services a ceci de particulier : les offres de services et les façons d'établir les tarifs avant que le client n'accepte de transiger varient d'une entreprise à l'autre, souvent à l'intérieur d'un même secteur d'activité.

Prenons, par exemple, le secteur des agences de voyages. Certaines agences incluent le prix de leurs services dans les forfaits de voyage, d'autres établissent leurs tarifs selon un pourcentage du montant total des services achetés, alors que certaines agences ajoutent au prix des services achetés un tarif fixe pour services rendus, selon le type de service acheté.

Il va de soi que le mode de facturation doit être identique au mode de tarification, de telle sorte que le client n'ait aucune surprise, ni interrogation. C'est d'ailleurs la règle d'or à suivre lors de remise de la facture ou de l'état de compte : aucune surprise pour le client!

L'hétérogénéité des services, d'une entreprise à l'autre, exige que la facturation soit détaillée et que les paramètres de facturation (montant fixe, taux horaire, pourcentage) soient clairement indiqués. La *facturation à l'acte* est la plus utile pour le client. Il s'agit de ventiler l'ensemble de la prestation de service en sous-étapes et de préciser, pour chaque sous-étape, le montant facturé.

À titre d'exemple, les concessionnaires automobiles, pour leurs services de réparations, ont instauré, il y a plusieurs années, ce type de facturation. Le client qui relève trois problèmes sur sa voiture verra sa facture divisée en trois sections, chacune détaillant le problème soulevé par le client, le diagnostic du mécanicien ainsi que les détails des pièces changées et du temps requis pour l'opération.

Lors de prestations de longue durée, des évènements imprévus peuvent modifier la prestation de services. Lorsqu'il y a des coûts additionnels à facturer au client, celui-ci doit en être informé avant que l'on procède à la prestation de services; l'entreprise doit obtenir son consentement verbal ou écrit lors de modifications majeures à la prestation de services.

La *facturation périodique* permet, comme le terme le laisse entendre, de facturer le client pour services rendus, à différents moments de la prestation de services. C'est le cas, entre autres, pour les services professionnels de longue durée (avocat, ingénieur).

Le paiement

À première vue, le paiement semble n'être qu'une opération comptable. Bien au contraire, cette étape de l'expérience-client peut être conçue de telle sorte que la vie du client soit facilitée par différentes approches de paiement :

- **Le mode de paiement :** argent comptant, par chèque, virement bancaire, prélèvements bancaires, carte de crédit, carte de débit, carte pré payée. Le paiement par Internet nécessite un système assurant la sécurité des transactions (ex. PayPal).

- **Le paiement différé :** le paiement du montant total de la prestation de services est étalé sur plusieurs mois, avec ou sans intérêts. Les intérêts facturés sont souvent plus faibles que le taux d'intérêt des banques. Les compagnies d'assurances et les centres de conditionnement physique utilisent couramment cette pratique.

- **Le type d'interaction :** personnalisée, lorsque le paiement est pris en charge par le personnel (ex. restauration) ou automatisée, lorsque le client effectue le paiement à l'aide d'une interface technologique (ex. achat d'un billet de cinéma à l'aide d'une borne à écran tactile; paiement du billet de stationnement à l'aide d'un serveur automatisé, etc.). Le paiement de services par Internet a pris une ampleur considérable au cours des dernières années, surtout dans les secteurs du transport, du spectacle et des évènements sportifs. Lors de ce type d'interaction, une confirmation de paiement est expédiée rapidement au client. Une proportion importante des clients, toutefois, malgré les efforts consentis pour sécuriser les transactions, hésite encore à effectuer ses paiements via l'Internet. Vous devez donc offrir d'autres options de paiement.

La fin de l'interaction

L'impression générale que garde un client de son expérience avec un prestataire repose fréquemment sur les derniers moments de son interaction. Il est souvent plus important de terminer l'expérience- client sur un point fort que de commencer comme tel. Bien que l'on consacre beaucoup d'énergie à l'accueil du client, on oublie souvent de planifier et de préparer les opérations entourant son départ, que ce soit au point de services, au téléphone ou par courriel. Au point de services, cette dernière étape peut inclure l'accompagnement du client vers la sortie ou à l'ascenseur, ou encore une assistance spéciale dans certaines situations (ex. aide pour transporter des achats, prêt d'un parapluie en cas de pluie soudaine, etc.). Par exemple, une entreprise de location de voiture reconduit le client à son domicile; une agence de voyages inclut dans ses forfaits-voyages le transport de retour du client vers son domicile. Le personnel de service dans les boutiques Simons, une fois les achats emballés et payés, font le tour du comptoir, et remet le sac dans la main droite du client. Tout comme pour le service d'accueil, un protocole doit être conçu.

Les meilleures pratiques de gestion: la fin de l'interaction

Dans les bibliothèques publiques du Québec, l'expérience-client se termine souvent par le prêt d'un volume. Après un temps d'attente, le client se présente devant le préposé au prêt qui enregistre le volume. Par la suite, le préposé regarde le client, lui remet le(s) volume(s) face vers le haut, tourné(s) de telle sorte que le client puisse voir qu'il s'agit bien de ses volumes, et lui lance une formule de politesse telle que : « Bonne lecture! » Les préposés à la caisse des magasins Simons, après avoir reçu le paiement, glissent les vêtements dans un sac, contournent le comptoir, se placent face au client, lui remettent le sac, poignées vers le haut, et lui souhaitent une bonne journée (soirée). Le préposé au service du concessionnaire automobile Lexus, après avoir expliqué en détail les travaux effectués et les montants correspondant, s'occupe de la facturation, accompagne le client à sa voiture, lui remet les clés, lui montre, s'il y a lieu, les travaux exécutés, et lui souhaite une bonne journée. Le nettoyeur de tapis Cité, à la fin des travaux, s'occupe de la facturation et invite le client à observer, dans son camion, la couleur de l'eau ayant servi au nettoyage à pression de ses tapis. Il termine l'interaction par une formule de politesse. Le préposé de la compagnie Assurances Meloche termine ses interactions au téléphone en demandant s'il a bien répondu à la demande du client, et, le cas échéant, s'il y a autre chose que le préposé peut faire pour ledit client.

Les services de bien-être

Le client recherche des expériences de services sans soucis, confortables et sécuritaires. Il veut obtenir l'assurance, avant de s'engager, que la qualité des services offerts répondra à ses attentes; il désire également se sentir en confiance et avoir une tranquillité d'esprit tout au long de l'expérience-client. Les services périphériques de bien-être doivent être conçus, organisés et opérationnalisés de telle sorte que le client, tout au long de l'expérience-client, ne s'inquiète en aucun moment du déroulement du processus de prestation, ne subisse pas de stress physique ou psychologique, ni ne ressente de sentiment d'insécurité. Ce type de services crée, en quelque sorte, une zone de confort tout au long du déroulement de l'expérience-client. On distingue ainsi trois types de services de bien-être :

Encadré 5.4 Types de services de bien-être

1. Services conseils

2. Services d'hospitalité

3. Services de sécurité

Services-conseils

Afin d'être assuré que les services offerts par le prestataire répondront à ses attentes, le client, après avoir parcouru la documentation disponible au point de services ou sur le site Internet, voudra être bien conseillé. Cette action du client survient le plus souvent lors de prestations de services plus complexes, à risque élevé et exigeant une plus grande implication du client. Il convient donc de mettre en place un service-conseil, i.e. des employés dont la tâche principale consiste à écouter le client, à diagnostiquer son problème, à le conseiller dans le choix de services et à l'accompagner tout au long de l'expérience-client. Cette interaction peut avoir lieu au point de services, au téléphone ou par courriel; elle doit être conçue en mode réactif, de telle sorte que l'entreprise est prête à conseiller le client au moment où il le désire. La disponibilité d'un tel service sera discutée au chapitre 7, portant sur l'accessibilité des services.

Cette activité de conseil est souvent confiée aux représentants des ventes, qui interviennent principalement avant la transaction. Très souvent, ces représentants ne sont pas vraiment disponibles durant et après la prestation de services. Afin de changer cette façon de faire, les entreprises performantes créent des postes de conseillers, de préposés à l'information ou de relationnistes (agents en relation avec la clientèle). Ces personnes doivent évidemment posséder les ressources nécessaires (services pour le support à l'interne, système interne d'aide à la décision, espaces conviviaux et privés, etc.) pour offrir un service de qualité. Elles doivent être disponibles avant, pendant et surtout après la prestation de services, en cas de problèmes.

Plusieurs entreprises ont recours à des systèmes d'aide à la décision qu'ils mettent à la disposition de leurs clients sur le site Internet de l'entreprise. Les banques, en particulier, offrent de tels systèmes à leurs clients, afin de les aider à choisir la meilleure solution pour un prêt hypothécaire. Certaines institutions bancaires offrent également sur leur site Internet un système d'aide permettant aux clients de choisir la carte de crédit qui répond le mieux à leurs besoins.

Services d'hospitalité

Lorsque l'on reçoit des personnes importantes à la maison (parents, amis, collègues, etc.), on pense en avance à une foule de petits détails qui feront que les invités garderont un souvenir impérissable de l'évènement : repas, boisson, ménage, musique, éclairage, aménagement du mobilier, animation, etc.). On fait en sorte de créer une ambiance spéciale qui favorisera les échanges. L'ambiance du point de services d'une entreprise, là où sont conviés les clients, doit être conçue de telle sorte que ceux-ci soient physiquement et psychologiquement à l'aise, tout au long de l'expérience-client. Je consacre le chapitre 10 à la création d'une ambiance conviviale de services. Outre les éléments physiques (mobilier, couleurs, aménagement des lieux, signalisation), l'hospitalité d'un point de services repose également sur l'attitude et le comportement du personnel de contact. La formation du personnel de contact sera vue en détail dans le chapitre 9.

Le bien-être physique du client, au point de services, débute par la facilité d'accès, en automobile ou en transport en commun. L'accès à un vaste stationnement gratuit ou, mieux encore, à un service de valet, représente un service de bien-être qui joue souvent un rôle important lors du choix d'un prestataire de services (ex. : clinique médicale privée, centre de conditionnement physique, etc.). L'accès à un ascenseur ou à un escalier mobile, la présence de rampes d'accès pour handicapés sont tous des services de bien-être. La proximité d'un arrêt d'autobus ou d'une station de métro facilite la vie du client. Les espaces prévus pour l'accueil de la clientèle, le vestiaire et l'aire d'attente doivent être aménagés pour maximiser le bien-être du client. La qualité des installations sanitaires, particulièrement pour les entreprises de soins corporels ou de soins de santé, devra être impeccable, tant en ce qui a trait à la qualité des équipements et matériaux qu'à l'entretien. Les espaces réservés à la clientèle (salle d'attente, salon de détente, espaces de services) peuvent être agrémentés de plusieurs façons : breuvages, revues, télévision, accès Internet, etc.

Le bien-être physique des clients peut être assuré en mettant à leur disposition des équipements de confort : un parapluie pour assister les clients qui se rendent à leur voiture, un carrosse pour enfants pour les clients d'un centre commercial, une serviette humide remise aux passagers d'un avion après trois heures de vol. Un grossiste en matériaux de construction a installé, dans la cour de son commerce, plusieurs tentes en toile numérotées. Dès 5h00, la commande du client est placée dans une des tentes; à son arrivée, le client peut amener son véhicule près de la tente qui lui est assignée et charger sa marchandise à l'abri des intempéries.

Le bien-être psychologique du client est fonction des stimuli environnants du point de services, de l'attitude et du comportement du personnel de contact. Une musique inappropriée, des odeurs nauséabondes, une pièce surchauffée, des couleurs mal agencées ou du mobilier très inconfortable peuvent provoquer un inconfort physique qui aura, par la suite, une incidence sur le bien-être psychologique (fatigue, stress, anxiété) du client.

Encadré 5.5 **Exemples de services d'hospitalité**

- Le dentiste offre une débarbouillette humide et place un écran de télévision au plafond afin d'aider les clients à se détendre;

- L'hôtel de Toronto offre le journal La Presse à la porte d'un Montréalais lors de son premier séjour à l'hôtel;

- Un restaurateur offre une bouchée d'une des entrées au menu aux clients qui attendent qu'une table se libère;

- Un club de tennis offre de l'eau en bouteille sans frais.

Services de sécurité

Les fournisseurs de services ont la particularité d'être en contact direct et constant avec leurs clients; ces derniers doivent se sentir en sécurité tout au long de l'expérience-client. Les services de sécurité sont mis en place pour sécuriser les clients eux-mêmes, les personnes qui les accompagnent ou les objets qu'ils confient à l'entreprise. L'encadré 5.6 présente une liste non exhaustive de services de sécurité.

Encadré 5.6   Exemples de services de sécurité

- Un stationnement sécurisé;

- Un vestiaire gardé par un préposé;

- Une transaction sécurisée sur Internet;

- La garde d'enfants par des éducateurs spécialisés;

- Un espace sous clé pour les valises à l'hôtel;

- Un coffre-fort dans la chambre d'hôtel avec code numérique composé par le client;

- Enveloppe scellée et mise sous clé par un transporteur de documents importants;

- Remise d'un plan des sentiers et d'un récepteur GPS au visiteur d'un parc national;

- Cours d'initiation fournis et équipements de sécurité remis aux clients d'une entreprise offrant des activités de descente de rivières en canot;

- Entretien préventif de fournaise à l'huile en location.

Les petits plus

Cette nouvelle appellation de services, proposée par Maisonnas et Dufour (2006, p.258), représente, à mon avis, des services périphériques uniques, originaux et distinctifs, qui permettent à l'entreprise de donner une touche personnalisée à l'expérience-client. Ces services constituent souvent des éléments de surprise pour le client, la première fois qu'il en bénéficie. Ce type de services n'est pas nécessairement offert à tous les clients et peut n'être offert que pour une période de temps limitée. Je vous encourage à introduire, de façon continue, des petits plus qui, souvent, sans être très coûteux, sont très appréciés des clients. Ils permettent parfois de créer une expérience mémorable qui incitera le client à revenir. La conception de ce type de services exige un effort constant de créativité de votre part. Les petits plus sont donc non répétitifs, occasionnels et adaptés au contexte de consommation.

Plusieurs verront, dans ce type de services, le danger de trop gâter le client et de l'habituer à recevoir des attentions particulières à toutes ses visites. Le client montréalais en visite dans un hôtel torontois qui reçoit gracieusement La Presse lors de son premier séjour s'attend à recevoir le même service à ses visites subséquentes. Par contre, de façon générale, ces services sont peu coûteux pour l'entreprise quand on prend en considération leur effet sur la fidélité du client. À offre de services et à prix égal, le client choisira le prestataire qui propose une différence tangible. Souvent, une petite attention fait toute la différence!

Lors de la conception, l'organisation et la mise en place de chacun des services offerts, peu importe le type de service, sept décisions doivent être prises simultanément (voir figure 5.2, page 107). Prenons, pour exemple, un type de service périphérique de bien-être que l'on retrouve dans plusieurs points de services : le service de vestiaire.

5.1.4 Conception, organisation et mise en place des services.

Nous avons vu que l'offre de services d'une entreprise est constituée d'un service principal et de services complémentaires, chacun de ces services étant accompagné de services périphériques. La figure 5.1 illustre de façon graphique la configuration d'une offre de services complète.

Légende

SC : Service complémentaire

SP : Service périphérique

Figure 5.1   **Configuration d'une offre de services complète**

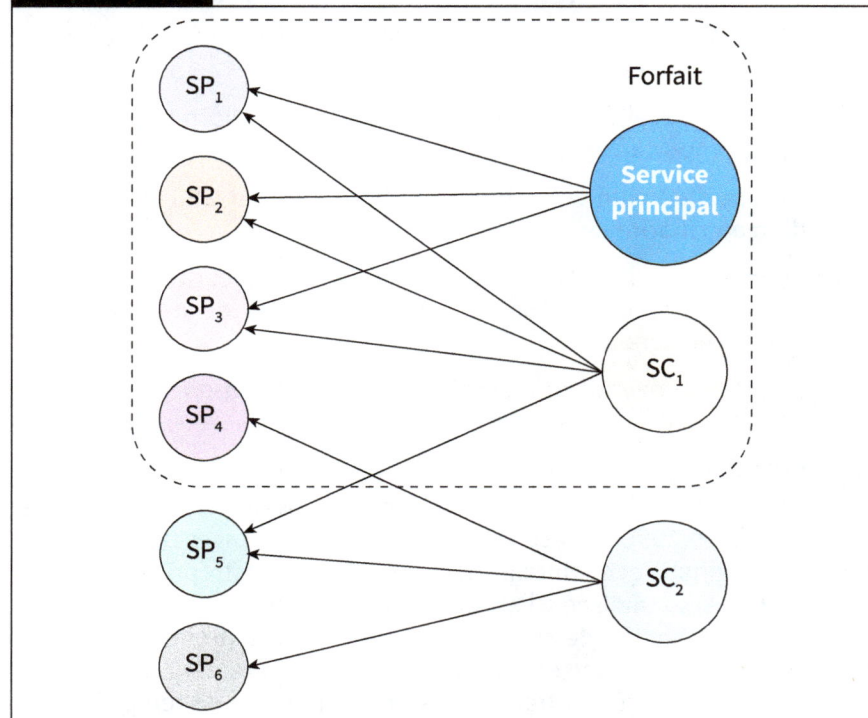

Le processus de prestation du service

Quelles seront les étapes séquentielles qui mèneront à la prestation du service? Dans le cas d'un service de vestiaire, est-ce que le client laisse et reprend lui-même son manteau? Est-ce qu'il le remet à un préposé qui lui tend un coupon numéroté? Est-ce que le client reçoit à l'entrée une clé qui lui donne accès à un casier? Un expérigramme (schéma séquentiel d'activités de services) sera conçu afin de prévoir tous les détails de la prestation de ce service. La conception d'un expérigramme sera vue en détail au chapitre 8.

Le rôle du personnel de contact concerné

Dans le cas où l'on retient le processus incluant un préposé au vestiaire, quel sera le rôle de ce dernier, sa tâche ainsi que le protocole avec le client?

Le rôle du personnel de support concerné

Quel est le rôle ou la tâche du personnel responsable de l'entretien du vestiaire et du matériel à l'usage des clients (casiers, clés)?

Les technologies et les équipements de services

Pour éviter la manutention de clés, une carte magnétique servant lors de l'arrivée du client, par exemple dans un centre de conditionnement physique, pourrait servir à ouvrir le casier.

L'accessibilité du service

Quelles sont les heures durant lesquelles le service est accessible? En tout temps? Entre 9h00 et 18h00? Quel type de casier offrir aux personnes de petite ou de très grande taille?

Les éléments d'ambiance, s'il y a lieu

Si l'option du casier est retenue, quels seront les éléments d'ambiance? (ex. mobilier, musique, supports à pantalon, appareil pour défroisser)

La tarification du service, s'il y a lieu

Le service de vestiaire est-il gratuit ou payant? S'il est payant, est-il payable au préposé au vestiaire ou à l'accueil? Est-il inclus dans un forfait?

Figure 5.2 Éléments à considérer lors de l'introduction d'un service

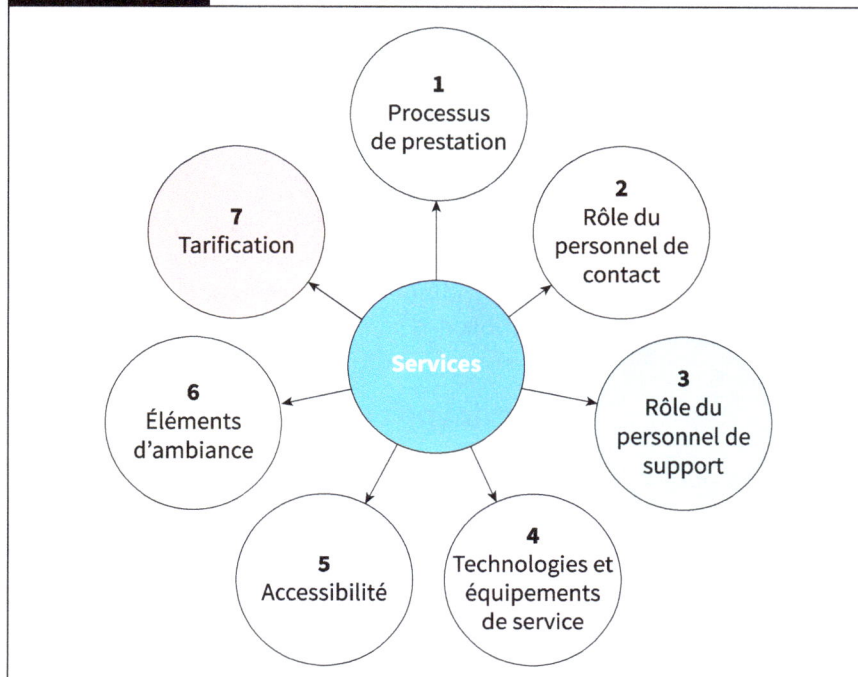

5.1.5 Offre de services par forfait

La figure 5.1 représente l'ensemble des services (principal, complémentaires et périphériques) offerts par une entreprise. Une offre par forfait consiste à regrouper le service principal et un ou plusieurs services complémentaires accompagnés d'une sélection précise de services périphériques.

Une entreprise peut ainsi concevoir plusieurs regroupements, que nous appellerons forfaits. Selon le segment de clientèle visée, l'entreprise composera un forfait qui permettra de répondre spécifiquement aux attentes de ce segment de clientèle.

Les meilleures pratiques de gestion

Vidéotron a sû mettre au point, au fil des années, une offre de services de câblodistribution qui englobe quatre services principaux offerts aux particuliers: Internet, téléphonie par câble, téléphonie sans-fil et télévision. L'entreprise offre la possibilité aux particuliers de profiter de tarifs avantageux en souscrivant à des forfaits regroupant un minimum de deux services.

Par exemple, les forfaits Quattro permettent à l'utilisateur d'avoir accès à Internet par câble, à Illico Télé Numérique, à la téléphonie par câble et à la téléphonie sans-fil pour un tarif mensuel fixe et avantageux

Toutefois, Vidéotron ne se contente pas de permettre à ses clients de choisir un forfait « construit à l'avance » : ces derniers peuvent également, par téléphone ou sur le site Internet de la compagnie, créer leur propre forfait comprenant deux, trois ou les quatre services offerts.

Cette fonctionnalité, appelée « Forfaits sur mesure » permet au client de profiter des escomptes offertes à l'achat de plus d'un service, sans pour autant devoir s'abonner aux quatre services offerts. La disponibilité des services varie toutefois de région en région : on demande donc au client d'indiquer son code postal avant de lui donner accès à la grille de choix des services.

5.1.6 Modulation d'un service offert

L'entreprise peut également offrir son service principal ou un service complémentaire en modifiant les attributs du service et ainsi créer deux ou trois offres distinctes du même service.

Le tableau 5.1 présente la façon dont s'y est prise une clinique médicale privée pour moduler son service complémentaire de prise de sang. Le client a le choix entre trois options, présentées dans le tableau 5.1.

| Tableau 5.1 | Modulation d'un service offert : une prise de sang dans une clinique privée |

	Option 1	Option 2	Option 3
Prix	15 $	45 $	75 $
Disponibilité des résultats	Dans 3 semaines	Dans 1 semaine	Le lendemain
Heures d'ouverture	Lundi au vendredi 9 h à 17 h	Lundi au vendredi 8 h à 22 h	Lundi au vendredi 8 h à 22 h
Temps d'attente	2 heures	30 – 45 minutes	0 – 15 minutes

En modulant ainsi un de ses services complémentaires, la clinique a voulu répondre aux attentes de trois segments de clientèle distincts. L'option 1 s'adresse au client peu pressé qui a une contrainte budgétaire et qui peut se libérer le jour; il est tout de même prêt à payer pour un service plus rapide que celui qui est offert gratuitement dans le réseau public de santé. L'option 2 s'adresse au client plus pressé, disponible en dehors de ses heures de travail et qui désire connaître le résultat de sa prise de sang assez rapidement. L'option 3 a été conçue pour le client très pressé d'avoir ses résultats : le temps d'attente est très court et les résultats sont disponibles le lendemain. On peut penser aux clients qui partent ou arrivent d'un voyage, aux clients qui postulent pour un emploi important ou aux clients qui ont eu une relation sexuelle non protégée.

La modulation d'un service doit se faire sur la base des données sur les préférences et les attentes de la clientèle, que l'on recueille par le biais d'une étude de marché et qui peuvent varier beaucoup d'un segment de marché à un autre. La modulation permet de mieux répondre à ces attentes; par contre, il faut prendre en compte la complexité accrue en lien avec ces services modulés, surtout en ce qui a trait à la gestion de la logistique des activités de services. Si on en revient à notre exemple, de quelles façons peut-on penser à accueillir les clients à qui on promet d'attendre 15, 30 ou 120 minutes? Doit-on accueillir tous nos clients au même endroit? Quelles seront les modifications à apporter à nos processus de prestation pour livrer les résultats en 3 semaines, en une semaine ou en 24 heures? Les réponses à ces questions, jumelées avec les données sur la clientèle vous permettront de juger de la pertinence de moduler un service.

5.2 La gestion des marques de services

La marque représente un élément important de la stratégie de marketing d'un service. Le nom de l'entreprise constitue souvent le seul nom de marque utilisé lors des communications avec la clientèle. Lorsque vient le temps de présenter aux clients les différents services offerts, on utilise, le plus souvent, le nom de l'entreprise. Afin de faciliter la communication avec la clientèle et de construire, pour chaque service offert (principal, complémentaires ou périphériques) une image de marque distincte, il devient impératif que l'entreprise se dote d'une véritable politique de gestion de marques. Débutons par une typologie de marques de services, nous aborderons ensuite la notion de capital de marque et nous terminerons avec les éléments déterminants d'une bonne marque de services.

5.2.1 Typologie des marques de services

Une marque de services doit contenir deux éléments d'information : le nom de ladite marque ainsi qu'un logo ou un symbole. Afin de positionner cette marque dans le champ de perception du client, une signature peut accompagner les deux éléments de bases. La firme d'experts comptables Demers Beaulne a récemment revu son nom de marque corporative de la façon suivante :

| **Ancien logo** | **Nouveau logo** |

La signature *intègre intégrée* communique bien deux attributs de leur positionnement de la perception : l'intégrité des professionnels (importante compte tenu de la vague des scandales financiers récents) et les services intégrés, i.e. une diversité de services comptables offerts.

Il existe quatre types de marques de services :

4 types de marques de services :

1. La marque corporative;
2. La marque de services;
3. La marque de services périphériques;
4. La marque forfait.

La marque corporative

Elle désigne le nom de marque de l'entreprise. Air Canada, Bell, Vidéotron, Banque de Montréal et Réno Dépôt, pour ne nommer que celles-là, sont toutes des marques corporatives.

La marque de services

Elle désigne spécifiquement le nom du service principal ou d'un service complémentaire. Vidéotron, lors de sa création, offrait uniquement le service de câble, appelé simplement Câble Vidéotron. Le développement de services complémentaires (Internet, téléphonie fixe et mobile) a obligé l'entreprise à élaborer un ensemble de marques de services afin de bien distinguer les services les uns des autres. Énergie Cardio, centre de conditionnement physique, a créé, au fil des années, plusieurs marques de services pour identifier chacun des programmes s'adressant à des clientèles spécifiques.

Vidéotron : marques de services

Télévision

- Illico Télé Numérique
- Câble classique
- Illico sur Demande
- Haute Définition
- Télé Interactive

Internet

- Internet Téléphonique
- Internet Intermédiaire
- Internet Haute Vitesse
- Internet Haute Vitesse Extrême
- Internet Haute Vitesse Extrême Plus

Téléphonie par câble

- Service local
- Services optionnels
- Services interrurbains

Sans-fil

- Appareils (Nokia, Motorola, Sony)
- Forfaits (nombre de minutes, autres fonctionnalités)

Lorsque vous modulez l'offre d'un service complémentaire pour répondre à différentes attentes de la clientèle, vous devez créer un nom de marque pour chaque service modulé. Ainsi, Vidéotron a modulé en 2006 son service complémentaire Internet en utilisant quatre (4) marques de services.

1. **Internet Intermédiaire**
   Le meilleur rapport vitesse-prix sur le marché.

2. **Internet Haute Vitesse**
   Surfez à toute vitesse!

3. **Internet Haute Vitesse Extrême**
   Vitesse maximale et transfert ILLIMITÉ.

4. **Internet Haute Vitesse Extrême Plus**
   Vitesse extrême… Plus!

La **marque de services autonome** correspond à un nom de marque distinct du nom de la marque corporative. Ainsi, Vidéotron a nommé son service de câblodistribution Illico, en ajoutant l'appellation « numérique » lors de l'arrivée de la technologie numérique en 1998.

La **marque de services associée** incorpore au nom de marque de services le nom corporatif, en tout ou en partie. C'est ainsi qu'Air Canada a mis en place une ligne de services de transport aérien distincte appelée Air Canada Jazz. De cette façon, le nouveau nom de marque bénéficie de l'image de la marque corporative. Desjardins a élaboré, au fil des années, une panoplie de marques de services associées.

La marque de services périphériques

Les services périphériques ont souvent avantage à posséder leur propre nom de marque. Par exemple, la Banque Nationale donne accès à ses services à distance à l'aide du service Telnat; les clients de Pharmaprix peuvent renouveler leurs prescriptions de médicaments à l'aide du service Renoufacile.

La marque forfaits

On peut regrouper plusieurs services distincts à un prix alléchant, créant ainsi un forfait de services. La marque de forfait correspond au nom de marque donné au forfait offert. Bien que la durée de vie de ce type de marque soit plus courte, la marque de forfait facilite la commercialisation en identifiant par un nom de marque distinct la nouvelle promotion offerte. Ainsi, dans sa volonté d'offrir un forfait incluant quatre services à un prix alléchant, Vidéotron a nommé son forfait « Quattro ».

5.2.2 Le capital de marque

Capital de marque

Le capital de marque inclut la notoriété et la connaissance de la marque, l'image qu'elle projette et le degré de loyauté de ses clients envers la marque.

La marque, en plus de vous permettre de différencier les différents services offerts, facilite l'élaboration d'un *capital de marque*, i.e. une valeur qu'un investisseur associe à la marque. Le capital de marque inclut la notoriété et la connaissance de la marque, l'image qu'elle projette et le degré de loyauté de ses clients envers la marque. Une marque connue, possédant une image très favorable et une importante clientèle fidélisée, bénéficie donc d'un capital de marque élevé.

Encadré 5.8 | **Composantes du capital de marque**

- Notoriété

- Connaissance

- Image

- Fidélité

Le capital de marque est, en quelque sorte, un actif intangible et non identifié comme tel dans les états financiers. Il n'en reste pas moins que, lorsque vient le temps de vendre ou d'acheter une entreprise dont les marques de services bénéficient d'un capital de marque élevé, l'évaluation de la valeur marchande de l'entreprise tient compte de la valeur de ce capital de marque. Le stratège de marketing, lorsque le nom de marque fait partie des critères de choix importants aux yeux de la clientèle, élaborera des stratégies visant à maximiser la notoriété, la connaissance, l'image et le degré de fidélité.

La notoriété de la marque correspond à la proportion de la clientèle cible pouvant nommer spontanément le nom d'une entreprise d'un secteur d'activité donné ou identifier le logo de l'entreprise. Par exemple, à la question : « *Nommez le nom d'un réseau de pharmacies opérant dans la région de Montréal?* », les noms de marques de Jean Coutu, Pharmaprix, Familiprix, Uniprix, Brunet et Obonsoins seront certainement nommés par les répondants. Le degré de notoriété équivaut au pourcentage de répondants pouvant nommer une marque ou un logo. L'entreprise dont les marques bénéficient du plus fort degré de notoriété occupe généralement une part importante du marché.

Par contre, la connaissance de la marque est une tout autre chose! Il s'agit ici du niveau de connaissance des services offerts par un prestataire de services. Une large proportion de clients peut être au courant de l'existence de la marque Jean Coutu sans pour autant connaître la panoplie de services offerts par cette entreprise pharmaceutique.

L'image de marque est constituée d'associations de perceptions positives, neutres ou négatives que le client associe à la marque. Par exemple, en ayant en tête le Cirque du Soleil on peut toute de suite penser à la magie, à l'émerveillement, aux acrobaties, etc. L'image de marque a un impact direct sur l'intention du client d'utiliser la marque de services.

Les meilleures pratiques de gestion
Le Cirque du Soleil : une marque qui a fait ses preuves

Selon le NPS (ou Net Promoter Score), une mesure de fidélisation de la clientèle élaborée par le spécialiste américain Fred Reichheld, le Cirque du Soleil est une des marques les plus fiables à travers le monde. Cette mesure est basée sur le jugement à la fois des promoteurs et des détracteurs d'une marque et aide à comprendre ce qui lui permet de durer.

La marque élaborée au fil des années par le Cirque du Soleil est principalement basée sur la capacité de l'entreprise à créer du matériel original, créatif et inattendu. Ceci a permis à la marque de s'améliorer graduellement et de capter l'attention de toute la planète, à un point tel que s'associer avec cette marque constitue pratiquement un gage de succès et ce dans des domaines de plus en plus diversifiés.

La fidélité à la marque s'évalue par la proportion de clients qui, lorsqu'ils recherchent un prestataire, feront affaire avec la même entreprise, dans une période de temps donné. Un client faisant appel exclusivement aux services de FEDEX lors de l'envoi de documents, de colis ou de marchandises est un client fidèle de FEDEX.

Identifions maintenant les éléments stratégiques qui ont une incidence directe sur le capital de marque. Les stratégies de promotion et de communication auront un impact certain sur le degré de notoriété et de connaissance des marques de services. Le personnel de contact aura également un rôle important; en faisant référence aux marques de services, le personnel habitue ainsi le client à demander un service par son nom de marque.

L'image que possède le client d'une marque de services provient de trois sources distinctes : sa propre expérience avec le service (Berry, 2000), le contenu de la communication contrôlé par le prestataire (publicité, promotion, marketing direct, relations publiques, etc.) et le contenu des informations hors du contrôle de l'entreprise, provenant de l'entourage du client (parents, amis, collègues de travail, etc.) et des médias (imprimés, électroniques et Internet).

Selon Berry (2000), l'expérience personnelle du client avec les services de l'entreprise a un impact direct sur l'image qu'il se fait de l'entreprise et, par ricochet, sur son niveau de fidélité. Dès le premier chapitre, j'ai soutenu que la qualité de l'expérience vécue par le client, surtout lors de ses premières visites, était un élément déterminant de sa fidélité envers l'entreprise. Par exemple, un premier appel téléphonique qui se solde par une navigation complexe sur le serveur vocal, un délai d'attente très long ou un préposé incapable de nous aider en bout de ligne, laisseront au client une image négative des services offerts par l'entreprise. Ceci confirme notre thèse de départ : *la fidélité du client passe par la gestion de chacune des 14 dimensions qui composent l'expérience client (voir Chap. 1)*.

5.2.3 Les éléments déterminants d'une marque de services.

Une marque de services doit répondre à plusieurs impératifs :

1. Un nom court, composé idéalement de deux syllabes. Par exemple, il y a quelques années le transporteur de colis Fédéral Express a modifié sa marque corporative pour FEDEX;

2. Un nom facile à retenir dans chacune des langues parlées par la clientèle. On désire qu'un maximum d'images, d'associations, de sens, de niveaux de compréhension surgissent à l'esprit du consommateur afin qu'il retienne le nom de marque;

3. Un nom de marque qui véhicule, au départ, des associations neutres ou positives;

4. Un nom de marque qui évoque le bénéfice principal du service. Bombardier offre à sa clientèle d'affaires l'achat d'une portion de l'utilisation d'un jet, selon des horaires flexibles. Ce service a été nommé FLEXJET. Pharmaprix, par son service de renouvellement de prescription Renoufacile, met l'accent sur la facilité de ce service périphérique. Le client utilise son clavier téléphonique pour renouveler automatiquement ses prescriptions.

Bibliographie

Aron O'Cass et Debra Grace, "Exploring Consumer Experience with a Service Brand", The Journal of Product and Brand Management, no. 4, pp. 257-268, 2004

Berry, L.L., "Cultivating Service Brand Equity", Journal of the Academy of Marketing Science, Vol. 28, No.1, pp. 128-137.

Deborah F. Spake, Sharon E. Beatty, Beverly K. Brockman, and Tammy Neal Crutchfield, "Development of the Consumer Comfort Scale: A Multi-Study Investigation of Service Relationships", Journal of Service Research 5, no. 4 (May 2003), pp. 316-332

Richard B. Chase et Sriram Dasu, "Want to Perfect Your Company's Service? Use Behavioral Science", Harvard Business Review, no 79, juin 2001, p. 79-84.

Audit de services

Partie 5 – Créer une offre de service à valeur ajoutée

1. Offre de service.

Décrire et documenter le service principal de votre entreprise.	
Décrire et documenter le services complémentaires (liste en annexe).	
Décrire et documenter chaque type de services périphériques (essentiels, bien-être et petits plus s'il y a lieu).	
Reproduire la configuration l'offre de service complète de votre entreprise (voir figure 5.1 du livre).	
Décire les forfaits de service offerts (s'il y a lieu).	
Votre entreprise module-t-elle certains services? Si oui, expliquez.	

Méthodologie
Visite du point de service et observation.

2. Gestion des marques de service.

Identifier la marque corporative (nom, logo, couleurs).	
Identifier les marques de services complémentaire s'il y a lieu (nom, logo, couleurs).	
Identifier les marques de services périphériques s'il y a lieux (nom, logo, couleurs).	
Votre entreprise module-t-elle certains services? Si oui, expliquez.	

3. Évaluer chacun des noms de marque utilisés par votre entreprise.

Critères	Passable	Bien	Très bien	Excellent
Longueur du nom				
Facilité à retenir				
Véhicule des associations neutres ou positives				
Évoque le bénéfice principal du service				

4. Justifier chacune de vos évaluations.

5. Suggestions.

6 | Élaborer la tarification des services

6.1 Le prix d'un service… deux perspectives 118

6.2 La démarche menant à la fixation du prix d'un service 122

Audit de services 131

Annexe 131

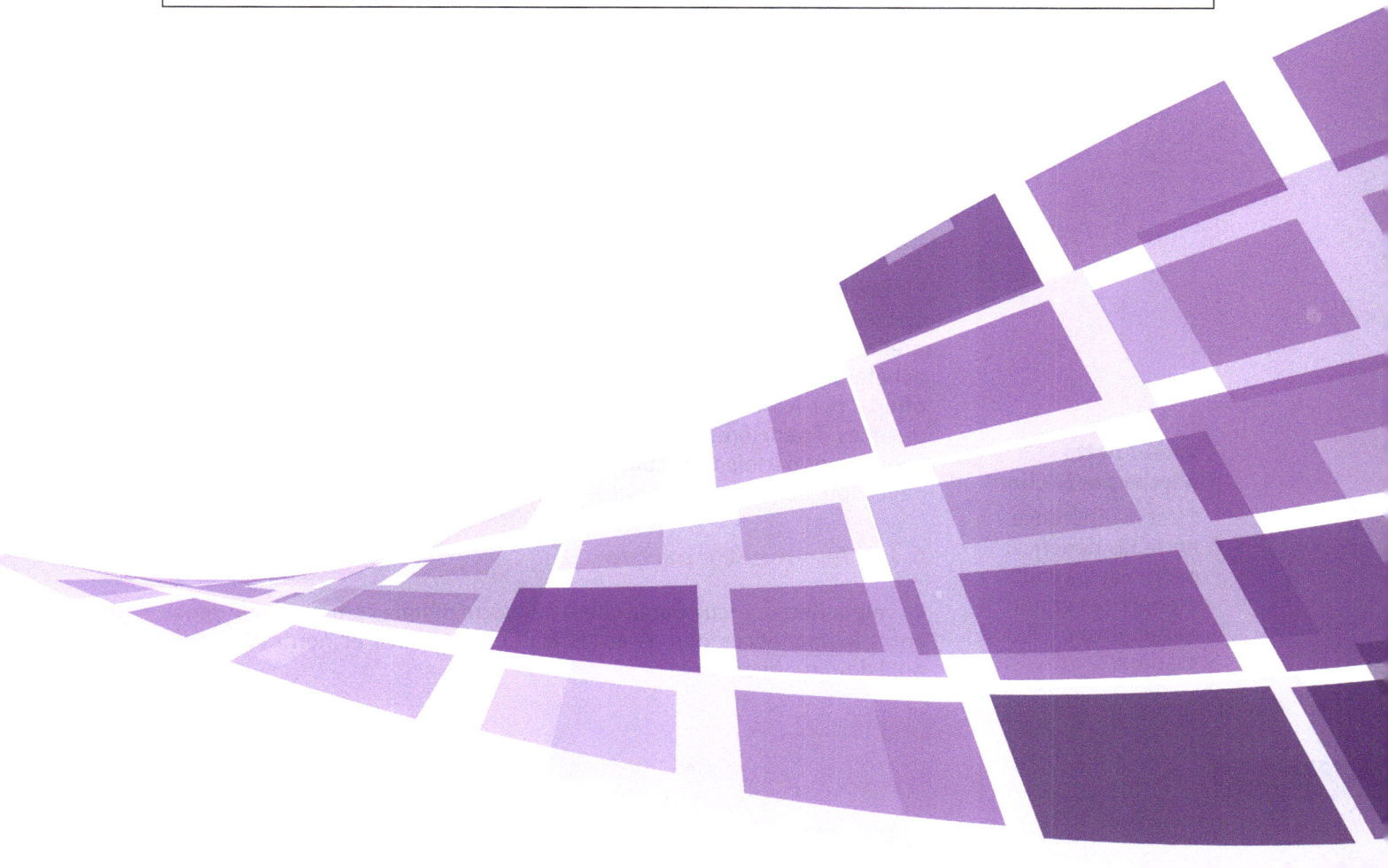

6.1 Le prix d'un service... deux perspectives

Le prix d'un service, incontestablement l'une des variables clés du marketing, ne peut pas être considéré d'un seul point de vue. En effet, les perspectives de deux acteurs importants du processus de prestation de services, le client et le prestataire, doivent être prises en considération.

Le client, de son côté, ne recherche pas nécessairement le meilleur prix; il cherche plutôt à obtenir la meilleure valeur. Cette **valeur** est fonction du rapport entre la qualité du service offert, l'argent qu'il doit dépenser, et le temps et les efforts que le client est prêt à consacrer pour bénéficier du service.

La nature même des services fait en sorte que le client possède bien peu d'éléments tangibles pour juger de l'équité du rapport qualité/prix. Bien souvent, le client a de la difficulté à comparer la valeur réelle du service offert par deux entreprises concurrentes. Parfois, il ne connaît pas suffisamment le service qu'il achète pour être en mesure de juger de la justesse du prix; il ne possède pas les schèmes de références requis, soit par manque d'information, soit par manque d'expérience. Le consommateur inexpérimenté se sert souvent du prix pour évaluer la qualité d'un service, mais il considère également les coûts non monétaires, soit le temps et les efforts investis pendant toute la durée de son expérience d'achat.

Le prestataire de services, quant à lui, cherche à couvrir ses frais de prestation et à générer une certaine marge brute suffisante; il doit satisfaire les propriétaires ou les actionnaires de l'entreprise en dégageant une marge nette la plus élevée possible. Il lui faut donc choisir une méthode de fixation des prix qui lui permette d'atteindre ses différents objectifs. Trop souvent, le prestataire de services aura tendance à fixer le prix par rapport à ses coûts de fonctionnement plutôt qu'en fonction de la **valeur nette désirée** par les clients de chaque segment de marché visé. Il gardera également l'œil sur les prix de la concurrence mais devrait plutôt s'attarder à la **valeur réelle** générée par l'entreprise.

En bout de ligne, ces deux acteurs, client et prestataire, sont indissociables lors de la fixation des tarifs. Les prestataires ont avantage à comprendre ce qui génère de la valeur pour les clients puisque ces derniers achèteront un service porteur d'une valeur ajoutée supérieure à celle offerte par les concurrents, même si le prix est plus élevé. Les conséquences financières d'une mauvaise prestation de services, pour le client, sont parfois beaucoup plus élevées que la prime supplémentaire payée lors de l'achat du service.

6.1.1 Valeur nette perçue

La valeur nette perçue par le client peut être définie comme la différence entre les bénéfices perçus et les coûts monétaires et non monétaires qu'il doit assumer.

Valeur nette perçue par le client

C'est la différence entre les bénéfices perçus et les coûts monétaires et non monétaires qu'il doit assumer.

| Figure 6.1 | Valeur nette perçue |

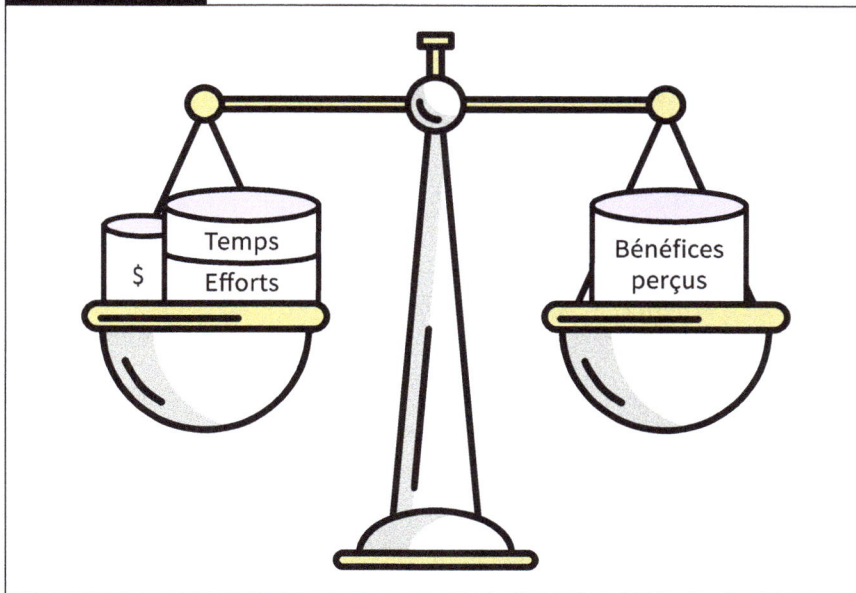

Pour que le client accepte de débourser davantage pour un service, les bénéfices perçus doivent excéder les coûts, le « pour » doit donc peser plus lourd dans la balance que le « contre ». La valeur nette est d'autant plus grande que la différence entre les bénéfices perçus et les coûts est importante.

Le client acceptera de payer davantage si le service lui permet de gagner du temps ou de diminuer l'effort à fournir. Le prestataire de services doit s'efforcer de comprendre les arbitrages que les clients de chaque segment de marché visé sont prêts à faire entre les bénéfices perçus et les différents types de coûts à payer, les coûts monétaires et les coûts non monétaires.

Les meilleures pratiques : les services complémentaires d'Ikea

Ikea, le géant mondial du meuble prêt-à-monter, s'est longtemps fié sur le client pour transporter les boîtes contenant les pièces et pour assembler les meubles à la maison. Le prix des produits ainsi vendus était très alléchant. Cette approche de vente comportait cependant plusieurs inconvénients : les clients incapables de soulever des boîtes pesantes ou de les transporter ne pouvaient acheter leur mobilier à cet endroit; les bricoleurs malhabiles pouvaient perdre des heures à monter un meuble sans toutefois obtenir un résultat satisfaisant. Pour pallier à ces inconvénients, Ikea offre un service de transport et de montage des meubles à domicile; ainsi, le client n'a aucune manutention à effectuer. La nouvelle tarification prévoit, pour chaque meuble vendu, un prix de type « payer et emporter » et un prix de type « livraison et installation ».

6.1.2 Le prix à payer : les coûts monétaires et les coûts non-monétaires

Pour le client, il n'y a pas que le prix demandé par le prestataire qui compte dans l'évaluation du coût total de l'achat d'un service. Il y a d'autres coûts, monétaires et non monétaires, à considérer.

Les coûts monétaires

- Le coût du service;

- Les dépenses liées à la « consommation » du service (déplacement, frais de stationnement, achat de vêtements pour suivre un cours de mise en forme, par exemple).

Les coûts non monétaires

> On distingue 4 types de coûts non monétaires :
>
> 1. Le temps;
>
> 2. Les efforts physiques;
>
> 3. Les coûts psychologiques;
>
> 4. Les coûts sensoriels.

Les coûts non monétaires représentent parfois une portion très importante du coût total d'un service. Par exemple, aller chercher et reporter un film en location représente, pour plusieurs, un coût non monétaire beaucoup plus important que le coût de la location.

On distingue quatre types de coûts non monétaires :

1. *Le temps* : les services sont livrés au client en temps réel. Le temps consacré par le client à la recherche d'information, à se déplacer, à attendre et à recevoir le service sont autant de facteurs dont l'importance varie d'un client à l'autre. Le client pressé et occupé cherchera un prestataire qui lui épargnera le plus de son propre temps;

2. *Efforts physiques* : recevoir un service occasionne parfois des efforts physiques de la part du client. Par exemple, se déplacer, pour une personne à mobilité réduite, remplir un formulaire, faire de l'exercice pour la mise en forme, transporter ses valises à l'hôtel;

3. *Coûts psychologiques* : les coûts psychologiques sont associés aux sentiments d'inconfort et aux émotions négatives ressenties avant et pendant une prestation de services. Une visite chez le dentiste occasionne, pour plusieurs clients, de la crainte et de la peur;

4. *Coûts sensoriels* : lorsqu'une prestation de services fait naître un inconfort pour le client, du point de vue sensoriel (ex. musique trop forte, siège inconfortable, odeur désagréable, couleurs dérangeantes), ce dernier considère ces inconforts physiques comme des coûts additionnels.

Ces coûts, monétaires ou non, peuvent survenir à n'importe quel moment de l'expérience client; lors de la recherche d'information, lors de l'achat et de l'utilisation de services et même après la transaction, si le client éprouve des problèmes avec son achat.

| **Tableau 6.1** | Les coûts monétaires et non monétaires |

	Clinique A	**Clinique B**	**Clinique C**
Prix	15$	45$	75$
Temps de transport	1 heure	15 minutes	À proximité
Disponibilité	Dans 3 semaines	Dans 1 semaine	Demain
Heures d'ouverture	Lundi au vendredi 9h-17h	Lundi au vendredi 8h-22h	Lundi au vendredi 8h-22h
Temps d'attente sur place	2 heures	30-45 minutes	0-15 minutes
Question : Dans laquelle de ces cliniques privées iriez-vous pour une prise de sang?			

6.1.3 De quelle façon accroître la valeur nette perçue?

La valeur nette perçue, rappelons-le, représente pour le client la différence entre les bénéfices perçus et l'ensemble des coûts à assumer. Il est possible d'accroître la valeur nette perçue de différentes façons :

Inclure un ou plusieurs services périphériques dans le prix du service principal

Le plus grand locateur de voiture, Entreprise, offre sans frais supplémentaires d'aller porter et récupérer le véhicule loué au domicile ou au lieu de travail du client.

Inclure un ou plusieurs services périphériques à coûts très réduits.

Cette stratégie vise à stimuler la vente du service principal et non à générer des marges de profit élevées pour la prestation des services supplémentaires. Le quincailler Réno-Dépôt offre à ses clients la location d'une camionnette à prix très compétitif, pour une courte durée, pour leur permettre de transporter leurs achats.

Réduire le temps que le client a à consacrer lors de chaque étape de la prestation du service.

Aller chercher le client chez lui, lui offrir de faire des transactions en ligne ou de faire des paiements préautorisés sont autant d'exemples de façons de réduire le temps d'implication du client.

Minimiser les facteurs psychologiques négatifs

Faites en sorte que chaque étape du processus de prestation soit aussi agréable que possible. Par exemple, un parc national américain équipe les randonneurs de cartes, d'une boussole et d'une borne GPS afin de maximiser leur sécurité.

Minimiser les efforts physiques non désirés

Un supermarché offre aux personnes âgées, sans frais supplémentaires, de livrer leurs achats à leur domicile et même d'aller les porter dans la cuisine.

Minimiser les inconforts sensoriels

Il faut passer en revue tous les stimuli sensoriels de l'environnement de services (bruits, odeurs, couleurs, signalisation, température, confort du mobilier et des équipements, etc.), et éliminer les irritants (voir chapitre 10).

L'accroissement de la valeur nette perçue peut évidemment se faire uniquement par une réduction du prix d'un service. Il s'agit, à mon avis, d'une décision qui mine la rentabilité de l'entreprise et qui aura pour conséquence de réduire la qualité perçue du service. Les clients qui ne cherchent que le meilleur prix, sans égard à la qualité, représentent, selon les secteurs d'activité, entre 15 % et 20 % de la clientèle. C'est donc dire que la très grande majorité des clients recherchent une valeur nette qui leur permettra de réduire l'ensemble des coûts à assumer, et ainsi vivre une expérience de services agréable, sans accroc ni surprise.

6.2 La démarche menant à la fixation du prix d'un service

La fixation du prix d'un service se réalise en trois(3) étapes distinctes :

① Établir les objectifs de tarification

② Élaborer les stratégies de tarification

③ Préciser les tactiques de tarification

6.2.1 Établir les objectifs de tarification

Avant de fixer vos tarifs, vous devez établir un ou deux objectifs à prioriser parmi les types suivants :

Maximiser la marge bénéficiaire nette

Cette marge correspond à la différence entre le prix de vente et le coût de prestation d'un service une fois les frais fixes d'opération soustraits.

Établir une marge bénéficiaire nette raisonnable, en fonction de la mission de l'entreprise

Un organisme sans but lucratif (O.S.B.L.) aura tendance à fixer ses tarifs très près du prix coûtant. Une société d'État, comme la Société des Alcools du Québec, fixera ses tarifs en fonction de ses coûts d'opération et des exigences financières de son unique actionnaire, le Gouvernement du Québec.

Augmenter la contribution marginale (voir l'annexe du chapitre 6)

Anticiper ou réagir aux décisions de la concurrence

Une baisse ou une augmentation des tarifs peur être dictée par une décision anticipée d'un ou plusieurs concurrents de modifier leurs tarifs. Par exemple, les tarifs des compagnies aériennes, pour une même destination, sont modifiés le plus souvent pour contrer la stratégie tarifaire d'un ou de plusieurs concurrents.

Combler une sous-capacité de servuction

La capacité de servuction d'une entreprise correspond au nombre de clients qui peuvent être servis dans une période de temps donné. Les entreprises dont les services ne sont pas pleinement utilisés au moment où ils sont offerts doivent assumer des pertes de revenus liées à une sous-utilisation de leur capacité de servuction. Reprenons l'exemple des compagnies aériennes, qui ont avantage à solder à très bas prix les sièges invendus; l'argent perdu pour un siège vide sur un vol ne peut jamais être récupéré. Un hôtel peut offrir, par exemple, un service de traiteur à domicile pour optimiser l'utilisation de ses cuisines.

S'ajuster aux fluctuations de la demande

La demande de services est souvent très cyclique; elle fluctue principalement en fonction des habitudes de consommation des clients et des facteurs de l'environnement. Un gestionnaire alerte modifiera à la baisse ses tarifs lors de périodes creuses et augmentera ses tarifs en périodes achalandées. La tarification en temps réel sera vue plus loin dans ce chapitre.

Augmenter le nombre et la valeur des transactions par client

Cet objectif, lié à l'augmentation du chiffre d'affaires, vise à augmenter les revenus par client, en leur offrant des services complémentaires à des tarifs préférentiels. De cette façon, les institutions bancaires et les entreprises en télécommunications, entre autres, visent à augmenter leurs revenus en ciblant les clients actuels. Ainsi Vidéotron offre aux clients déjà abonnés au service de câble Illico des services de téléphonie ou de connexion Internet à prix avantageux.

Favoriser l'essai d'un nouveau service

Lors du lancement d'un nouveau service principal ou d'un nouveau service complémentaire, la tarification doit en encourager l'essai par le client ciblé. Il ne faut pas faire l'erreur de donner un tarif préférentiel seulement aux nouveaux clients; ceci crée un sentiment d'injustice chez les clients fidèles.

6.2.2 Élaborer les stratégies de tarification

Des objectifs clairs, précis et mesurables facilitent le choix de stratégies de tarification appropriées. Passons en revue les stratégies permettant d'atteindre les objectifs cités précédemment.

La stratégie de la valeur ajoutée nette

Stratégie de valeur ajoutée nette

S'intéresse particulièrement à la valeur désirée par le client et tente d'augmenter cette valeur aux yeux du client.

Avec cette stratégie de fixation des tarifs, on s'intéresse particulièrement à la valeur désirée par le client et on essaie d'augmenter cette valeur aux yeux du client. Pour y parvenir, on regroupe un service principal et plusieurs services complémentaires, sous forme de forfait, à un tarif unique (tout inclus) ou à un tarif avantageux (prix du service principal + légère prime).

Il est impératif de ne regrouper que les services qui fourniront une forte valeur ajoutée; cette valeur variera selon les segments de marchés visés. Les institutions bancaires, selon qu'elles s'adressent aux étudiants, aux travailleurs autonomes ou aux personnes âgées à faibles revenus, offriront une panoplie de comptes bancaires à des tarifs différents.

On peut envisager deux types de forfaits : le forfait fixe et le forfait flexible. Le premier ne permet aucun changement en ce qui a trait aux services inclus alors que le deuxième permet au client d'en modifier le contenu. Star Choice, entreprise de télécommunications par satellite, offre les deux types de forfaits. Une telle stratégie exige une excellente base de données permettant de gérer les multiples combinaisons de tarifs offerts au consommateur. Le forfait flexible permet au client de payer uniquement pour les services qu'il utilise.

La stratégie du tarif variable

Stratégie du tarif variable

Consiste à fixer le tarif d'un service dont on ne peut déterminer la durée de prestation avant de l'avoir complétée.

La stratégie du tarif variable consiste à fixer le tarif d'un service dont on ne peut déterminer la durée de prestation avant de l'avoir complétée. On inclut ici toutes les prestations sur mesure comme, par exemple, les services professionnels, les services de réparation ou les services de courtage immobilier. Les tarifs sont alors déterminés sur la base du taux horaire ou au pourcentage (commission).

L'utilisation du taux horaire est sécurisante pour le prestataire mais comporte un risque financier élevé pour le client qui ne sait pas à l'avance quelle sera la note finale. Pour réduire le risque, le prestataire peut fournir une estimation des heures minimales et maximales en plus de fournir une estimation des coûts additionnels pouvant survenir. Un spécialiste en excavation estime le temps nécessaire pour effectuer le travail demandé en plus de prévoir les coûts additionnels advenant la présence de roc, de fils souterrains, de tuyaux, de lignes de gaz, etc. Le prestataire peut également vendre ses services sous forme de banques d'heures : le client achète un nombre d'heures utilisables chez le fournisseur, ce qui réduit de beaucoup les processus de soumissions multiples.

La stratégie du tarif fixe

Le client, peu importe le type de services, préfère toujours connaître le tarif définitif avant s'engager. Le tarif fixe consiste à établir une liste de tarifs pour chacun des services offerts. Les services professionnels (ex. notaire) ont de plus en plus tendance à utiliser un tarif fixe pour des actes notariés précis, comme un acte de prêt ou un testament, entre autres.

La stratégie de prix concurrentiels

Cette stratégie consiste à fixer les tarifs principalement en fonction de ceux pratiqués par les concurrents. Les tarifs de l'industrie dans laquelle opère un prestataire servent, en quelque sorte, de repères pour le client.

Cette stratégie peut se décliner de quatre façons :

Tarifs alignés sur ceux de la concurrence

Ainsi, on neutralise la différenciation par les tarifs; on mise alors sur d'autres stratégies de marketing pour se différencier des concurrents.

Tarifs les plus bas

Cette stratégie consiste à faire du prix l'élément clé de la stratégie de différenciation. À mon avis, de 15 % à 20 % des clients ne recherchent que le prix le plus bas. Il y a place pour un ou deux concurrents par secteur pour ce type de stratégie. La très grande majorité des clients se méfient d'une offre de services à très bas prix.

Tarifs plus élevés que la concurrence

Une offre de services à forte valeur ajoutée doit nécessairement être accompagnée de tarifs plus élevés que ceux des concurrents pour être cohérente avec la qualité élevée des services offerts. Une firme d'ingénieurs-conseils, perçue, selon des sondages auprès de clients et de non-clients, comme une des meilleures firmes au Québec, a décidé de fixer ses tarifs entre 5 % et 10 % au-dessus de ceux de ses concurrents.

Tarifs de prestige

Les tarifs de prestige sont nettement plus élevés que les tarifs réguliers des concurrents; cette stratégie s'applique pour des services exclusifs, de très haute qualité. Ils s'adressent à une clientèle très exigeante et insensible au prix. Les clients du réseau de club Couples, qui offre des destinations voyages uniques et très exotiques, pratiquent ce type de tarification.

La stratégie du prix modulé

La stratégie de modulation du prix d'un service consiste à modifier, pour un même service, le tarif en fonction des attributs de services offerts. L'exercice 6.1 vu plus tôt dans ce chapitre illustre bien la modulation des tarifs d'une prise de sang.

Stratégie du tarif fixe
Établir une liste de tarifs pour chacun des services offerts.

Stratégie de prix concurrentiels
Consiste à fixer les tarifs en fonction de ceux pratiqués par les concurrents.

Stratégie du prix modulé
Consiste à modifier, pour un même service, le tarif en fonction des attributs de services offerts.

Exemple de tarification en temps réel

Une chaîne hôtelière installée en Floride a décidé d'appliquer une stratégie de tarification en temps réel. Chacun des hôtels est doté d'un grand panneau électronique qui affiche le prix des chambres. Ce prix commence à un certain montant et diminue graduellement au cours de la soirée si des chambres sont toujours disponibles. Le prix est ajusté à la hausse lorsque le taux d'occupation des chambres est très élevé. Les hôtels sont donc souvent remplis à pleine capacité puisque l'ajustement du prix à la demande se fait à très court terme.

Les meilleures pratiques : Air Canada

De bonnes nouvelles

Sous l'impulsion de Robert Milton, Air Canada nouveau est arrivé
Écrit par Gaétan Frigon, La Presse, le 29 mai 2006

Combien de fois ai-je pesté contre le mauvais service d'Air Canada au cours des dernières années ! En fait, il ne s'agissait pas seulement d'Air Canada, mais aussi de la plupart des autres transporteurs aériens qui connaissaient tous des difficultés, lesquelles ont résulté dans bien des cas en faillites ou en restructurations financières. Prendre l'avion était devenu une corvée car ces difficultés se répercutaient sur les employés et le je-m'en-foutisme prenait le dessus.

Il faut dire que la plupart des transporteurs aériens réguliers avaient des coûts d'opération tout à fait astronomiques et ne pouvaient pas faire compétition aux transporteurs à rabais qui envahissaient le marché. En fait, presque tous les transporteurs que Robert Charlebois mentionnait dans une de ses plus mémorables chansons ont disparus : TransWorld, Eastern, Western, pis Pan American…

Il y a quelques années, Air Canada n'a pas été en reste et a dû également se mettre à l'abri de ses créanciers pour sauver sa peau. Comme pour la plupart des autres transporteurs, les changements qu'Air Canada se devait d'apporter dépassaient le cadre financier. Il fallait tout simplement repenser l'offre faite aux usagers et changer radicalement la façon de travailler, malgré les contraintes.

Même si cela a coûté cher aux créanciers et aux anciens actionnaires qui ont à peu près tout perdu, je lève aujourd'hui mon chapeau à Air Canada qui a chambardé du tout au tout sa façon de faire au point où je me suis réconcilié avec cette compagnie autrefois maudite. Et il s'agit de changements en profondeur qui, selon moi, assurent sa viabilité à long terme.

Dans un premier temps, Air Canada a changé radicalement son offre de billetterie et sa structure des prix. De quelques dizaines de possibilités incompréhensibles, elle est passé à seulement cinq, chacune bien expliquée. En fait, réserver un billet avec Air canada est devenu presque un plaisir car tout se fait par Internet. On choisit tout d'abord sa destination, sa date de départ et sa date de retour. On a alors la liste complète des vols disponibles, les cinq classes de billets et le prix de chaque classe. On fait son choix, on paie par carte de crédit, on choisit son siège et on imprime sa carte d'embarquement. Tout ça, sans jamais avoir à parler à qui que ce soit. Et une fois à l'aéroport, on se rend directement à la porte d'embarquement. Pas de file d'attente.

Changements positifs

Et les changements positifs apportés par Air Canada ne s'arrêtent pas là. Le transporteur a lancé, il y a environ un an, des passeports de vols pour une multitude de destinations. L'usager y trouve son avantage : un prix parfois plus bas que le prix régulier en classe économie et une possibilité de surclassement sans frais 24 heures avant le départ. Et au cours de la dernière année, j'ai eu des surclassements sur chacun des vols avec comme résultat que j'ai voyagé en classe affaires en payant mes billets en bas du prix régulier de la classe économie.

Mais Air Canada y trouve aussi son avantage : on doit payer à l'avance son passeport de vol et il n'y a aucun remboursement si on ne prend pas tous les vols à l'intérieur d'une année. À titre d'exemple, je me suis récemment inventé un voyage sur la côte Ouest des États-Unis plutôt que de perdre ce qui me restait en crédits de vols. Je suis certes tombé dans le piège qu'Air Canada m'a tendu, mais, dans l'ensemble, mes passeports de vols ont été une bonne affaire pour moi aussi.

Et les changements chez Air Canada ne s'arrêtent pas là. On a commencé à changer tous les sièges sur tous leurs avions. Et même si on n'a pas nécessairement plus de place, les nouveaux sièges sont très confortables et chacun a son écran de télé avec un choix de films, même en classe économie.

Finalement, avec l'ajout de nouveaux jets régionaux et de nouveaux vols directs, quel bonheur de ne plus avoir à toujours faire escale à Toronto pour certains vols au départ de Montréal. En fait, Air Canada a réalisé tout ce que son président, Robert Milton, avait promis de faire lors d'une tournée à l'automne 2004. Dommage qu'Air Canada ait acheté plus de jets régionaux Embraer fabriqués au Brésil que de jets Bombardier fabriqués à Montréal. Mais, comme on dit, on ne peut pas toutes les gagner...

La tarification en temps réel

Technique de gestion des capacités, des systèmes ’information et des prix dont le but premier est d’optimiser le chiffre d’affaires d’une entreprise par rapport à sa capacité de servuction.

La tarification en temps réel (T.T.R.)

La tarification en temps réel (*yield management*) est une technique de gestion des capacités, des systèmes d’information et des prix dont le but premier consiste à optimiser le chiffre d’affaires d’une entreprise par rapport à sa capacité de servuction.

Cette technique est particulièrement utile dans la gestion d’une entreprise de services puisqu’on ne peut pas stocker un service et que, par conséquent, tout ce qui n’est pas vendu au moment de sa disponibilité est automatiquement perdu. La T.T.R. permet à une entreprise d’optimiser sa capacité de servuction en vendant un service au bon client, au bon moment et au meilleur prix possible.

Ceci nécessite de maîtriser parfaitement les quatre éléments liés à la vente d’un service périssable : le processus de réservation, le moment de la journée durant lequel se déroulera la prestation du service, le coût des services, ainsi que la capacité limitée de servuction de l’entreprise. L’agencement optimal de ces quatre éléments permettra à l’entreprise de mieux contrôler les fluctuations de la demande.

Un exemple de tarification en temps réel
L’industrie du transport aérien

L’industrie du transport aérien est la toute première à avoir vécu l’implantation de réelles techniques de la T.T.R. Une entreprise de transport aérien comprend toutes les caractéristiques requises pour favoriser l’utilisation de cette technique. Ses capacités de servuction sont limitées aux appareils qu’elle possède; elle ne peut pas combler la perte de revenus engendrée par des sièges laissés vides au décollage.

Les compagnies aériennes américaines ont commencé à avoir recours à cette technique dans les années 1980; elles ont dû faire face à la concurrence d’une firme, People Express, qui avait des coûts fixes beaucoup plus faibles. Pour se défendre et optimiser leurs revenus, elles ont eu recours à des systèmes informatiques nouveaux et sophistiqués, les Global Distribution Systems, qui leur permettaient de gérer à la fois la capacité et la tarification à plusieurs endroits, à travers le monde. Elles ont donc été à même d’exploiter un système à tarification variable s’adaptant aux besoins des clients et tirant le meilleur parti de leurs capacités. Ceci nécessite un sérieux effort d’analyse, de segmentation et de prévision de la demande.

Par exemple, une compagnie peut choisir d’accepter sur un de ses vols plus de passagers que le nombre de sièges disponibles, sachant qu’un certain pourcentage d’entre eux se désistera à la dernière minute. Il faut donc savoir comment réagir si tous les passagers se présentent (qui déplacer? à quel prix? etc.) et, surtout, calculer minutieusement les probabilités qu’un trop grand nombre de passagers se présentent à la porte d’embarquement.

Comment appliquer les principes de la T.T.R. dans une entreprise de services

L'expérience acquise par les industries du transport aérien et de l'hôtellerie, entre autres, a permis la création d'outils pratiques facilitant l'application de cette technique.

Il existe deux leviers principaux sur lesquels vous pouvez jouer pour optimiser vos revenus tout en respectant la capacité de votre entreprise : la durée et le prix.

La durée

La durée de la prestation de services peut être prévisible ou non. En la maîtrisant mieux, vous est à même de maximiser ses revenus en tout temps et non seulement lorsque la demande est à son maximum.

Pour augmenter son contrôle sur la variable de durée, vous devez :

Définir la durée de façon plus précise

Vous avez avantage à définir la durée de la prestation en fonction d'un nombre de minutes, d'heures ou de jours plutôt que de définir de simples interactions de services.

Réduire l'incertitude liée à l'arrivée du client

Vous devez vous protéger de la possibilité qu'un client n'arrive pas à l'heure ou ne se présente pas puisque cela affecte la répartition de sa capacité. Vous devez demander aux clients de laisser un dépôt en réservant ou les informer des pénalités à payer en cas de désistement.

Réduire l'incertitude liée à la durée de la prestation

Vous devez veiller à faire une bonne planification de la durée de chacun des types de prestation de services. Vous pouvez imposer des frais supplémentaires aux clients lorsqu'ils induisent une variation à la durée de la prestation (lorsqu'ils sont en retard, par exemple).

Réduire le temps de préparation entre deux prestations de services

Pour faire en sorte que plus de clients soient servis dans un même laps de temps, vous devez bien documenter vos processus de services et mettre au point des méthodes permettant de gagner du temps.

Le prix

Le prix peut être fixe, c'est-à-dire que chaque client paie le même prix pour le même service, peu importe le moment de la prestation, ou encore, il peut être variable. Dans ce dernier cas, chaque segment de clientèle et chaque moment de la prestation se voient attribuer un tarif spécifique.

Pour augmenter votre contrôle sur la variable prix, vous devez :

Offrir une tarification cohérente

Les politiques de prix doivent être logiques; le client doit pouvoir faire certains choix entre des variables auxquelles il accorde de l'importance. Par exemple, le fait de réserver à l'avance peut être récompensé par une meilleure place à bord d'un avion. À l'autre extrême, le risque associé au fait de prendre une place à la dernière minute est récompensé par un tarif moins élevé.

Créer des barrières entre les différents tarifs

Il s'agit d'expliquer de façon claire la raison pour laquelle il existe différents tarifs. Les barrières peuvent être physiques (une chambre d'hôtel régulière par rapport à une suite de luxe) ou intangibles (l'utilisation d'un service en dehors des heures de pointe, par exemple).

6.2.3 La fixation des prix : décisions tactiques

Une fois la stratégie de tarification choisie, sa mise en œuvre nécessite plusieurs décisions tactiques qui devront être prévues avant et pendant le processus de prestation.

De quelle façon communiquer nos tarifs aux clients?

Plusieurs moyens doivent être privilégiés : le site Internet, l'affichage au point de service ou le dépliant informatif au point de service. Il est impératif, au moment opportun, avant que le client ne s'engage dans la relation d'affaires, que le prestataire explique clairement la structure des tarifs et les modalités de paiement, surtout dans les cas de services de longue durée.

Qui devrait se charger d'obtenir le paiement?

Que ce soit pour un paiement unique, des paiements différés ou un paiement final à la fin de la prestation, on doit indiquer clairement le nom de la personne responsable. Les paiements préautorisés avec prélèvements bancaires facilitent grandement la perception des paiements et réduisent souvent le temps d'implication du client.

Où le paiement devrait-il être effectué?

Lors de la visite du client au point de service, une consigne est affichée ou bien le personnel de contact doit clairement indiquer à quel endroit se fait le paiement.

Quels modes de paiement seront offerts?

Les modes de paiement incluent le paiement en argent, le paiement par chèque, par carte de débit, par carte de crédit ou par virements bancaires préautorisés.

Le paiement de services par versements mensuels ou trimestriels (ex. frais d'hébergement d'un site Internet, centrale de surveillance, assurances, abonnement annuel) est très recherché par le client qui désire étaler dans le temps le paiement d'une somme élevée. Les services professionnels sont facturés généralement sur une base horaire ou à forfait. La facture doit détailler, de façon claire et non ambigüe, les services rendus et le tarif qui s'applique (voir la section concernant la facturation).

Audit de services

Partie 6 – Élaborer la tarification des services

5. Évaluer la politique de tarification des services.

> – Décrire les coûts monétaires et non monétaires que dois assumer le client lors de l'utilisation des services de l'entreprise.

> – De quelle façon l'entreprise tente-t-elle d'accroître la valeur nette perçue de ses services?

> – Décrire la stratégie de tarification utilisée par votre entreprise. Justifiez.

> – Décrire chacune des décisions tactiques en ce qui à trait à la tarification.

Suggestions

> ☐ De quelles façons votre entreprise pourrait-elle réduire les dépenses liées à la consommation des services que doit assumer le client? Justifier.

> ☐ De quelles façons votre entreprise pourrait-elle réduire les coûts non-monétaires du client? Justifier.

> ☐ De quelles façons votre entreprise pourrait-elle accroître la valeur nette perçue des services offerts? Justifier.

> ☐ Votre entreprise devrait-elle modifier sa stratégie de tarification? Justifier.

> ☐ Les décisions tactiques devraient-elles être améliorées? Justifier.

Méthodologie

Visite au point de service et entretien avec le gestionnaire.

Annexe

Type de coûts

Il existe trois types de coûts : les coûts fixes, les coûts variables et les coûts semi-variables.

1. **Coûts fixes :** les coûts qui doivent être assumés par le prestataire de services même si aucun service n'est vendu.
   Exemples : loyer, dépréciation du matériel, impôts, assurances, salaires, etc.

2. **Coûts variables :** les coûts qui sont liés à la prestation d'un service. Exemples : le coût pour servir une nouvelle tablée dans un restaurant (nourriture, service, etc.), le coût couvrant la vente d'un nouveau siège sur un vol, etc.

3. **Coûts semi-variables :** les coûts qui varient en fonction du degré d'activité. Par exemple l'embauche d'un employé à temps partiel pour combler une hausse de la demande.

Contribution marginale

Revenus générés par la vente d'une unité de service additionnelle, une fois enlevés les coûts variables et semi-variables à assumer pour vendre cette unité additionnelle. Cette contribution devient intéressante une fois que les revenus de ventes, pour une période donnée, ont permis de couvrir tous les coûts fixes.

7 | Optimiser l'accessibilité physique et temporelle des services

Introduction 134
7.1 L'accessibilité physique des services 134
7.2 Les intermédiaires et les sous-traitants (impartiteurs) 138
7.3 L'accessibilité temporelle des services 142
Bibliographie 146
Audit de services 146

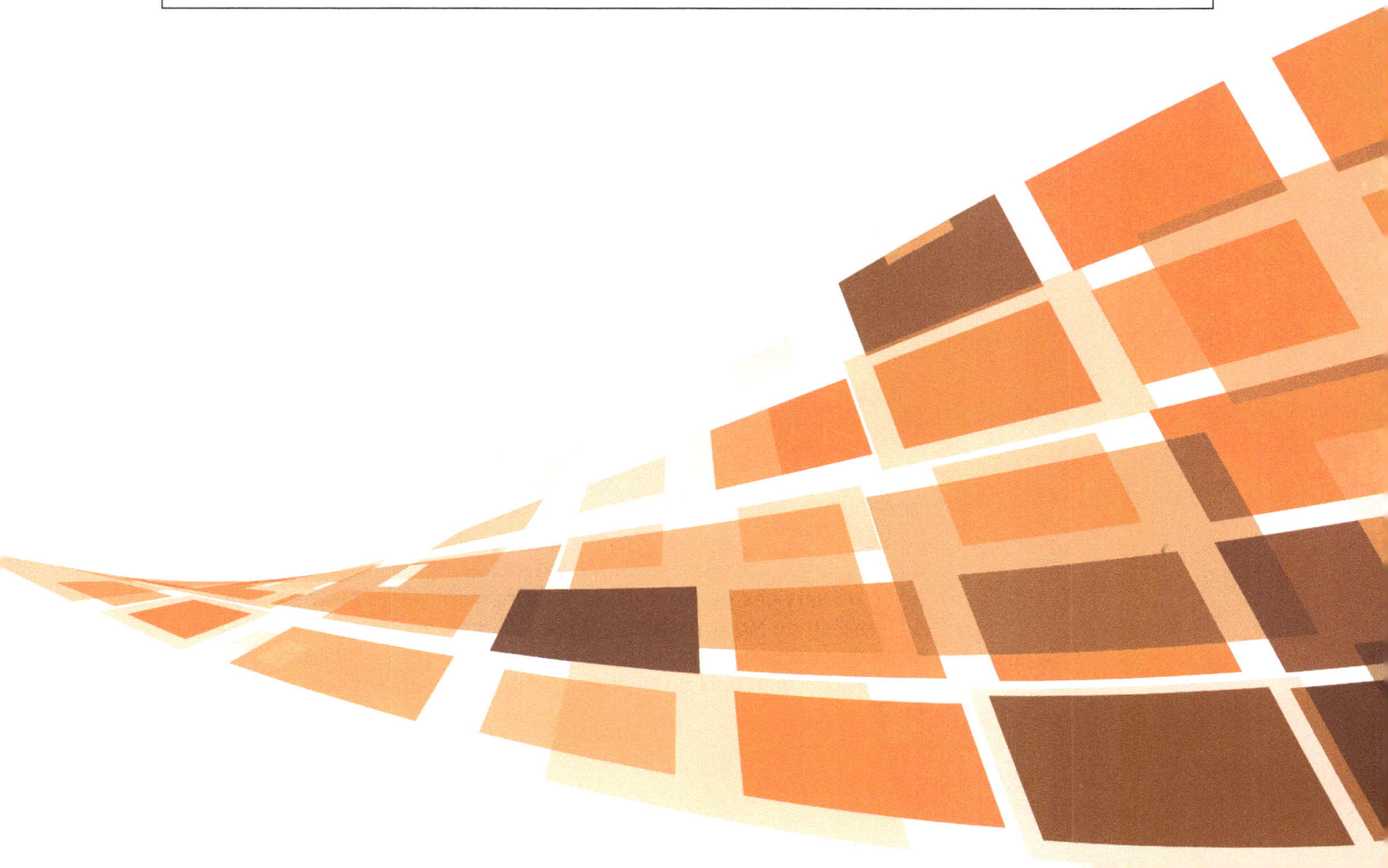

Introduction

Les services ont ceci de particulier : ils sont livrés en temps réel, le plus souvent en présence du client. Contrairement aux produits tangibles, dont on peut décaler dans le temps la vente et la distribution physique si la demande fluctue, les services offerts doivent être disponibles ***à l'endroit et au moment qui conviennent le mieux au client***. L'accessibilité physique, i.e. le lieu où le service est livré, et l'accessibilité temporelle, i.e. le moment où le service est disponible, doivent être optimisées de telle sorte que les ressources mises à la disposition du client (personnel de contact, point de services, technologies de services, etc.) soient utilisées de façon efficace et efficiente. Efficace en ce sens que les services sont disponibles en fonction des contraintes de lieu et de temps du client, et efficiente en ce sens que vous devez rendre les services accessibles avec un minimum de ressources. En un mot : être toujours prêt à servir le client à l'endroit et au moment le plus approprié pour lui, et ce, à moindres coûts. Tout un défi!

La première partie du chapitre traitera des différents modes d'accessibilité physique dans les cas où il n'y a pas d'intermédiaire. Par la suite, le rôle des intermédiaires et des sous-traitants (impartiteurs) lors de la distribution de services sera discuté. Le chapitre se terminera sur la question de la gestion du temps lors de la livraison des services, tant du point de vue du client que du point de vue du prestataire. Le temps représente une variable stratégique clé qu'il faut gérer avec minutie.

7.1 L'accessibilité physique des services

Dans le chapitre 5, nous avons vu que l'offre globale de services d'une entreprise comprend un service principal, un ou plusieurs services complémentaires et des services périphériques. Pour chacun de ces services, il faut décider du mode d'accessibilité qui permettra à chacun des segments de marché ciblés d'avoir accès aux services offerts. On distingue quatre (4) modes permettant l'accessibilité physique d'un service :

Encadré 7.1	Modes d'accessibilité physique

1. Le client se déplace au point de services.

2. Le prestataire se déplace chez le client.

3. Les services accessibles à distance.

4. Mode d'accessibilité hybride.

Le client se déplace au point de services

Le point de services correspond au lieu physique où le client doit se déplacer pour obtenir le service désiré. La dimension et la complexité du point de services peuvent varier énormément d'un service à l'autre. Le Centre Bell de Montréal accueille ses clients lors de spectacles; l'entreprise de restauration rapide Subway accueille ses clients dans plusieurs centres commerciaux du Québec. L'ambiance du point services est créée en choisissant différents éléments tels l'aménagement du mobilier, les couleurs, l'éclairage, la musique, etc. La création d'une ambiance propice à la livraison des services sera vue de façon détaillée au chapitre 10. Le parcours du client (entrée, circulation, sortie) sera abordé au chapitre 8 portant sur les processus de services.

Une entreprise peut avoir un seul ou plusieurs points de services, de taille identique ou différente. On voit de plus en plus apparaître les microsites, des points de services de très petites dimensions, souvent situés dans les mêmes lieux qu'une autre entreprise.

La multiplication des points de services pose un problème important : de quelle façon peut-on faire vivre la même expérience-client, d'un site à l'autre, avec des gestionnaires et superviseurs différents, ainsi que du personnel de contact différent? Nous aborderons cette question dans les chapitres 8 et 9 traitant les processus de prestations de services et de la gestion du personnel au service du client.

Le prestataire se déplace chez le client

Dans ce cas, le représentant du prestataire se rend au domicile du client, à son lieu de travail ou à un autre endroit, à la convenance du client. Plusieurs services doivent obligatoirement être livrés au domicile du client, comme l'entretien ménager, la réparation d'appareils électroménagers ou encore un service de tonte de gazon. Afin de faciliter la vie du client, de nombreux services traditionnellement offerts aux points de services du prestataire le sont maintenant au domicile du client (par exemple, les services de financement hypothécaire, les services de coiffure ou des services de location de voiture). Les représentants hypothécaires de la Banque de Montréal rencontrent leurs clients à l'endroit et au moment choisi par ces derniers, sept jours sur sept. Les services livrés au lieu de travail du client (ex. entretien de vêtements, lavage de voiture, services financiers, services de consultation, services d'organisation d'évènements, soins du corps) ont pris énormément d'ampleur au cours des dernières années. Il existe également une autre option qui veut que les rencontres avec le client aient lieu dans des bureaux à frais partagés, près du lieu de travail ou du domicile du client ou dans des bistro-cafés. Le bureau mobile permet ainsi à certains professionnels (consultants, graphistes, décorateurs, etc.) de rencontrer leurs clients à ces endroits, tout en diminuant leurs frais fixes d'opération.

Ce mode d'accessibilité offre plusieurs avantages pour le client : économie de temps, élimination des frais de déplacement, choix du lieu de rencontre. Les frais de déplacement (temps et transport) sont alors à la charge de l'entreprise; de plus, le personnel assigné à ces services doit être très mobile, très disponible et pourvu des plus récentes technologies de contact (ex. accès aux courriels à distance par le biais d'un appareil de type Apple iPhone). L'inconvénient majeur pour le prestataire réside dans le fait que plus de détails lui échappent (ex. l'ambiance de service). Pensons au courtier en assurance qui visite son client en soirée, à l'heure du bain des enfants dudit client, ou encore au consultant en graphisme qui rencontre son client à son bureau là où celui-ci risque d'être souvent dérangé par le téléphone ou par son adjointe.

Les services accessibles à distance

Il s'agit ici des services offerts par téléphone, par télécopie, par courriel ou via le site Internet du prestataire, ou encore un consultant. Le clavier téléphonique permet d'accéder à plusieurs services, comme le service d'information sur l'état des routes de Transport Québec, le service de transactions bancaires ou le service de renouvellement de médicaments à la pharmacie. Le journal la Presse permet à ses abonnés, via le clavier du téléphone, de suspendre temporairement la livraison du journal. La télécopie, quoique moins en vogue depuis la venue de l'Internet, est largement utilisée par les fournisseurs de matériaux de construction et les professionnels de l'immobilier, le plus souvent pour la livraison de services périphériques (soumissions, état des travaux, etc.).

Dans le cas de services offrant de l'expertise (consultants en gestion, architectes, avocats, traducteurs, conseillers financiers) le courriel est utilisé pour livrer le service principal, des services complémentaires et certains services périphériques. Pour les services utilisant les deux premiers modes d'accessibilité, le courriel sert surtout pour la livraison de services périphériques tels des documents d'information, une estimation des coûts, un état des travaux réalisés, un avis, un relevé de compte ou une facture.

Le site Internet permet au prestataire d'offrir, en tout temps, des services complémentaires ou périphériques à sa clientèle. Les entreprises purement virtuelles, i.e. celles qui offrent tous leurs services par Internet, sont encore peu nombreuses au Canada. ING Direct, maintenant appelée Tangerine, la première banque virtuelle au pays, offre l'ensemble de ses services via le site www.tangerine.com. Il en est de même des sites de réservations d'hôtel ou de vols d'avions (ex. booking.com, expédia.ca).

Le mode d'accessibilité hybride

Ce mode d'accessibilité, de plus en plus répandu, est, en quelque sorte, une combinaison des trois premiers modes. Le service principal et quelques services complémentaires sont offerts au point de services ou à l'endroit choisi par le client, à l'extérieur du point de services. La majorité des services périphériques, quant à eux, sont offerts à distance. Le service de billetterie Admission, après avoir élaboré un système avancé de réservation par téléphone et par Internet, a ouvert quelques points de services au centre-ville de Montréal, à des carrefours de circulation stratégiques, afin de répondre aux attentes de clients désireux d'effectuer leurs réservations de billets au comptoir de services. Tangerine, pour répondre aux attentes d'une partie de sa clientèle, a ouvert, peu de temps après son arrivée à Montréal, des points de services au centre-ville. Devant tous ces modes d'accessibilité physique, lequel (lesquels) choisir? Le choix repose sur plusieurs facteurs.

| Encadré 7.2 | **Facteurs de choix du mode d'accessibilité physique** |

1. Les préférences de la clientèle par segment.
2. La complexité du service
3. La dispersion géographique des clients.
4. La continuité du service.

Les préférences de la clientèle, par segment

Je prône une approche multimodale afin de permettre aux clients de chaque segment d'avoir accès aux services de la façon dont il le désire. L'envoi d'un relevé de compte par courriel plaît à certains clients alors que d'autres préfèrent recevoir le leur par la poste. Au cours des dernières années, plusieurs entreprises, afin de réduire leurs frais de transaction, ont délégué aux clients la tâche de recueillir leur état de compte sur le site Internet de l'entreprise et de l'imprimer, au besoin. Dans le secteur bancaire, au début des années 2000, on a fortement encouragé les clients à utiliser les services à distance, tout en réduisant l'accès aux points de services. La clientèle a réagi et a parlé : les banques ont dû élargir, au cours des dernières années, l'accès à leurs points de services.

Alors que plusieurs entreprises songent à offrir certains de leurs services par Internet, il y a encore, et pour plusieurs années à venir, des clients qui préfèrent parler de vive voix au personnel de l'entreprise afin d'être assistés lors du choix d'un service. Les banques, par exemple, offrent sur le site Internet des systèmes d'aide à la décision afin d'être assisté lors du choix d'une carte de crédit; certains clients ont recours à ces systèmes alors que d'autres préfèrent parler de vive voix à un conseiller.

Afin de retenir le mode qui convient à chacun des segments de sa clientèle, une firme de conseillers financiers a demandé à ses clients par quels modes ils préféraient contacter la firme ou être contactés. Il s'en est suivi une réorganisation majeure des modes d'accessibilité des services. Une firme du même secteur offre à ses clients en ligne, sur le site Internet de l'entreprise, de parler immédiatement au téléphone à un conseiller, dont le nom et le numéro de téléphone apparaissent à l'écran. Bientôt, les nouvelles technologies permettront de parler directement à un conseiller dont l'image vidéo apparaîtra à l'écran du client.

La complexité du service

Le degré de complexité de certains services exige un ou plusieurs contacts personnalisés, face à face avec le client. L'entrepreneur en réparation de fondations de résidences doit se rendre chez le client pour expliquer la teneur des travaux. J'observe actuellement une tendance à remplacer les contacts-clients importants par des modes de communication à distance afin d'économiser temps et frais de déplacement du personnel; cette vision à court terme a pour effet de nuire à l'établissement d'une relation d'affaires à long terme. N'oubliez pas ce point : les relations d'affaires durables reposent surtout sur les contacts personnalisés entre le client et le représentant du prestataire, et ce dès le début de la relation. Une fois la confiance établie, les contacts suivants peuvent avoir lieu, par souci d'efficience, à distance.

La dispersion géographique des clients (actuels et potentiels)

Selon le type de service, la clientèle cible ne se trouve pas toujours près du point de services principal du prestataire. Pour les services de commodité (ex. club vidéo), on doit établir une zone d'attraction, i.e. la zone dans laquelle 80 % des clients résident, et y installer un point de services. Pour les services exclusifs (ex. un réparateur de violon), un point de services unique suffit; pour certains clients, le fournisseur devra se déplacer chez le client. Pour les services professionnels offerts sur un large territoire, des bureaux satellites sont recommandés. Le personnel d'un bureau d'architectes de Montréal, spécialisé dans la conception de résidences secondaires en villégiature, doit absolument se déplacer dans toutes les régions du Québec pour certaines rencontres (clients, entrepreneurs, fournisseurs).

La continuité des services

Les services peuvent être offerts de façon continue ou discontinue. Les services offerts de façon continue, comme les services téléphoniques ou de câblodistribution exigent une accessibilité continue (24 heures par jour, 7 jours par semaine) de certains services comme l'assistance technique. Les services discontinus, comme une coupe de cheveux ou encore la réparation d'un réfrigérateur, exigent une accessibilité limitée dans le temps. L'accessibilité des services en tout temps ou durant des heures d'ouverture élargie (ex. les courtiers en assurances) suggère qu'une partie du personnel de contact soit très disponible et qu'une proportion importante des services offerts soit accessible à distance. Le client d'un câblodistributeur, par exemple, peut changer lui-même la programmation de ses canaux, en tout temps, par téléphone ou par le site Internet de l'entreprise.

7.2 Les intermédiaires et les sous-traitants (impartiteurs)

Intermédiaire

Agit comme interface entre le prestataire du service et le client.

L'intermédiaire, comme son nom l'indique, agit comme interface entre le prestataire du service et le client. Le prestataire conçoit l'offre de services, prend en charge la promotion, la fixation des tarifs et les processus de livraison de services. L'intermédiaire, pour sa part, se charge de la gestion du personnel de contact, de l'ambiance au point de services et de la gestion de la relation avec le client. On retrouve les intermédiaires plus particulièrement dans le secteur des assurances, du voyage et des services financiers. Que l'on parle de courtiers, d'agents ou de conseillers, toutes ces personnes représentent un ou souvent plusieurs prestataires de services.

Ces intermédiaires sont de plus en plus menacés par l'arrivée de concurrents qui offrent leurs services directement au client par un mode de distribution à distance. Dans les secteurs de l'assurance et du voyage, entre autres, plusieurs courtiers ou agents sont menacés par des concurrents qui offrent leurs services par Internet ou par téléphone. En optant pour ce mode d'accessibilité, le prestataire diminue ses frais de distribution, ce qui lui permet souvent d'être plus compétitif en ce qui a trait aux tarifs. Le recours à des intermédiaires permet de rejoindre des clientèles éloignées du point de services principal et pour qui la proximité est un critère de choix important. Toutefois, en déléguant la gestion de la relation avec le client à un intermédiaire, le prestataire perd le contrôle sur les opérations et, par le fait même, sur l'expérience-client. Que se passe-t-il vraiment en succursale? De quelle façon agissent les employés en cas d'erreur de prestation, de plaintes de clients? Les banques ont, pendant longtemps, encouragé l'apparition de courtiers en prêt hypothécaire en permettant à ces derniers de les représenter auprès de la clientèle. Les banques se sont aperçues qu'elles perdaient ainsi la maîtrise de l'expérience-client; récemment, quelques institutions financières de réduire ou éliminer les transactions passant par un courtier hypothécaire.

De plus en plus d'entreprises de services ont recours à des sous-traitants pour livrer une partie de leur offre de services. Ce faisant, le prestataire diminue les risques financiers, minimise l'embauche de personnel et l'achat d'équipements tout en ayant la possibilité de présenter une offre de services plus diversifiée. De plus, le recours à des sous-traitants permet de s'ajuster rapidement aux fluctuations de la demande. Les entreprises de déménagement, de rénovation résidentielle et d'aménagement paysagé, entre autres, ont souvent recours à cette pratique d'affaires. Dans le secteur des services professionnels (avocats, comptables, conseillers en gestion, etc.), combien de fois se retrouve-t-on avec une offre de services pour laquelle l'expertise requise repose sur des sous-traitants? Le prestataire principal possède alors peu (ou pas) de contrôle sur la gestion de l'expérience-client alors que son image de marque est en jeu. Peu importe que les erreurs aient été commises par le sous-traitant, c'est l'image de marque du prestataire principal qui en souffre.

En choisissant de se faire représenter par un intermédiaire indépendant ou par un sous-traitant, le prestataire perd la maîtrise de l'expérience vécue par le client, en ce sens où la gestion de la relation avec le client variera nécessairement d'un intermédiaire à l'autre, d'un point de services à l'autre, d'un employé à l'autre. Afin d'avoir une bonne maîtrise de l'expérience-client, de plus en plus de prestataires de services optent pour un système intégré de franchisage de services.

7.2.1 Le système de franchisage de services

Le franchiseur accorde au franchisé le droit d'exploiter un concept d'affaires, durant une période de temps déterminée, sur un territoire délimité, selon des méthodes de gestion éprouvées et sous des marques de commerce et des enseignes prédéfinies.

Le franchiseur est l'initiateur d'un réseau de franchisés et il a la responsabilité d'en assurer la pérennité. Le franchiseur s'engage à fournir à l'entreprise franchisée un concept d'affaires, un savoir-faire et une noto-

Le franchisage de services

Système intégré de distribution qui prévoie un accord commercial et légal, à long terme, entre deux entreprises juridiquement indépendantes : le franchiseur et le franchisé.

riété de marque, censés conférer au franchisé un avantage concurrentiel unique. Il offre une formation initiale au nouveau franchisé, en plus d'une assistance commerciale et technique en cas de besoin. Le franchiseur met au service de ses franchisés un accès à des fournitures ou à certains services, comme la publicité, par le biais d'achats centralisés.

Le franchisé quant à lui, peut bénéficier du support du franchiseur moyennant le paiement d'une redevance sur son chiffre d'affaires. Il doit également payer un droit d'entrée ainsi que des honoraires sur certains services offerts par le franchiseur. Le franchisé ne peut pas exploiter à sa guise la franchise qu'il a acquise, il doit se soumettre aux méthodes de gestion prescrites par le franchiseur. Il a également l'obligation de s'approvisionner en tout ou en partie directement auprès du franchiseur, ou auprès de fournisseurs désignés par le franchiseur. Enfin, le franchisé devra consacrer ses efforts à faire croître la renommée et la bonne réputation de la franchise. Dans cette optique, il devra démontrer une certaine flexibilité quant au partage des données de gestion avec le franchiseur et s'engager à ne pas divulguer d'informations au sujet des stratégies du franchiseur.

Les systèmes de franchisage établis au Québec : quelques exemples

L'entrepreneur désireux de se lancer en affaires peut décider d'acquérir une franchise et de profiter de l'expérience du franchiseur. Les systèmes de franchisage de services se retrouvent principalement dans les secteurs suivants :

- Restauration et hôtellerie;

- Détaillants en alimentation : crème glacée, café, beignes, muffins;

- Loisirs et voyages : agences de voyages, salon de bronzage, hôtels, spectacles;

- Services commerciaux et personnels : location de films, location d'outils, location d'automobile, services financiers;

- Services professionnels : comptabilité, aide juridique, cliniques médicales ou dentaires, courtage immobilier.

Avantages pour le franchiseur

Le recours au franchisage permet principalement au franchiseur d'augmenter plus rapidement le nombre de points de services puisque la croissance du réseau de distribution n'est pas limitée par le capital investi directement par le franchiseur. Ce développement accéléré du réseau peut générer des économies d'échelle pour les franchises ainsi que la répartition des frais encourus. Les franchisés, parce qu'ils sont en général bien implantés dans leur milieu, font profiter au franchiseur de leur expertise locale. Le franchiseur n'a pas besoin de gérer personnellement les problèmes qui peuvent être rencontrés dans chaque point de services. Le franchisé est en mesure de mieux comprendre la dynamique concurrentielle de son territoire et de réagir de façon plus efficace aux mouvements du marché. Enfin, le franchisé constitue un allié de taille pour comprendre les conditions particulières inhérentes à chaque région, si éloignée soit-elle.

À mon avis, le plus grand avantage pour le franchiseur réside dans une maîtrise accrue des opérations de services, assurant ainsi une qualité de service uniforme à travers tout le réseau de points de services. En maîtrisant chacune des sept stratégies du « mix marketing », le franchiseur voit à ce que chaque client de chacun des points de services du réseau vive la même expérience. L'uniformisation de l'expérience-client à travers le réseau n'empêche pas un franchisé d'adapter certains éléments de la stratégie de marketing aux particularités de certains marchés géographiques. Ainsi, le système de franchisage des restaurants St-Hubert permet de faire varier quelques éléments du menu et de l'ambiance du point de services selon les particularités de certaines régions du Québec.

Sur le plan financier, le système de franchisage permet aux franchiseurs de toucher diverses sources de revenus (droits initiaux, redevances, revenus de services professionnels, revenus immobiliers, revenus de placements).

Les inconvénients pour le franchiseur

Lorsqu'il permet à des franchisés d'exploiter sa marque de commerce, le franchiseur doit être conscient du désir de ces derniers d'avoir un certain degré de liberté dans la gestion d'un commerce dont ils tireront tous les profits, à l'exception des redevances dues au franchiseur. Le franchiseur doit être en mesure de conserver une maîtrise adéquate de l'entreprise pour s'assurer de l'uniformité de l'expérience-client, tout en donnant assez de latitude au franchisé pour s'assurer de sa pleine coopération. Il peut donc être difficile de faire appliquer certaines méthodes de gestion.

Parce qu'il suppose une relation à long terme entre deux parties, le système de franchisage nécessite beaucoup de tact de la part des partenaires. Les ententes contractuelles sont habituellement de longue durée; il est assez difficile d'y apporter des modifications. Le comportement de certains franchisés nuit parfois à l'image de marque de la franchise; de plus, il n'est pas rare de voir les franchisés se regrouper pour revendiquer de nouveaux droits auprès du franchiseur. Le recrutement de franchisés dont les valeurs correspondent à la vision de l'entreprise représente, à mon avis, un élément clé du succès d'un tel système de distribution.

Les avantages pour le franchisé

Le franchisé profite de la notoriété, des économies d'échelle et des efforts promotionnels du réseau de franchises auquel il adhère. Il a accès à un support immédiat pour la planification du lancement de son entreprise, ce qui l'empêche de commettre des erreurs coûteuses. Il obtient également de meilleures conditions de financement que s'il démarrait sa propre entreprise, peut obtenir un meilleur site pour son établissement et a accès à une formation complète (méthodes de gestion, normes de services). Bref, les risques d'échec, s'ils ne sont certainement pas nuls, sont grandement amoindris par le recours au franchisage.

Les inconvénients pour le franchisé

Le franchisé, lorsqu'il choisit de s'associer à un réseau de franchises, n'a pas les mêmes conditions que s'il agissait à titre d'entrepreneur autonome. Il doit abandonner une partie de son autonomie et de sa créativité et suivre les règles dictées par le franchiseur plutôt que de créer son propre plan d'affaires. Il doit également verser au franchiseur une partie de ses bénéfices, tout en assumant les dépenses requises pour se conformer à ses exigences. De même, s'il bénéficie de la bonne réputation d'une franchise qui fonctionne bien, il doit également subir les contrecoups d'un système de franchisage qui fonctionne mal.

7.3 L'accessibilité temporelle des services

Le temps, une ressource précieuse

Pour la majorité des prestations de services, la présence du client est requise. Le temps est une ressource précieuse, tant pour le client que pour le prestataire de services. La consommation d'un service par le client se fait au détriment d'autres types d'activités (travail, loisirs, repos). *Il est donc impératif de connaître les contraintes temporelles du client avant de le servir.*

Pour le prestataire, le temps consacré par le personnel à servir le client implique des frais liés à la rémunération du personnel, à l'acquisition, la mise à jour et l'entretien de technologies de services et d'autres frais connexes (ex. frais de déplacement du personnel). Les coûts engendrés pour servir un client devront être compensés par une marge bénéficiaire suffisante pour rentabiliser la relation avec le client. Ainsi, le temps consacré aux services offerts différera selon le potentiel de chaque client.

Dans cette dernière section du chapitre, j'aborde la gestion du temps selon deux perspectives : celle du client et celle du prestataire de services. Le client gère au total 168 heures dans une semaine, heures qu'il partage entre ses activités professionnelles, ses activités sociales ou sportives, ses loisirs, ses périodes de sommeil et la consommation de produits et services. Le client préférera un prestataire de services qui optimise son temps de consommation. Chaque heure consacrée à servir un client représente des coûts de main-d'œuvre pour le prestataire; ce dernier devra donc décider du temps moyen à consacrer au client pour le servir adéquatement.

La gestion du temps du client

Pour le prestataire, optimiser l'accessibilité temporelle des services offerts consiste à être disponible au moment choisi par le client, en fonction du temps que le client désire consacrer à la prestation de services. En premier lieu, les heures d'ouverture des points de services devront être adaptées aux contraintes de temps des clients. On observe, depuis quelque temps, une extension des heures d'ouverture des succursales bancaires, en soirée et le samedi. Tous les services pouvant être offerts à distance bénéficient d'une accessibilité temporelle maximale.

Il faut distinguer trois types de balises temporelles.

Encadré 7.3	**Balises temporelles de services**

> 1. Le temps d'attente
>
> 2. La durée de la prestation
>
> 3. Le rythme de services

Le temps d'attente (au téléphone, au point de services ou en ligne) place le client dans un état d'inconfort causé par l'inactivité. Dans tous les cas, cet état doit être minimisé en cas de lenteur excessive; on peut informer le client du temps d'attente prévu et, au besoin, lui demander s'il est toujours disposé à attendre. Les systèmes téléphoniques permettent maintenant de prévenir le client du temps d'attente prévisible; le client peut, selon son gré, attendre ou demander qu'on le rappelle.

On peut réduire la perception du temps d'attente en occupant le client à des activités diverses. Un téléviseur ou un accès Internet dans la salle d'attente d'un concessionnaire automobile diminuent le temps d'attente perçu, même si le temps d'attente réel reste le même. Les gestionnaires d'un aéroport français ont allongé le parcours des passagers, de leur sortie d'avion au carrousel de bagages, afin de permettre à ces derniers de visiter les boutiques de l'aéroport. Le ***temps d'attente perçu*** a diminué de moitié depuis que les passagers ont un plus long trajet à parcourir pour se rendre au carrousel à bagages; ils ont l'impression d'attendre moins longtemps l'arrivée de leurs valises.

La durée de la prestation représente le temps que doit consacrer le client qui désire être servi ainsi que le rythme auquel il désire être servi. Pour ce dernier, le temps représente un coût non monétaire important pris en considération lors du choix d'un prestataire. Le client, à prix égal et à service égal, choisira un locateur d'automobile qui livrera le véhicule à son domicile.

Cependant, il ne faut pas croire que tous les clients ont les mêmes exigences quant au rythme de service désiré. L'avocat devant plaider à la fin de la matinée sera anxieux de recevoir ses documents du service de reprographie le plus tôt possible, alors que le jeune couple célébrant son 1er anniversaire de mariage prendra toute la soirée pour célébrer au restaurant. Le prestataire doit donc adapter le rythme du service à chacun des segments de sa clientèle. Les clients d'un célèbre restaurant de Montréal ont eu une très mauvaise expérience à ce sujet.

Une question de respect

Dans Garlic and Sapphires, le récit de ses années comme critique gastronomique au New York Times, la journaliste Ruth Reichl explique comment elle se déguisait pour ne pas se faire reconnaître par les restaurateurs, mais aussi pour les observer à travers les yeux de ses personnages : la mère de famille du Midwest en goguette, la bombe blonde divorcée, la femme d'affaires... Après analyse du traitement réservé à chacun, elle arrive à la conclusion que la personne la moins choyée au restaurant était Betty, une dame âgée. On ne la voyait pas, on ne l'écoutait pas, on ne la craignait pas. Betty n'existait tout simplement pas.

Lorsque j'ai parlé de ces observations à Francine Ladouceur, une dame de 68 ans de Laval, elle s'est empressée d'approuver. « Les restaurants sont bien contents d'accepter nos sous. Mais pour le reste... »

Mme Ladouceur vient de vivre une expérience qui l'a réellement désappointée, dans un restaurant montréalais bien connu, la Queue de cheval, où elle s'est rendue le 25 janvier dernier avec son conjoint de 76 ans, pour fêter un anniversaire.

Mme Ladouceur, qui n'est pas une habituée, a été déçue notamment par la vitesse du service – arrivée à 19 h 30, retour de l'addition, payée, à 20 h 42 – et n'a pas senti le respect et l'attention qui sont normalement réservés, croit-elle, aux clients prêts à payer une facture de 300 $ pour deux personnes.

Mais le pire, dit-elle, est arrivé par la suite, quand elle a reçu à la maison une contravention pour parking illégal, dressée alors que sa voiture était entre les mains du service de voiturier du restaurant.

Mme Ladouceur s'est alors lancée sur le téléphone pour demander des explications. « Le gérant est en vacances », lui a-t-on répondu. « Imaginez, pour un ticket de 37 $, ils avaient besoin du gérant! lance Mme Ladouceur. Franchement! Ils ne se sont même pas excusés. Rien. »

Joey Ghazal, directeur du marketing au Groupe Morentsos, qui possède le restaurant, dit qu'il va payer « avec plaisir » la contravention de Mme Ladouceur. Il reconnaît aussi qu'il arrive « pas souvent, mais des fois » qu'un client reçoive à la maison une contravention reçue alors que son véhicule était sous la garde du service de voiturier du restaurant. Cela le surprend. Mais le service est géré par une entreprise différente, précise M. Ghazal.

Mme Ladouceur veut plus qu'un paiement de sa contravention. Elle veut des excuses, qui pourraient prendre la forme d'un remboursement de son repas. Quelque chose qui lui donne l'impression que le restaurant veut garder de bonnes relations avec sa cliente. « Ce sera un plaisir de payer son ticket », répète M. Ghazal. Mais payer plus? Il ne voit pas pourquoi.

Lortie, Marie-Claude, La Presse, Actuel, le mars, 20 mars 2007, p.1

Le client perçoit le temps consacré à une expérience de services dans sa globalité alors que le prestataire ne prend conscience du temps que le client consacre à la prestation de services que lorsque celui-ci est au point de services. Une visite chez le médecin, par exemple, exige non seulement le temps d'attente et le temps passé devant le médecin, mais aussi le temps pour prendre rendez-vous (souvent plusieurs appels), pour se déplacer au point de service et en revenir, pour prendre rendez-vous pour des examens divers suite à la visite chez le médecin, etc. La conception des processus de services, que nous verrons au prochain chapitre, doit tenir compte du temps investi par le client dans sa globalité.

Des normes temporelles de services, quant au temps d'attente, à la durée de prestation et au rythme de services, permettront de baliser dans le temps l'expérience du client. Ces normes devront être communiquées au client avant qu'il ne s'engage dans le processus de services afin qu'il soit conscient de l'effort temporel demandé. Il devient encore plus important de préciser l'implication du client lors de services de longue durée, qui exigent souvent plusieurs rencontres échelonnées sur une période de temps parfois indéterminée (ex. services juridiques).

La gestion du temps du prestataire

La fluctuation temporelle de la demande de services représente une des principales difficultés pour le prestataire. Les ressources mises en place, pour une période donnée, permettent de servir un nombre précis de clients; un salon de coiffure ayant à son emploi trois (3) coiffeurs et deux (2) préposés au lavage de cheveux et disposant de cinq (5) chaises de travail pourrait servir, par exemple, cinq clients à l'heure. Afin de respecter les normes temporelles de service, des systèmes de lissage ou de déplacement de la demande devront être mis en place.

Peu importe le degré de planification et de précision des processus de services, les imprévus sont chose courante lorsqu'on travaille en temps réel avec le client. Ces évènements imprévisibles (ex. panne informatique, un employé malade, la température extérieure maussade, un client enragé) ralentissent le rythme de service, allongent le temps d'attente prévu ainsi que la durée de service. Sachant cela, vous devez préparer vos employés de services à bien réagir dans ces circonstances. Vous devez concevoir des systèmes qui leur permettent de réagir rapidement et efficacement aux imprévus.

Le prestataire envisage le temps de service de façon plus rationnelle, plus économique. Il cherchera à être plus efficace avec un minimum de ressources. L'accessibilité temporelle des services, pour le client, se concrétise par des serveurs téléphoniques conviviaux, un nombre de lignes suffisant, des employés disponibles et compétents au point de services, un accès facile et rapide aux services offerts à distance et une ambiance de service facilitant l'expérience de service. Il est donc tentant pour le gestionnaire de réduire le nombre de lignes téléphoniques, le nombre d'employés en semaine, la superficie des espaces et comptoirs de service. Ces coupures auront nécessairement un impact sur les balises temporelles de services; le client qui attend trop longtemps, ou à qui on demande de consacrer trop de temps à la prestation de services, sera certes moins enclin à revenir.

Les plaintes des clients portent le plus souvent sur le temps d'attente, le temps de prestation et le rythme de service. Dans les secteurs d'activité où le temps constitue un attribut de service important pour le client (ex. services de courrier, de réparation urgente, de transport aérien, de location de voiture, etc.), une promesse formelle de services précisant les balises temporelles de services doit être formulée. En informant le client des balises temporelles de services avant de s'engager, on évite des désagréments pour le client et des conflits potentiels pour le personnel.

Bibliographie

Conseil national sur le franchisage et le partenariat
Guide des franchises – Canada 2006
Québec-franchise.qc.ca
Wikipedia.org

Audit de services

Partie 7 : Optimiser l'accessibilité physique et temporelle des services

Méthodologie

Visite au point de service et analyse des supports de communication de l'entreprise (site web, messagerie téléphonique, télécopie, etc.).

1. Identifier les différents modes d'accessibilité physique offerts par l'entreprise :

    – Le client doit-il se déplacer au point de service?

    – Le prestataire doit-il se déplacer chez le client?

    – Les services sont-ils accessibles à distance?

    – Existe-t-il un mode d'accessibilité hybride?

2. Décrire le rôle des intermédiaires et impartiteurs, s'il y a lieu.

3. Décrire et documenter l'accessibilité physique et temporelle de vos services :

    – Documenter la présentation et la clarté des heures d'ouverture.

    – Documenter le niveau de difficulté d'accès en automobile. *(Stationnement, service de valet, sécurité)*

    – Documenter la proximité du transport en commun. *(Arrêt d'autobus et métro)*

- Documenter l'accès pour personnes à mobilité réduite.
  (Rampe d'accès, portes automatiques, ascenseur, escalier mobile...)

- Éclairage de la façade de l'entreprise.
  (Repère-t-on facilement l'entreprise la nuit?)

- Documenter le niveau de sécurité des environs.
  (Exemple : Les trottoirs sont-ils bien dégelés devant le point de services?)

4. Accessibilité temporelle. Balisage temporel de services :

   - Mesurer le temps d'attente du client à chaque point d'interaction.

   - Mesurer la durée de prestation pour chaque service.

   - Évaluer le rythme de service pour le service principal.

5. Suggestions :

   ☐ Quels changements recommanderiez-vous pour améliorer l'accessibilité physique des services offerts?

   ☐ Quels changements recommanderiez-vous pour améliorer la gestion du temps du client?

   ☐ Quels changements recommanderiez-vous pour améliorer la gestion du temps du prestataire de services?

Méthodologie

Tester les différents modes d'accessibilité de services offerts par l'entreprise. Visite au point de service; test de l'accès des services (téléphone, site web, courriel, fax, etc.).

8 | Concevoir les processus de prestation de services

Introduction 150

8.1 Le processus de prestation de services (P.P.S.) 150

8.2 L'expérigramme 153

8.3 Les équipements et technologies de services............................... 160

Bibliographie... 162

Audit de services 163

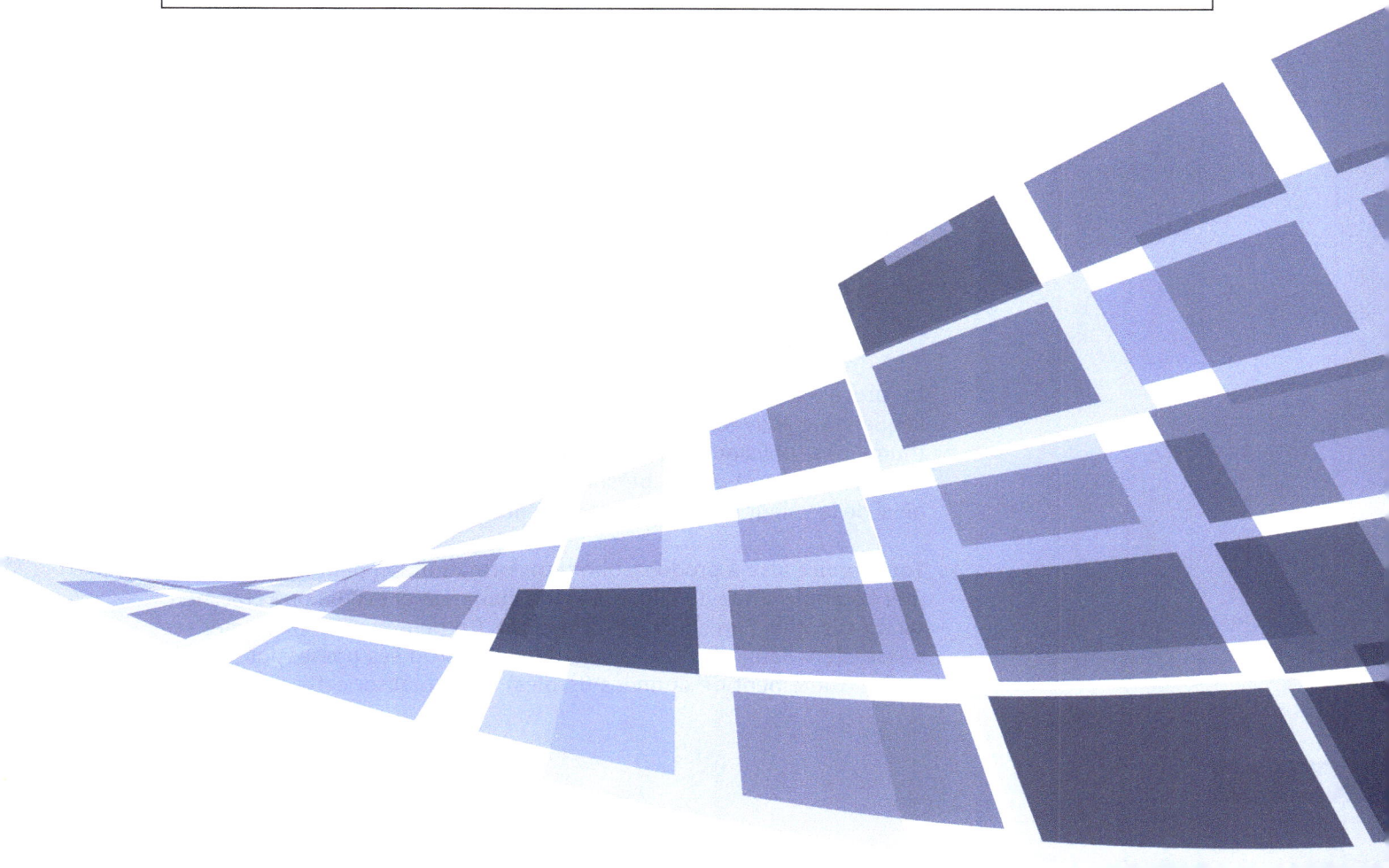

Introduction

Après avoir défini l'offre de services (le « quoi »), la tarification (le « combien ») et les modes d'accessibilité (le « où » et le « quand »), il faut maintenant concevoir le comment, i.e. la façon de livrer vos services. Il est très rare de voir deux entreprises concurrentes offrir le même service de la même façon. Que l'on pense juste au service à l'auto dans les supermarchés : plusieurs bannières offrent ce service, mais de façons très différentes. Chaque entreprise tente d'innover et de se démarquer dans sa façon de servir ses clients. Cette innovation passe entre autres par la mise sur pied de processus bien documentés. Le terme *processus* désigne, de façon précise et détaillée, les étapes d'exécution de tous les services offerts, que ce soit le service principal, les services complémentaires ou les services périphériques. Il y a donc autant de processus à concevoir et à implanter que de services offerts.

Processus
Terme désignant de façon précise et détaillée les étapes d'exécution de tous les services offerts

Lors de la conception d'une pièce de théâtre, l'auteur prépare un scénario qui précise le déroulement de l'histoire; il confie les rôles à des comédiens et crée un décor dans lequel l'action se déroulera. De la même façon, le prestataire de services conçoit un processus qui précisera le déroulement de l'expérience-client, confiera des tâches précises au personnel, et souvent même au client, et créera, de toute pièce, une ambiance de service propice.

Plusieurs entreprises n'ont pas de processus définis : le personnel improvise. Ainsi, le client n'est jamais servi de la même façon, d'une fois à l'autre, d'un employé à l'autre, d'un point de services à l'autre; le client ne sait donc jamais à quoi s'attendre lorsqu'il se rend à un point de services.

Ce chapitre débutera par une présentation des Processus de Prestation de Services; l'acronyme P.P.S. sera utilisé tout au long de ce chapitre pour en faciliter la lecture. Lors de la conception et de l'implantation d'un P.P.S., un outil de travail appelé expérigramme permettra de reproduire graphiquement tous les processus, des plus simples (ex. répondre au téléphone) aux plus complexes. Une partie importante du chapitre sera consacrée à l'utilisation de l'expérigramme. Pour terminer, le rôle des équipements et des technologies de services sera discuté.

8.1 Le processus de prestation de services (P.P.S.)

Le processus de prestation de services est défini comme étant une séquence d'activités utilisant différentes combinaisons de ressources (humaines, physiques et technologiques) et dont l'objectif consiste à transformer l'état d'une personne ou de ses possessions, produisant ainsi de la valeur pour la personne bénéficiant du service.

Tout service vise à produire une transformation; on peut ainsi transformer l'état physique du client (ex. une coupe de cheveux) ou l'état mental du client (ex. un cours de formation). On peut aussi transformer ses possessions tangibles (ex. lavage de voiture) ou ses possessions intangibles (traitement de données fiscales). Pour réaliser cette transformation, l'entreprise met en relation des employés, des équipements ou des technologies qui seront déployés à partir d'un processus de prestation de services déjà établi. Dans le contexte du marché des entreprises (B2B), la transformation pourrait se faire sur des actifs physiques du client (ex. nettoyage des systèmes d'aération), sur des actifs intangibles (ex. services informatiques) ou sur le personnel (ex. firme conseil en recrutement de cadres).

En transformant le client lui-même ou ses possessions, d'un état X à un état Y, de façon conviviale et à la pleine satisfaction dudit client, et ce à un prix juste, au moment et à l'endroit qui lui conviennent, le prestataire de services crée de la valeur pour le client. Ainsi, une compagnie aérienne ne peut fournir de la valeur à ses clients sans avions confortables et bien entretenus, un personnel de bord bien formé, des horaires de vols flexibles ou un service de billetterie rapide et efficace.

J'ai mentionné au chapitre 3, à la section 3.3, que la performance du prestataire était évaluée par le client autant du point de vue de la performance technique (le résultat obtenu par le client) que de celui de la performance fonctionnelle (la façon dont le service a été livré). La conception et l'implantation de P.P.S. ont donc pour objectif de maîtriser la performance fonctionnelle de tous les services offerts, des plus simples aux plus complexes.

L'erreur la plus fréquente dans les entreprises consiste à créer ses P.P.S. de façon indépendante. Dans le secteur hospitalier, par exemple, chaque unité de soin élabore ses processus de façon individuelle. Cette vision par silo, ou verticale, contraste totalement avec la vision horizontale du parcours du client. Ce dernier a une vision beaucoup plus globale de l'expérience temporelle vécue; il inclut toutes les interactions vécues avec le personnel (avec le préposé au stationnement, avec la préposée à l'accueil, avec l'infirmière, etc.), avec les équipements mis à sa disposition (ex. le mobilier de la salle d'attente) ou avec les technologies de service (ex. une demande d'information sur le site Internet du centre hospitalier) lorsqu'il évalue le service reçu.

En matière de services, les objectifs du prestataire et ceux du client sont souvent contradictoires : l'efficience opérationnelle du prestataire l'emporte parfois sur la qualité de l'expérience-client (voir l'encadré ci-dessous).

> **La conception et l'implantation de P.P.S.**
> Objectif : maîtriser la performance fonctionnelle de tous les services offerts, des plus simples aux plus complexes.

Le téléphone qui sonne, la musique qui joue, le client qui attend…

Une compagnie d'assurance songe à réduire de quatre à trois le nombre de lignes téléphoniques disponibles pour les clients de son service de réclamation. Il est facile d'imaginer les économies réalisées. Cependant, on peut plus difficilement évaluer le temps d'attente additionnel pour les clients… et la perte éventuelle de clients impatients!

Un P.P.S.

Doit être efficace (performance technique, i.e. atteinte de résultats recherchés par le client). Il doit également posséder trois autres qualités : l'efficience, la capacité et la flexibilité.

La conception des P.P.S. exige d'examiner chacun des services offerts sous trois angles : les opérations de services, le personnel impliqué et les attentes du client. Le responsable des opérations s'assure que le service soit livré au client de façon à optimiser l'utilisation des ressources humaines, matérielles et technologiques, et ce à moindre coût. Le responsable du personnel voit à sélectionner les personnes possédant les habiletés pour servir le client et à ce que les tâches soient clairement définies et bien réparties.

Les attentes du client, quant à elles, doivent être identifiées **avant** la conception des processus, de façon à rendre la livraison des services compatible avec les attentes du client.

La première qualité d'un P.P.S. est son efficacité ou sa performance technique, i.e. l'atteinte de résultats recherchés par le client. Vous devez cependant vous assurer que tous les P.P.S. possèdent également trois autres qualités : l'efficience, la capacité et la flexibilité.

L'efficience

Un processus est efficient lorsqu'il met en cause un minimum de ressources pour obtenir un résultat maximal. Dans le contexte de services offerts à la clientèle, il est plus facile d'estimer le coût des ressources que de mesurer les résultats obtenus. Au moment de prendre des décisions stratégiques, il faut établir un équilibre adéquat entre l'efficacité et l'efficience d'un processus.

La capacité

La capacité d'un P.P.S. est évaluée en fonction du nombre de clients pouvant être servis dans une période donnée. Combien de clients un salon de coiffure peut-il recevoir par jour? Combien d'appels téléphoniques un centre d'appels peut-il traiter par heure?

La demande de services, dans la majorité des secteurs, subit de larges variations temporelles. Par exemple, un club de gym voit sa clientèle augmenter de façon importante la semaine en fin de journée et en soirée alors que ses installations sont beaucoup moins occupées les matins de semaine ou la fin de semaine. L'entreprise doit donc varier sa capacité en fonction des heures de pointe et des périodes creuses.

Plusieurs tactiques peuvent aider à étaler la demande dans le temps : réduction de prix en période creuse et hausse des prix en période d'achalandage, système de réservation, adaptation des services en fonction de l'achalandage. Les cinémas, par exemple, offrent des heures de projection le matin pour des parents accompagnés de jeunes enfants.

La flexibilité

La conception des P.P.S. est souvent effectuée dans un contexte idéal, dans lequel aucun imprévu n'est tenu en compte. Mais qu'en est-il lorsqu'un employé s'absente, lorsqu'un client formule une demande spéciale, lorsqu'une panne du système informatique se produit, lorsque plusieurs clients se présentent en même temps au point de service?

L'occurrence de ces évènements étant assez élevée, les P.P.S. doivent être flexibles. Les marchés d'alimentation et succursales bancaires, entre autres, prévoient une augmentation du nombre de préposés aux caisses en période d'affluence. Un employé d'un courtier en assurance qui doit s'absenter redirige ses appels vers un collaborateur.

Le cas particulier des demandes spéciales d'un client mérite qu'on s'y attarde. Dans un environnement hautement compétitif, la capacité d'un P.P.S. à répondre à une demande spéciale est un avantage indéniable. Par contre, tout écart, planifié, des processus suggère des frais additionnels. Le locateur de voiture, à qui un client demande de venir le chercher à son bureau, serait mal venu de refuser une telle demande, surtout s'il s'agit d'un client important.

La prestation de services exige, le plus souvent, la présence et l'implication du client dans le P.P.S. Le client constitue, en quelque sorte, un intrant sans lequel le service ne peut être livré. Imaginez comment un décorateur peut réaménager l'appartement d'un client sans que celui-ci consacre plusieurs heures à la prestation de services. On distingue trois (3) types d'implication du client :

1. Les tâches que le client doit accomplir seul (avant ou après la rencontre avec un représentant du prestataire);

2. Les tâches que le prestataire accomplit seul;

3. Les tâches accomplies conjointement par le client et le prestataire.

Trois types d'implication du client :

- Les tâches que le client doit accomplir seul;
- Les tâches que le prestataire accomplit seul;
- Les tâches accomplies conjointement par le client et le prestataire.

8.2 L'expérigramme

Définition de l'expérigramme

Les processus de prestation de services comportent une grande part d'intangibles, étant donné qu'ils sont principalement constitués d'interactions entre le personnel d'une entreprise et ses clients. Pour cette raison, il peut être parfois difficile de se les représenter clairement et de comprendre toutes les interactions qu'ils supposent.

L'expérigramme est un outil servant à représenter de façon graphique les processus de prestation de services (voir figure 8.1). Toutes les activités faisant partie des P.P.S. y sont notées, de même que les liens entre le personnel de soutien et les technologies de services. Les relations entre les différentes activités doivent être clarifiées et on doit faire mention des tâches incombant à chacun des acteurs en jeu (clients, personnel de contact, personnel de soutien).

Fonctions de l'expérigramme

Il est crucial de concevoir de façon détaillée la séquence des activités liées à chaque service si l'on veut pouvoir livrer de façon uniforme et efficace un service de qualité.

Pour ce faire, le client doit toujours demeurer au centre des préoccupations du gestionnaire qui désire concevoir un expérigramme. Le personnel de contact tirera également des bénéfices de l'établissement d'expérigrammes clairs : il saura exactement quelles tâches effectuer à quel moment et se sentira ainsi plus apte à fournir un service de meilleure qualité au client.

L'expérigramme n'a pas pour unique fonction d'illustrer le flux des activités majeures du service principal; on peut également l'utiliser pour les services complémentaires ou périphériques, afin que ces derniers soient bien documentés et que leur exécution se fasse sans heurts. On doit également indiquer de quelle façon ils se rattachent à l'exécution du service principal.

Par exemple, le client qui arrive dans un hôtel de qualité supérieure doit effectuer quelques tâches dès son entrée : il doit s'enregistrer au comptoir, confier ses clés au voiturier pour qu'il stationne sa voiture et faire acheminer ses bagages à sa chambre.

Si les services périphériques comme le stationnement et la bagagerie ne sont pas consciencieusement conçus et rattachés de façon cohérente avec le service principal de l'hôtel (fournir une chambre à un client pour la nuit), il risque d'en découler une impression de chaos et d'incertitude qui amènera le client à poser davantage de questions (Où sont les clés de la voiture? Tous les bagages ont-ils bien été pris en charge?) ce qui retardera le service au comptoir et créera éventuellement un engorgement.

En plus de constituer une représentation graphique des P.P.S., l'expérigramme permet d'identifier un certain nombre d'éléments importants :

Les activités cruciales

Certaines activités sont particulièrement importantes dans le déroulement d'une expérience de services. S'il survient un pépin au cours d'une de ces activités dites « cruciales », le mécontentement du client peut être élevé et mener à des actions que l'entreprise se doit à tout prix d'éviter, comme l'arrêt du recours aux services de l'entreprise ou le bouche-à-oreille négatif. Il est donc extrêmement important de bien documenter ces activités cruciales pour minimiser le risque d'erreur et s'assurer que le client soit satisfait.

Les activités cruciales peuvent survenir à tout moment au cours de la prestation de services : une commande notée de façon peu conscien-cieuse ou une facture apportée trop longtemps après la fin du repas peuvent gâcher une expérience qui semblait satisfaisante sous tous ses autres angles.

Ces activités cruciales peuvent être annotées de façon spécifique dans l'expérigramme afin de bien faire ressortir leur caractère essentiel.

Les goulots d'étranglement

Outre les erreurs pouvant survenir lors de la prestation de services, il existe également un risque de temps d'attente prolongé. Le temps consti-tuant une denrée rare pour plusieurs clients, il est nécessaire de ne pas le leur faire perdre en allongeant inutilement le processus de prestation de services. Certaines activités sont particulièrement propices à générer du temps d'attente inutile.

La gestion des files d'attente fait l'objet de nombreux écrits, mais il est nécessaire ici de spécifier que la façon de concevoir les aires d'attente de même que les processus de service selon un ordre établi (selon l'ordre d'arrivée, l'importance du cas, des frais à payer) nécessite réflexion. Les goulots d'étranglement peuvent également être annotés spécialement dans l'expérigramme.

Bien entendu, l'attente peut survenir à peu près à n'importe quel moment du P.P.S., mais il est surtout nécessaire de remarquer les endroits parti-culièrement à risque.

Les zones à problèmes

On remarque que certaines activités contenues dans l'expérigramme sont particulièrement délicates, soit parce qu'elles exigent du person-nel qu'il fasse preuve d'une certaine délicatesse (physique ou morale) ou parce qu'elles supposent le recours à un équipement sophistiqué. Il faut donc, encore une fois, identifier ces éventuelles zones à problèmes et veiller à les documenter de façon très précise.

Par exemple, il est absolument indispensable que l'employé d'une ins-titution financière ait bien saisi toutes les informations concernant les revenus et les garanties du client avant de procéder à une demande de crédit, sinon les conséquences pour le client pourraient être fâcheuses.

Figure 8.1   L'expérigramme – Schéma général

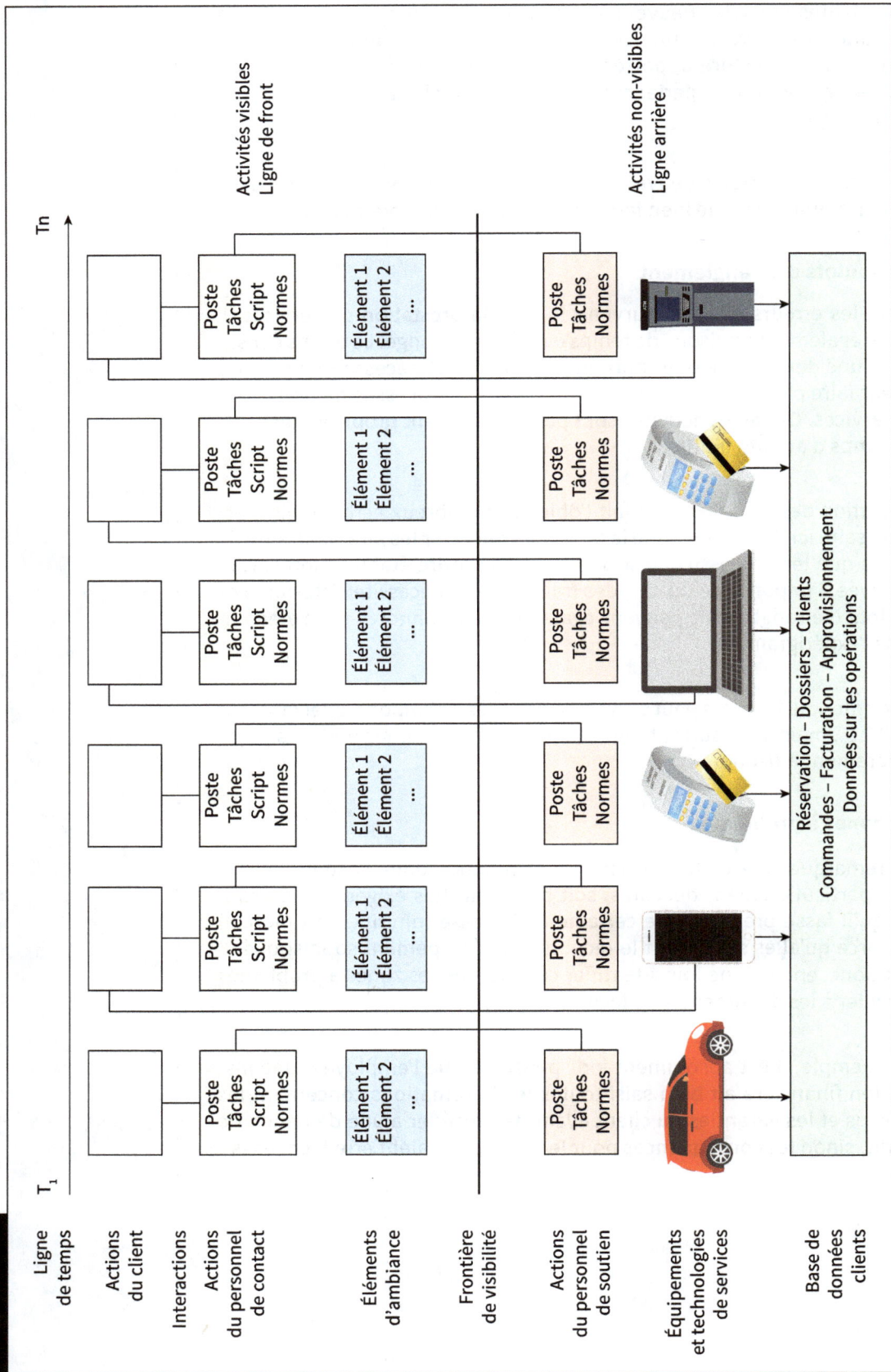

Éléments constitutifs de l'expérigramme

Pour élaborer l'expérigramme de façon efficace, il faut simuler le processus afin de bien comprendre les liens entre les activités. Chaque activité doit être envisagée sous tous ses angles pour faire ressortir les actions du client, les actions du personnel de contact ainsi que les interactions entre les clients et le personnel de contact, qui ont lieu à différents moments dans le temps. L'enchaînement des interactions créera une organisation logique pour le P.P.S. illustré. Il faut également veiller à ce que les éléments d'ambiance favorisent le bon déroulement de la rencontre entre les clients et le personnel de contact.

L'expérigramme typique comprendra également une frontière imaginaire entre ce qui est visible pour le client et ce dont il n'aura pas conscience, i.e. ce qui lui est invisible. Ce qui se passe au-delà de cette ligne de visibilité est néanmoins critique au moment de la livraison des services aux clients. Les activités visibles par le client ont lieu sur la ligne de front, alors que les activités non-visibles, exécutées par le personnel de soutien, ont lieu sur la ligne arrière.

Sous la frontière de visibilité, vous devez identifier le personnel de soutien, qui a pour rôle principal de soutenir le personnel de contact dans sa mission de bien servir le client. Vous devez également préciser la nature des relations entre le personnel de contact et le personnel de soutien. Le personnel utilise différents équipements ou différentes technologies de services pour mener à bien ses tâches, qu'il s'agisse d'instruments de cuisine ou d'ordinateurs. Ces équipements doivent être en bon état de fonctionnement pour éviter d'interrompre ou de rallonger les délais de livraison du service.

Sous les actions du personnel de soutien, mais tout aussi importantes au bon maintien de la relation avec la clientèle, se situent les technologies de services, ces interfaces à partir desquelles les clients interagissent avec l'entreprise sans passer par le personnel (ex. le système de répondeur téléphonique, le site Internet ou une borne interactive).

Les données amassées par les technologies de services et les équipements (ex. caisse enregistreuse) sont conservées dans une base de données, qui constitue la base de données clients.

Examinons maintenant de façon plus détaillée chacun des éléments constitutifs de l'expérigramme. Ces éléments sont représentés dans un schéma général présenté à la figure 8.1. La figure 8.2, quant à elle, illustre une application de cet outil dans un centre sportif.

Les activités visibles (la ligne de front)

Les activités visibles sont constituées, d'une part, des actions posées par le client et, d'autre part, des actions posées par le personnel de contact. Le personnel de contact assume le rôle principal le plus visible au cours de l'interaction de services. La ligne verticale qui relie l'action du client et l'action du personnel de contact constitue une interaction. Afin de s'assurer que le client sache toujours à quoi s'attendre lorsqu'il se rend sur les lieux de services, il importe que vous définissiez clairement :

- Le titre du poste de l'employé de contact;
- La (les) tâche(s) à accomplir lors des différentes interactions avec le client;

- Le scénario (script) à suivre pour présenter l'information au client;
- Les normes de services spécifiques à chaque interaction.

Le personnel de contact n'est pas le seul élément permettant la réussite des interactions avec le client : les éléments d'ambiance doivent également jouer leur rôle de « facilitateur ». Ainsi, la musique, les éléments de décor, les panneaux indicateurs et tous les autres éléments d'ambiance contribuent à faciliter la tâche du client et à rendre l'expérience de services cohérente. Par exemple, si le client met dix longues minutes à trouver le bureau d'accueil dans un musée, puis à identifier la salle présentant l'exposition qu'il désire visiter, son expérience sera entachée, même si le personnel de contact s'est montré fort aimable.

Les activités non-visibles (la ligne arrière)

Sous la frontière de visibilité, le personnel de soutien, non visible pour les clients, s'active. De nombreuses interactions internes surviennent, au cours desquelles le personnel de soutien doit connaître les actions à réaliser pour aider le personnel de contact à servir le client dans les meilleurs délais, selon les normes de service.

Les équipements, les technologies de services et la base de données clients

Les technologies de services sont ces outils que l'entreprise met à la disposition des clients afin qu'ils puissent effectuer un certain nombre d'actions eux-mêmes. Par exemple, un client peut avoir recours aux technologies de services pour recueillir de l'information sur l'entreprise ou effectuer une commande à distance. Les guichets automatiques de banques sont probablement les technologies de services les plus courantes. Les sites Internet sont également fort prisés puisqu'ils permettent à l'entreprise d'éviter de mettre sur pied des centres d'appels coûteux; toute l'information y est disponible 24 heures sur 24. De nos jours, il est possible d'effectuer nombre de réservations par le biais des sites Internet des compagnies d'aviation, agences de voyages, hôtels, salles de spectacles, etc. Les technologies de services seront vues de façon plus détaillée dans la section 8.3.

L'entreprise, par le biais des technologies de services et de certains équipements spécialisés, amasse de grandes quantités de données de natures diverses; la plupart détiennent certaines informations sur leurs clients, ce qui leur permet de concevoir leur base de données clients. Enfin, certaines bases de données portent sur d'autres processus internes (gestion de la capacité, approvisionnement). Non seulement ces données doivent-elles être stockées de façon sécuritaire mais également classées et organisées dans une base de données clients, afin qu'il soit facile d'effectuer des requêtes. On peut, par exemple, vouloir retracer l'historique d'achat d'un client afin de comprendre ses besoins futurs et d'identifier le meilleur moment pour le contacter. On veut aussi pouvoir faire ressortir certaines failles dans le service, en étudiant par exemple le délai entre la commande et la livraison. Bref, la base de données clients permet au dirigeant de s'assurer que le service est livré de façon efficace, du début à la fin du processus.

Figure 8.2 L'expérigramme – Bilan de santé dans un centre sportif

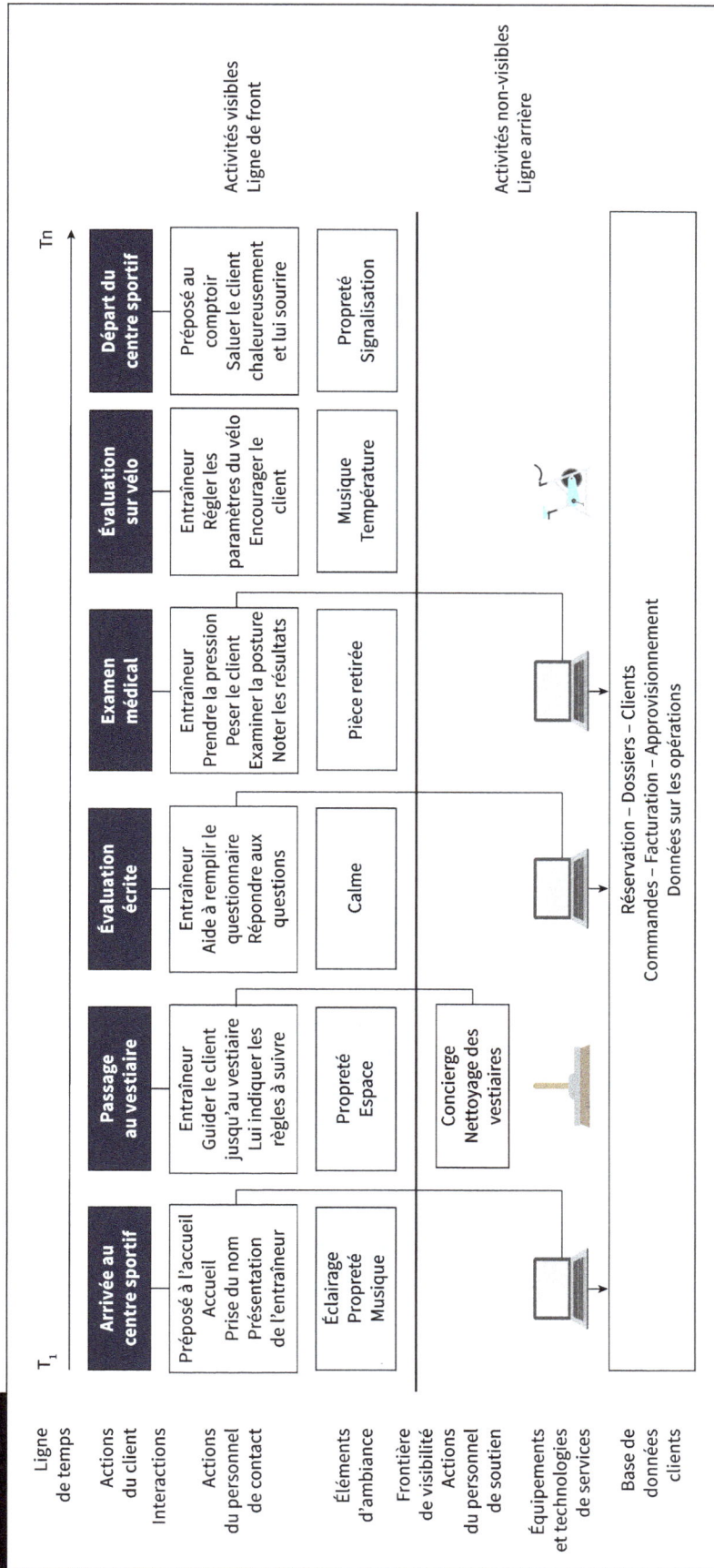

	Arrivée au centre sportif	Passage au vestiaire	Évaluation écrite	Examen médical	Évaluation sur vélo	Départ du centre sportif
Ligne de temps	T_1					T_n
Actions du client Interactions						
Actions du personnel de contact	Préposé à l'accueil Accueil Prise du nom Présentation de l'entraîneur	Entraîneur Guider le client jusqu'au vestiaire Lui indiquer les règles à suivre	Entraîneur Aide à remplir le questionnaire Répondre aux questions	Entraîneur Prendre la pression Peser le client Examiner la posture Noter les résultats	Entraîneur Régler les paramètres du vélo Encourager le client	Préposé au comptoir Saluer le client chaleureusement et lui sourire
Éléments d'ambiance	Éclairage Propreté Musique	Propreté Espace	Calme	Pièce retirée	Musique Température	Propreté Signalisation
Frontière de visibilité Actions du personnel de soutien		Concierge Nettoyage des vestiaires				
Équipements et technologies de services						
Base de données clients			Réservation – Dossiers – Clients Commandes – Facturation – Approvisionnement Données sur les opérations			

Activités visibles Ligne de front

Activités non-visibles Ligne arrière

8.3 Les équipements et technologies de services

Équipements de service

Tout élément matériel nécessaire au bon déroulement de la prestation de service.

Techonologies de service

Les technologies de service supposent la présence de matériel électronique ou informatique permettant de gérer, en tout ou en partie, une interaction avec le client.

Les processus de prestation de services ne sauraient être efficaces, efficients et flexibles sans la présence d'équipements et de technologies facilitant la tâche des employées, d'une part, et la participation du client, d'autre part. On désigne par « *équipements de service* » tout élément matériel nécessaire au bon déroulement de la prestation de service. L'agrafeuse dont se sert le préposé au départ d'un hôtel pour agrafer le reçu de carte de crédit à la facture ou le panier roulant dont se sert le client d'un supermarché sont des exemples, parmi tant d'autres, d'équipements de services.

Les *technologies de service* supposent la présence de matériel électronique ou informatique permettant de gérer, en tout ou en partie, une interaction avec le client. Le guichet automatique d'une banque, un serveur téléphonique, une borne interactive au point de services ou encore une carte à puce ne sont que quelques exemples de technologies de services. Les nouvelles technologies de l'information (NTI) représentent, à elles seules, les plus grandes innovations qu'ait connues l'industrie des services au cours des deux dernières décennies. Les NTI sont des moyens électroniques servant à recueillir, emmagasiner, récupérer, traiter et transmettre des mots, des nombres, des sons et des images.

Nouvelles technologies de services

Wal-Mart

Wal-Mart, le géant américain du détail, est reconnu non seulement pour sa politique de bas prix de tous les jours mais également pour le dévouement de ses « associés ». Du début à la fin de l'expérience de services, le support est constant.

Ainsi, un employé est posté à l'entrée pour accueillir les clients et la caissière, rapide et efficace, s'assure de comptabiliser les articles, de les emballer et d'accepter le paiement du client dans un temps record. Par contre, depuis quelques années, Wal-Mart a décidé d'offrir à sa clientèle une alternative pour payer ses achats : les caisses automatiques.

Le principe est simple : il suffit de se rendre à l'une de ces machines, de numériser ses achats, de les emballer et de payer. Par contre, l'exécution est parfois plus pénible : machine qui ne lit pas le code barre, qui refuse les billets du client, qui n'affiche pas le bon prix, etc. L'associé responsable du support à la clientèle utilisant ces technologies de services ne chôme habituellement pas.

Carrefour

La chaîne d'hypermarchés française Carrefour a elle aussi décidé d'agrémenter ses établissements des fameuses caisses automatiques. Toutefois, une modification a été apportée : on leur a ajouté un tapis roulant pour imiter les caisses utilisées par les employés de contact (les machines de Wal-Mart en sont dépourvues).

Le résultat : le processus est conçu de façon identique à celui effectué par une caissière... mais la caissière n'y est pas! Les achats vont donc s'empiler à l'extrémité du tapis roulant et le client doit se dépêcher de les emballer après avoir payé. Il en résulte un temps d'attente pour le client suivant et un stress pour le client actuel, qui doit composer avec l'emballage de tous ses articles en même temps.

Bref, les technologies de services parviennent souvent à simplifier la vie des clients, mais cela ne se fait pas toujours sans une certaine période d'adaptation !

Source : http://insidetheusa.net/2006/03/03/carrefour-walmart-meme-combat/

Les NTI utilisées par les entreprises de services regroupent quatre (4) types de bases de données :

1. Les données concernant les opérations de services (ex. achalandage, inventaire des unités de services disponibles, transactions);

2. Les données concernant les clients potentiels et actuels (ex. profils, attentes, préférences, demande d'information, valeur à long terme, transactions, niveau de fidélisation, contacts post- transactions, plaintes);

3. Les données concernant les employés de contact (poste occupé, profil, performance, rémunération);

4. Les données concernant les équipements et technologies de services (achats, installation, entretien).

Le déploiement d'interfaces prestataire/client via un serveur Internet représente sûrement la plus grande révolution au niveau des NTI. De plus en plus de services périphériques (demande d'information, transaction, facturation) sont maintenant accessibles par le site Internet de l'entreprise prestataire. Les institutions bancaires, pour aider leurs clients à choisir parmi les différentes cartes de crédit offertes, leur demandent de remplir un court questionnaire sur leurs habitudes de consommation.

L'intranet-employé permet au personnel de contact d'interroger les bases de données afin de mieux servir les clients. L'extranet-client permet au client, à l'aide d'un numéro d'identification personnel (NIP), d'accéder à des informations concernant ses récentes transactions ou concernant le déroulement d'une prestation de longue durée. Ainsi, les clients d'une firme d'ingénieurs peuvent suivre le déroulement et l'évolution des coûts de leur projet en consultant, sur une base hebdomadaire, la section de l'extranet qui leur est dédiée.

Le secteur des services de santé a connu, au cours des dernières années, d'importantes avancées en ce qui a trait à la gestion des soins. Par exemple, la télémédecine, entre autres, permet un échange d'information sur l'état de santé d'un patient, entre deux spécialistes ou entre un omnipraticien en région éloignée et un spécialiste en centre urbain; la télésurveillance à domicile, qui requiert la participation du client, permet de détecter rapidement les situations de détresse afin que les professionnels de la santé puissent intervenir efficacement.

Lors de la conception de l'expérigramme, vous devez prévoir, pour chaque interaction prestataire/client, les équipements et les technologies de services requis. Vous devrez évaluer chacun des points suivants :

- Les coûts d'achat, d'installation et d'entretien;

- La formation du personnel chargé des opérations;

- L'éducation des clients-utilisateurs, surtout dans le cas de prestations en mode libre-service.

Bibliographie

Chebat, J.C.; Filliatrault, P. Harvey, J. La gestion des services, Chenelière Mc Graw Hill, 1999, page 44, 51, 93.
Paré, Guy. Les technologies de l'information : et si notre santé en dépendait? Revue Gestion, vol. 31, no. 1, printemps 2006, p. 14-20.

Audit de services

Partie 8
Concevoir les processus de prestations de services

1. Utiliser la méthode de l'acheteur mystère afin de tester l'efficacité et l'efficience, des processus de prestation du service principal, d'un service complémentaire, et d'un service périphérique à votre choix.

2. Concevoir l'expérigramme de votre service principal, d'un service complémentaire et d'un service périphérique (à votre choix), suite à votre visite comme acheteur mystère.

3. Vérifier l'efficacité des processus de communication (téléphone, télécopie, courriel, messagerie vocale, etc.) en expédiant une demande d'information via chacun de ces processus.

    – Rédiger un script pour chaque moyen de communication.

    – Prendre note du délai de réponse.

    – Prendre note de la précision des réponses.

    – Noter vos observations.

4. Rédiger une liste des technologies de service à la disposition des clients et du personnel de contact.

5. Rédiger une liste des équipements de service à la disposition des clients et du personnel de contact.

6. Suggestions

    ☐ Que recommanderiez-vous pour améliorer l'efficacité et l'efficience du processus de prestations de services?

    ☐ Que recommanderiez-vous pour améliorer l'efficacité des processus de communication?

    ☐ Que recommanderiez-vous pour améliorer les technologies et équipements de service à disposition des clients et du personnel de contact?

Méthodologie

Lister en amont les critères d'évaluation de la succursale. Visite anonyme au point de service, et faire l'expérience d'achat du service et observer toutes les interactions entre le personnel de service et le personnel de soutien. (Identification claire de chaque fonction, efficience des relations par rapport à la qualité du service client, qualité des équipements et technologies de service.)

Méthodologie

Visite au point de service de votre entreprise.

Client mystère

Connaître la qualité des services fournis

Toute entreprise peut se voir tôt ou tard confrontée à la nécessité de faire effectuer une évaluation indépendante de la qualité de ses services (courtoisie, conseils, efficacité, prix, etc.). Il existe pour cela un outil adapté au contexte commercial : le « client mystère », appelé aussi « mystery shopping ».

Le client mystère est une personne chargée d'évaluer un service par une visite anonyme des lieux, selon différents critères de performance.

Cette évaluation est ensuite comparée à un modèle de la performance recherchée. Ce modèle est généralement établi selon les normes de service en vigueur dans l'entreprise. On confie habituellement cette délicate tâche à une entreprise spécialisée.

La méthode du client mystère peut aussi servir à comparer les niveaux de performance atteints par d'autres entreprises.

Les résultats escomptés

- Amélioration du service;
- Indicateurs non financiers dans le tableau de bord;
- Meilleur encadrement des employés en contact avec la clientèle;
- Comparaison des performances internes avec celles d'autres fournisseurs;
- Source d'information utile pour l'analyse, la correction ou la réingénierie des processus concernant le client.

Les étapes

1. Définir le cadre opérationnel

   Il est inutile de lancer un programme de client mystère sans avoir préalablement réfléchi au contexte d'utilisation. De concert avec la direction et les employés, le secteur responsable du programme doit expliquer clairement comment il peut aider l'organisation à améliorer sa performance. C'est aussi le moment de réfléchir aux autres utilisations des résultats, mis à part le complément d'information destiné au tableau de bord de l'organisation. Par exemple, on peut ajouter au programme d'évaluation des incitatifs financiers afin d'encourager un rendement supérieur.

2. Déterminer les exigences du client

   Étant donné que le service est fondé sur les exigences des clients, il faut consulter ceux-ci pour établir avec suffisamment de certitude les aspects qu'ils jugent importants. Certaines organisations disposent déjà de résultats de sondages. En l'absence de ce type d'étude, des groupes de discussion menés auprès d'employés et de clients fourniront une base de travail suffisante.

3. Déterminer les normes et les critères d'évaluation

   Fort des exigences des clients, on peut élaborer des normes de qualités de service. Exemples : porter une tenue appropriée, accueillir
   le client dès son arrivée, porter en tout temps une épinglette avec
   son nom, etc. Il est très important de communiquer clairement ces
   normes à tous ceux qui seront appelés à les appliquer ou à les inter-
   préter (direction, employés, client mystère, client).

4. Élaborer le modèle de visite

   Le modèle de visite ou d'évaluation comprend tous les aspects que
   le client mystère devra observer et évaluer au cours de sa visite.
   L'évaluateur sera appelé à répondre par un oui ou par un non, par
   vrai ou par faux ou encore par une évaluation chiffrée (échelle de 1 à
   5, par exemple). Le client mystère effectuera une constatation pour
   chacun de ces critères et vérifiera si la norme est respectée ou non. Il
   en inscrira ensuite le résultat qualitatif ou quantitatif au formulaire
   prévu pour l'évaluation.

Après avoir établi le modèle, concevoir le formulaire en y intégrant les
éléments suivants :

☑ Un espace permettant d'identifier le lieu visité, la date et
l'heure de la visite ainsi que l'identité du client mystère;

☑ La liste des points à évaluer selon l'ordre dans lequel le
client mystère les rencontrera au cours de sa visite;

☑ Un espace pour inscrire des observations qui ne peuvent
figurer ailleurs dans le formulaire (exemples : absence de
personnel, panne d'électricité);

☑ Enfin, on pourra trouver utile de prévoir une base de
données dans laquelle on versera le résultat des visites, ce
qui facilitera, notamment, le suivi chronologique.

Les conditions de succès

- Utiliser un formulaire ciblé sur les aspects que le client juge
  importants;

- S'assurer que le client mystère est bien préparé;

- Définir un code d'éthique encadrant le programme d'évaluation;

- Partager les résultats avec les secteurs concernés.

Autres applications possibles du « client mystère »

Évaluation du marché

Une entreprise peut comparer l'espace occupé par ses produits par rapport à ceux d'autres fabricants sur les tablettes de divers commerçants.
Elle peut également comparer les prix affichés et situer ses produits relativement à la concurrence.

Évaluation comparative des services

Le service offert est-il vraiment supérieur à celui des concurrents? Un client mystère peut s'en informer en effectuant un achat ou en faisant l'expérience du service chez un ou plusieurs compétiteurs.

Résolution d'un problème ponctuel

Un problème de service qui fait son apparition sans raison valable apparente nécessite l'attention immédiate de la direction. Toutefois, celle-ci n'est pas toujours en mesure d'aller faire les observations sur place. En outre, si le comportement des employés est en cause, l'arrivée d'un collègue enquêteur risque d'influencer indûment les versions de chacun. Le recours à une firme spécialisée permet de maintenir l'intégrité de l'outil.

9 | Gérer le personnel au service du client

Introduction 168

9.1 L'importance déterminante du personnel de contact et de support 168

9.2 Culture et leadership de service 171

9.3 Pratiques de ressources humaines visant à implanter une véritable culture de service 179

9.4 Le climat de service 185

Bibliographie 186

Audit de services 186

Annexe 187

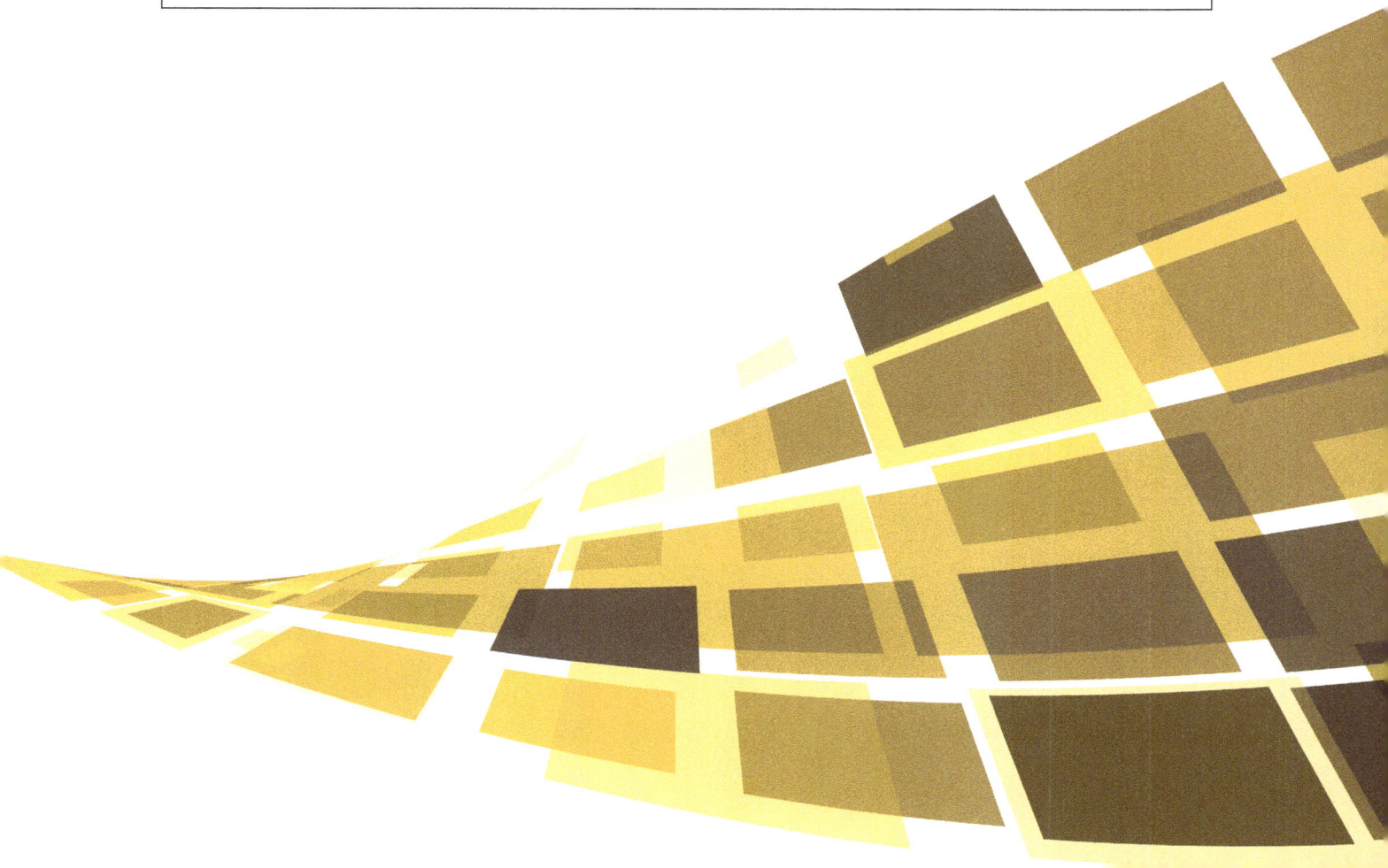

Introduction

L'excellence du service à la clientèle repose souvent sur la qualité de la relation entre le client et le personnel de contact. Le client s'attend à rencontrer des employés motivés, empressés et compétents. Malheureusement, les entreprises consacrent peu de ressources à la sélection, la formation, la mobilisation et la rémunération du personnel au service du client. Il est surprenant de constater le peu d'importance accordée à la gestion du personnel de première ligne, qui joue pourtant un rôle crucial dans la relation avec le client. On observe, dans plusieurs secteurs, d'énormes difficultés à recruter du personnel de qualité et, surtout, à retenir le personnel compétent. Le présent chapitre fournira un éclairage nouveau sur les pratiques de ressources humaines nécessaires pour attirer, former, mobiliser et garder les meilleurs employés disponibles sur le marché de l'emploi.

Ce chapitre, consacré à la gestion des ressources humaines au service du client, soulève l'importance cruciale et déterminante du personnel de contact et de support. L'image de l'entreprise repose, en grande partie, sur la qualité des interactions client/personnel. Il ne faut surtout pas pour autant laisser le personnel à lui-même; celui-ci doit être supporté et encadré dans un système offrant des processus de prestation conviviaux, des équipements et des technologies de services efficaces (chap. 8) ainsi qu'une ambiance de services qui facilite les interactions (chap. 10). Toutes les pratiques des ressources humaines resteront stériles sans la présence d'une personne de la haute direction qui conçoit, communique et entretient une vision du service. Le *leader de service* implante une culture de service qu'il transmet à tous les employés de l'entreprise. La section 9.2 sera consacrée au rôle crucial du leader de service.

9h00
Arrivée au point de service

18h00
Départ du point de service

9.1 L'importance déterminante du personnel de contact et de support

Une grande partie de l'expérience-client repose sur l'exécution d'une tâche de la part d'une personne chargée d'interagir avec le client, que ce soit au point de services (ex. préposé à l'accueil), au téléphone (ex. agent des réclamations d'une compagnie d'assurance), au domicile du client (ex. préposé à la livraison) ou via le site Internet de l'entreprise (gestion des courriels). Contrairement au personnel de support, qui travaille dans un environnement relativement stable, le personnel de contact doit faire face, jour après jour, aux diverses demandes du client dans le but de le satisfaire, tout en suivant les normes internes de services. Le personnel joue, en quelque sorte, un rôle *tampon* entre l'entreprise et le client, ce qui peut provoquer des malaises chez l'employé. De quelle façon peut-il concilier la satisfaction du client, les objectifs d'efficacité et d'efficience de l'entreprise et son bien-être personnel? Nous verrons à la section 9.3 les pratiques de ressources humaines à mettre en place afin que le personnel de contact se sente soutenu lors de l'accomplissement de ses tâches.

Le personnel de contact, pour bien servir le client, doit compter sur la collaboration constante des employés de support, que le client ne voit pas, mais qui jouent un rôle de première importance lors de l'exécution des processus de prestation de services. Par exemple, que peut faire un chargé de compte responsable des prêts hypothécaires d'une banque sans le support des employés du service de crédit? J'introduis ici la notion de *client interne*, i.e. l'employé pour lequel un autre employé de la même entreprise travaille. La notion de client interne nous amène à hiérarchiser les relations fournisseurs/clients à l'intérieur de l'entreprise. De façon plus simple, on se pose la question : qui travaille pour qui? Toutes les analyses et stratégies vues dans cet ouvrage s'appliquent à la gestion de la relation fournisseurs/clients internes : la mesure des attentes et du niveau de satisfaction du client interne, la création d'une offre de services à valeur ajoutée, une accessibilité accrue, des processus conviviaux, la tarification et la promotion des services à l'interne. Les ententes de services de fournisseurs internes de la Banque Nationale (voir l'encadré ci-dessous) illustrent bien nos propos.

Client interne

Employé pour lequel un autre employé de la même entreprise travaille.

Les ententes de services clients/ fournisseurs de la Banque Nationale du Canada

Par Suzanne Dion, présidente, Les Services de consultation et production – Suzanne Dion inc.

Pour vous permettre d'en connaître davantage sur une démarche d'implantation d'ententes de service clients/fournisseurs internes, la Tribune des meilleures pratiques d'affaires a demandé à sa journaliste d'un jour, la consultante Suzanne Dion, de mettre en lumière les grandes étapes du processus d'ententes de service en vigueur depuis novembre 2001 à la Banque Nationale.

Après une visite à la direction Mesures de la performance de la Banque Nationale, Suzanne Dion nous décrit ici concrètement la réussite de cette démarche.

Le contexte

Ce n'est pas d'hier que le client est au centre des préoccupations des employés de la Banque. Depuis quelques années, l'amélioration de la qualité du service à la clientèle est devenue un objectif prioritaire et même une stratégie d'affaires dans un secteur où il est difficile de se distinguer par les caractéristiques des produits ou des services.

Les différentes lignes d'affaires de la Banque connaissent bien les besoins de leur clientèle. Elles peuvent compter sur des résultats d'enquêtes client qui précisent les dimensions significatives du service pour différents groupes de clients et différents produits. Ces renseignements permettent de fixer des standards correspondant à leurs attentes.

Le personnel de contact avec les clients réagit plus vite et mieux aux demandes et aux attentes de ces derniers. Chaque jour, les sujets de satisfaction et d'insatisfaction s'expriment! L'importance de l'amélioration se conçoit et se partage aisément. Pour bien servir leurs clients, les lignes d'affaires ont cependant besoin des unités fournisseurs car ce sont elles qui effectuent le traitement des transactions.

Les unités fournisseurs internes qui ne sont pas en contact direct avec la clientèle ne bénéficient pas autant de la stimulation des demandes continues des clients. C'est cette situation que la Banque a voulu bonifier en faisant entrer le client jusque dans les services fournisseurs afin que l'ensemble de l'organisation soit au service du client.

La recherche de moyens d'amélioration

Le balisage (benchmarking) que la Banque Nationale effectue afin de comparer ses pratiques lui a fait connaître les avantages des ententes de services internes. Cette méthode, parfois appelée contrats de services internes ou ententes clients/ fournisseurs internes, a engendré des résultats intéressants ailleurs. Elle clarifie les attentes des clients internes envers leurs unités fournisseurs et améliore la communication.

Afin de mettre en place la méthode identifiée, la Banque a créé une unité spéciale, la direction Mesures de performance organisationnelle. Cette unité composée d'une directrice, Mme Caroline Bilodeau, et de deux conseillers agit un peu comme le fait un notaire lors de l'établissement d'un contrat: les conseillers accompagnent les parties concernées dans la recherche d'ententes satisfaisantes pour le client et réalisables pour tous.

Les objectifs poursuivis par ce processus sont les suivants:

- améliorer la qualité de trois dimensions de la livraison des produits et services : l'accessibilité, la fiabilité et la rapidité;
- favoriser la communication entre les unités fournisseurs et les lignes d'affaires;
- offrir au client la livraison des produits et services à laquelle il s'attend.

Les unités qui participent au projet le font volontairement et les conseillers ne déterminent pas le niveau des standards. Ils fournissent de l'information sur les attentes identifiées chez les clients, apportent un appui méthodologique et assurent le suivi des ententes. L'approche privilégiée favorise davantage la réalisation de petits pas bien intégrés plutôt que la mise en place d'objectifs irréalistes.

La mise en application de ce processus a débuté en 2001. En 2005, une majorité d'unités fournisseurs de la Banque ont établi des ententes avec les unités d'affaires pour lesquelles elles produisent des services. Chaque année, de nouvelles unités participent à la démarche, les ententes déjà conclues sont revues et améliorées, et l'on note que les standards augmentent.

Les gestionnaires de la Banque étant déjà tout à fait conscients de l'importance de la qualité du service, la méthode proposée n'a pas rencontré de résistance. Au contraire, les dirigeants étaient ravis que des conseillers les accompagnent dans la recherche de moyens pour assurer l'amélioration de la qualité des services

Mises en place dans un contexte de culture de la qualité, les ententes de services ont contribué à consolider celle-ci. Leur réussite aurait probablement été moins rapide dans un autre contexte.

Source : Mouvement Québécois de la Qualité Extrait de : Tribune des meilleures pratiques. Mars 2005.

9.2 Culture et leadership de service

Un nombre croissant d'entreprises, en raison d'une concurrence vive et des attentes élevées de leur clientèle, optent pour une stratégie de différenciation axée sur la qualité du service. La qualité de l'expérience-client devient alors une préoccupation constante. Les valeurs exprimées par la direction de l'entreprise se retrouvent généralement dans l'énoncé de mission ou dans le plan de marketing. Malheureusement, peu d'entre elles ont réussi à élaborer et implanter une véritable culture de service.

La section 9.2 a été rédigée en collaboration avec Madame Violaine Desmarchais.

9.2.1 La culture de service

L'entreprise pour laquelle la satisfaction du client représente la valeur dominante s'engage dans une démarche qui mise sur l'excellence des services. On nomme culture de service la culture organisationnelle unique dans laquelle un accent important est mis sur les interactions entre le personnel et la clientèle, ainsi que sur la prestation de services de qualité.

Pour mettre en place une culture de service, vous devez, comme dirigeant d'entreprise, croire à la pertinence d'une vision de service à long terme, croire à la capacité et au potentiel du personnel et croire au projet de l'expérience de service proposé au client par le personnel.

Culture de service

On nomme culture de service la culture organisationnelle unique dans laquelle un accent important est mis sur les interactions entre le personnel et la clientèle, ainsi que sur la prestation de services de qualité.

Votre entreprise entière, de la haute direction au personnel de contact, doit s'engager à offrir une prestation de services de qualité. Vous développerez une forte culture de service si vous appliquez les cinq principes suivants :

1. *Votre vision du service est claire et explicite.* Vous avez la conviction que la qualité du service représente une condition de survie et un facteur déterminant de la prospérité future de votre entreprise. Vous avez défini votre vision et vos objectifs de service afin de devenir la meilleure entreprise de votre secteur d'activités pour la prestation de services. Cette vision est divulguée, affichée, connue et comprise par tous;

Les meilleures pratiques de gestion : Garaga

Garaga, important fabricant québécois de portes de garage, affiche sur son site Internet sa vision du service:

- Une fiabilité extrême, bien supérieure aux normes de l'industrie, aussi bien au regard du délai de livraison promis que de exactitude des commandes livrées.

- Une rapidité de livraison beaucoup plus élevée que la moyenne de l'industrie.

- Un soutien technique et marketing raffiné.

- Des employées en contact avec la clientèle compétents, fiables, accessibles, empressés, rapides, courtois, empathiques, prévenants, et qui personnalisent la relation.

Source : www.garaga.com

2. *Vous diffusez des anecdotes concernant les bons coups en matière de service et vous vous en inspirez dans votre discours.* En rendant visibles vos réussites de service, vous renforcez votre vision en indiquant tous les comportements auxquels vous vous attendez. De plus, en agissant ainsi, vous diffusez les valeurs (excellence, innovation, travail d'équipe) qui déterminent la culture de service de votre entreprise.

3. *Votre haute direction et vos cadres sont des modèles par leurs comportements orientés-clients.* Votre entreprise bénéficie d'un leadership et d'un engagement de la part de tous vos cadres pour un service d'excellence. Ceci se traduit par des faits et gestes cohérents avec le discours véhiculé.

4. *Un service de qualité est attendu de tous.* Votre service de qualité implique une conception bien réfléchie, un personnel motivé et un excellent système opérationnel. Vous inculquez à vos équipes de travailler ensemble à la mise en œuvre de la vision du service à la clientèle, et ce à tous les niveaux de votre entreprise.

5. *Un service de qualité est récompensé.* Votre reconnaissance est matérielle et concrète (rémunération supplémentaire, prime) pour récompenser les efforts déployés par votre personnel afin d'offrir un service d'excellence. En soulignant la contribution de vos employés, vous renforcez votre vision d'un service de qualité.

Les entreprises pour lesquelles la culture de service est très présente sont orientées, en premier lieu, vers le bien-être de leurs employés. Vous devez établir une stratégie claire et un système opérationnel à l'intérieur desquels votre personnel habilité peut travailler et prendre des décisions afin d'ajouter de la valeur aux yeux des clients. Des employés plus autonomes et empreints d'une forte culture de service fourniront le petit effort additionnel qui, souvent, fait toute la différence pour le client.

Les meilleures pratiques de gestion

La haute direction de Boulevard, distributeur de fourniture de bureau, exprime sa promesse de qualité de service dans les termes suivants : « Notre mission consiste à nous surpasser continuellement en matière de distribution de fournitures de bureau, afin d'offrir à notre clientèle un service adapté à ses besoins et des produits de marques réputées, à des prix compétitifs ». Ceci se traduit par un engagement à :

- Créer des relations d'affaires durables et avantageuses avec un engagement de qualité. Nous sommes conscients qu'un service fiable et constant sur lequel vous pouvez compter en tout temps vous est essentiel.

- Maintenir notre niveau de service; Boulevard suit tous les jours des consignes de qualité totale. Selon nous, l'élément clé pour atteindre l'excellence de rendement réside dans notre engagement à exceller dès le premier contact. C'est d'ailleurs ce que nous entendons faire chaque fois que vous commandez chez Boulevard.

9.2.2 Le leadership de service

Le processus de prestation de service implique de nombreuses personnes œuvrant à la réalisation d'une vision commune : la qualité exceptionnelle de l'expérience-client. Cependant, cette vision ne pourrait pas prendre naissance sans qu'une personne de la direction ne fasse preuve d'un leadership orienté vers la qualité du service, ce que j'appelle le « leadership de service ».

C'est par votre leadership que vous influencerez votre personnel afin qu'ils travaillent ensemble à la mise en œuvre d'une culture où le service prime. Ce sont vos valeurs déclarées (dans la mission, lors d'allocutions ou dans le manuel des normes de services) qui serviront de guide à votre personnel et qui témoigneront de l'existence d'une culture de service au sein de votre entreprise, jour après jour.

Tableau 9.1	Quatre traits de personnalité dominants chez le leader de service
1. Visionnaire et communicateur	Le dirigeant synthétise la vision, crée un « sens », l'articule clairement et stimule l'engagement de tous.
2. Rassembleur et bâtisseur d'équipe	Le dirigeant choisit des personnes-clés adhérant aux valeurs fondamentales et s'assure que le travail d'équipe prime.
3. Authentique et symbole vivant	La vision du service du dirigeant est renforcée par les actions qu'il pose. Ceci établit sa crédibilité auprès du personnel car il gère par l'exemple.
4. Respectueux et décideur imputable	Le dirigeant écoute son personnel et demeure ouvert aux commentaires. Il respecte les différences individuelles et s'assure de ne pas chercher de bouc émissaire face aux problèmes de service.

Traits de personnalité

On retrouve chez le leader de service les traits de personnalité et les valeurs suivants : la vision, le charisme, l'empathie, l'expertise, l'intégrité, l'excellence et la force de persuasion. Les qualités d'un leader de service se concrétisent donc autour de quatre grands traits de personnalité.

Visionnaire et communicateur

Un visionnaire est celui qui crée du « sens » en élaborant une vision et en faisant apparaître une mission et une direction, qui définissent le centre d'intérêt de l'entreprise. Vous devez donc arriver à synthétiser votre vision du service et à l'articuler clairement afin que vos collaborateurs sachent comment l'intégrer à leur stratégie de service. Pour parvenir à mobiliser votre personnel, vous devez témoigner une grande confiance à l'égard de celui-ci et communiquer avec lui sur une base régulière.

Rassembleur et bâtisseur d'équipe

Le leader de service possède une grande capacité à cibler, d'une part, les bonnes personnes à les impliquer dans le projet d'excellence et à les nommer aux postes-clés. Il doit, d'autre part, identifier les personnes peu performantes et les inviter à quitter afin de ne pas nuire à la culture de service recherchée.

Sachez tirer profit des forces individuelles de vos collaborateurs et rassemblez une équipe dont les divers membres sont convaincus que le travail d'équipe est indispensable. En suscitant leur coopération et leur collaboration, vous atteindrez le niveau d'excellence recherché en matière de service.

Authentique et symbole vivant

On ne peut parler d'un réel leadership de service que lorsque les membres du personnel choisissent de suivre un dirigeant parce qu'ils croient en lui et en sa vision d'excellence de service. Ils le suivront, en se donnant à fond, uniquement dans la mesure où ils l'estimeront vrai, honnête et qu'ils auront confiance en lui. L'influence que vous avez sur ceux qui vous entourent est directement proportionnelle à votre crédibilité et à la confiance que vous dégagez. Ce n'est pas tout de le dire, il faut aussi agir! La cohérence des dires et des gestes du dirigeant est essentielle pour canaliser les efforts et maintenir la motivation du personnel. Vous mobiliserez votre personnel par votre compréhension, votre engagement et votre participation.

Respectueux et décideur imputable

Pour que le travail d'équipe prime, le respect doit régner. Le dirigeant écoute, suscite la créativité et fait confiance à ses collaborateurs. Votre personnel ne voudra pas améliorer la qualité des services offerts sans un leadership respectueux de votre part. De plus, le dirigeant est un décideur imputable car il assume la responsabilité des résultats et des problèmes de service. Vous devez élaborer une façon efficace d'améliorer les véritables défis de service sans chercher de coupable ou d'excuse pour contourner le problème.

| **Figure 9.1** | **Sept éléments-clés pour réussir l'implantation d'une culture de service** |

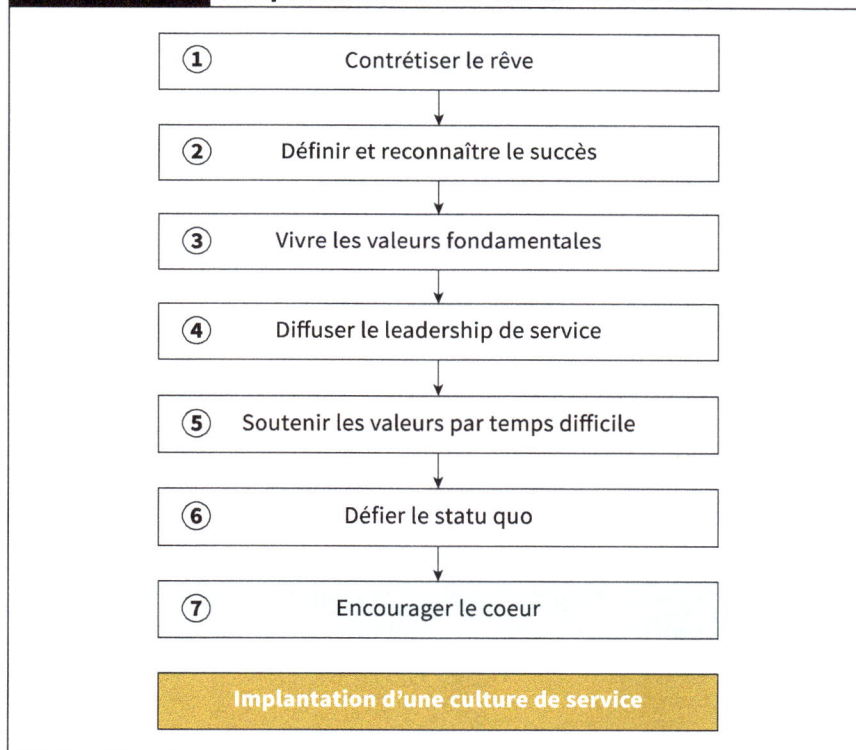

① Contrétiser le rêve

② Définir et reconnaître le succès

③ Vivre les valeurs fondamentales

④ Diffuser le leadership de service

⑤ Soutenir les valeurs par temps difficile

⑥ Défier le statu quo

⑦ Encourager le coeur

Implantation d'une culture de service

9.2.3 L'implantation d'une culture de service

Malgré l'importance accordée au leadership et aux valeurs, on remarque encore, dans des entreprises de service, une disparité entre le discours et la pratique. Le leadership de service ne consiste donc pas seulement à définir une vision de service. Vous devez créer dans votre entreprise des procédures, priorités et comportements cohérents et similaires à l'échelle de l'entreprise dont l'objectif principal consiste à transmettre la culture de service. Sept éléments-clés sont nécessaires pour incruster ces valeurs et réussir l'implantation d'une culture de service.

Concrétiser le rêve

Le dirigeant articule la raison d'être, le rêve de service de l'entreprise; il transmet l'importance des valeurs fondamentales d'excellence. Vous devez réussir à générer auprès de votre personnel un engagement profond envers la réalisation de votre rêve de service. Alain Bouchard, président et chef de la direction d'Alimentation Couche-Tard, le fait concrètement : « J'appelle un de mes cadres et je vais faire une tournée avec lui. Ça me permet de rêver et de partager ces rêves-là avec mes gens. » La vision que vous communiquez au personnel doit donc se formuler en un projet porteur de « sens », conçu autour de la satisfaction du client, à partir duquel votre personnel peut s'identifier.

Définir et reconnaître le succès

Le deuxième élément-clé de l'implantation d'une culture de service consiste à établir des indicateurs objectifs de succès. Le succès provient de la combinaison du rêve irrésistible qui inspire l'engagement et d'une définition du succès qui vient renforcer ce rêve au lieu de le contredire. Il est donc nécessaire de définir et mesurer les indicateurs de succès et de reconnaître l'excellence d'un service afin de s'assurer que le rêve se traduise en action. Pour ce faire, vous devez évaluer les réalisations concrètes de chaque employé et de chaque équipe de travail dans l'atteinte de ces réalisations. Vous devez par la suite remercier (rémunération, prime) vos héros de service qui excellent dans leur travail.

Les meilleures pratiques de gestion

Chez Boulevard, il est primordial de souligner les bons coups du personnel. M. Pouliot a implanté un concours annuel appelé Le Club Excellence, qui permettait de souligner le travail des champions du service à travers le Canada. Une vingtaine de critères de sélection ont été établis.

Ces critères n'étaient pas uniquement quantitatifs (chiffre de ventes) mais aussi et surtout qualitatifs (qualité du service au client et du service interne) et ils étaient établis grâce à des sondages anonymes de satisfaction auprès des employés et de la clientèle.

Vivre les valeurs fondamentales

Le leader de service articule le rêve et le succès par les gestes qu'il pose. C'est par son comportement qu'il démontre et vit les valeurs fondamentales. Ce qui inspire les employés, au-delà des paroles, ce sont les gestes. Grâce aux visites faites à votre personnel, par exemple en prenant part à des réunions, à votre participation au forum de discussion et à votre implication dans les programmes de formation, vous devenez crédible aux yeux des gens que vous dirigez. Une communication fréquente, ouverte et honnête appuie vos comportements.

Les meilleures pratiques de gestion

Rona est le plus important distributeur et détaillant de produits de quincaillerie, de rénovation et de jardinage au Canada. Robert Dutton, président et chef de la direction de Rona depuis 1992, propose à ses employés des petits-déjeuners. « Nous organisons depuis 16 ans des petits-déjeuners. Chaque semaine, nous échangeons avec une quinzaine d'employés sur un thème précis. Leurs suggestions doivent être testées et les résultats sont communiqués à tout le personnel. »

Source : Pauchant T., Fontaine L., La raison d'être et la façon d'être, La Presse Affaires, Montréal, lundi 16 octobre 2006

Diffuser le leadership de service

En réalité, plusieurs dirigeants d'entreprise s'engagent à fond dans l'élaboration d'une culture de service, mais ils oublient en cours de route de considérer ou de responsabiliser les cadres et les superviseurs. L'implantation d'une culture de service résulte d'une cohérence parfaite entre les paroles et les actions, et ce, à tous les niveaux de l'entreprise. Un de vos rôles critiques est donc de cultiver les qualités de leadership des autres, à l'interne. Le rôle de vos cadres doit être de favoriser une intégration fonctionnelle de votre vision d'un service de qualité au sein de votre entreprise. Il est primordial que les cadres responsables du personnel assument le leadership de service nécessaire afin de former et d'inspirer le personnel, jour après jour.

Soutenir les valeurs par temps difficile

Même si le succès perdure, le leader s'appuie sur ses valeurs fondamentales pour se guider dans les moments difficiles. Ces valeurs de service de qualité, d'esprit d'équipe, de respect et d'intégrité mobilisent les forces de l'entreprise pour surmonter une crise. Vous devez gérer les crises de façon ouverte, et diffuser toute l'information nécessaire pour améliorer le service. De plus, vous devez lancer des appels marquants et indiscutables de changement pour susciter la collaboration interfonctionnelle en faveur de la nouvelle stratégie de service.

Défier le statu quo

Pour demeurer chef de file de votre secteur d'activité en matière de service, votre entreprise doit être vigilante et chercher continuellement à se positionner de façon créative. Le succès d'une prestation de service crée facilement un état de contentement. Cependant, une entreprise connaissant un tel succès n'est pas à l'abri d'être copiée car elle ne possède pas de brevet ou de droit exclusif.

Un de vos rôles est donc de maintenir l'entreprise éveillée, motivée à s'améliorer et à rechercher des moyens d'accroître sa compétitivité en améliorant la qualité des services. Tous doivent être motivés à chercher de nouvelles idées qui permettront à votre entreprise de se différencier en matière de qualité de service.

Afin d'y arriver, vous devez mettre au point des mécanismes qui stimule-ront l'innovation et la recherche du service hors pair. Vous devez encou-rager les initiatives et les améliorations proposées par le personnel.

Gagner le cœur

Comme le veut le dicton, une chaîne de travail est aussi forte que le plus faible de ses maillons. Une prestation de services est composée d'une série d'activités séquentielles, réalisées le plus souvent par plusieurs membres de votre personnel; vous réussirez votre chaîne de service en encourageant la collaboration, la courtoisie, le sentiment d'accomplis-sement et la contribution de chacun des membres de votre personnel.

Les entreprises qui réussissent leurs prestations de services, de façon constante, sont habiles à susciter l'engagement du personnel dans des projets qui ont une valeur intrinsèque pour eux. D'où l'importance d'habi-liter votre personnel à développer un maximum d'autonomie et de profes-sionnalisme dans ses transactions avec vos clients internes ou externes.

Par contre, le personnel ne pourra le faire que si vous lui fournissez les outils dont il a besoin. C'est ce que Albrecht appelle « gagner les mains »(figure 9.2). De plus, en étant bien outillé, votre personnel com-prendra sa contribution et verra l'importance de bien faire son travail. Il adhèrera à votre culture de service en s'appropriant le leadership de ser-vice lui permettant de satisfaire le client. C'est ce que Albrecht appelle « gagner la tête ».

Toutefois, votre personnel ne sera prêt à faire des efforts afin d'innover et d'améliorer la qualité du service que si votre équipe de direction écoute ses préoccupations et en tient compte. Il se sentira alors impliqué dans le succès de l'entreprise, ce qui contribuera à hausser son degré d'en-gagement envers le service par excellence. C'est ce qu'Albrecht appelle « gagner le cœur ».

| Figure 9.2 | La métaphore d'Albrecht
« Winning the Hearts, the Minds and Hands » |

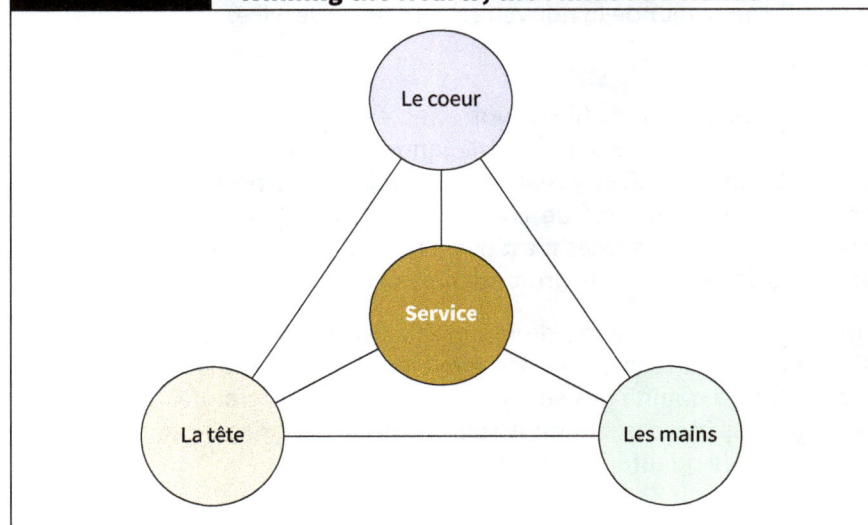

En somme, vous réussirez à implanter une culture de service en rassemblant des personnes qui partagent les mêmes valeurs que vous et qui croient à votre rêve d'excellence du service. Vous devez ensuite vous assurer que cette excellence du service perdure afin que votre entreprise connaisse un succès toujours grandissant. Pour bâtir votre relève, vous devez choisir des successeurs qui croiront en vos valeurs de service et qui sauront poursuivre la mission de votre entreprise.

9.3 Pratiques de ressources humaines visant à implanter une véritable culture de service

Il a été démontré à plusieurs reprises que les pratiques de gestion des ressources humaines ont un impact direct sur la satisfaction des employés et, par ricochet, sur la satisfaction des clients et la profitabilité d'une entreprise. En plus d'orienter toutes les décisions stratégiques, tactiques et opérationnelles de l'entreprise vers la satisfaction du client, vous devez aligner vos pratiques de ressources humaines de telle sorte que vos employés deviennent vos premiers clients! Ils vous représentent auprès de la clientèle : prenez-en soin! Investissez dans des pratiques qui permettront de fidéliser vos employés d'abord et vos clients par la suite.

9.3.1 Recrutement et sélection

Au moment de recruter les employés qui seront la pierre angulaire de l'implantation d'une véritable culture de service, vous devez positionner votre entreprise comme employeur de choix.

Vous devez mettre au point une proposition attrayante pour les employés performants disponibles. Il faut penser à présenter, tant au niveau des offres d'emploi écrites que des entrevues de sélection, des attraits qui pourront plaire à l'employé performant que l'on désire recruter. Il importe également de cultiver une bonne image au sein de la communauté en tant qu'employeur et de s'impliquer socialement afin que l'entreprise soit perçue comme un bon citoyen; ainsi, un employé très compétent et disponible aspirera à faire partie de votre organisation. Les meilleurs attirent les meilleurs! La qualité du service offert à la clientèle attirera les meilleurs candidats. Ceux-ci se sentiront en confiance, puisqu'ils auront l'impression de faire partie d'une équipe sur laquelle la clientèle peut compter. Les entreprises faisant partie du palmarès annuel des 50 meilleurs employeurs du Canada attirent des candidatures de très grande qualité.

Hewitt Associates

www.hewitt.com/employeursdechoixaucanada

Les 50 employeurs de choix 2017.

Figure 9.3	Types de compétences des employés

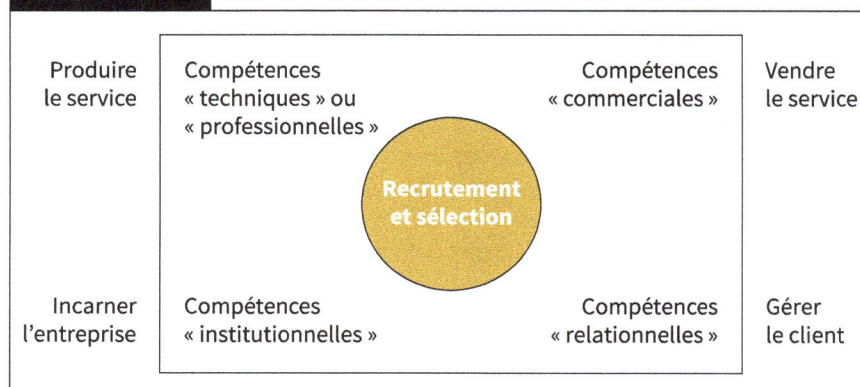

Produire le service	Compétences « techniques » ou « professionnelles »	Compétences « commerciales »	Vendre le service
	Recrutement et sélection		
Incarner l'entreprise	Compétences « institutionnelles »	Compétences « relationnelles »	Gérer le client

Pour sélectionner les meilleurs candidats, vous devez établir un profil des compétences requises pour chacun des postes de service à combler. La figure 9.3 présente les quatre grands types de compétences que doivent posséder, selon le type d'emploi occupé, les membres du personnel de contact.

Des compétences techniques ou professionnelles sont requises de la part des personnes qui livrent le service. Les compétences relationnelles, quant à elles, permettent au candidat de gérer la relation avec le client. On recherche ici des personnes qui ont de l'entregent, qui font de l'écoute active, qui sont empathiques, confiantes. Les compétences commerciales sont liées à la capacité du candidat à offrir et à vendre la meilleure solution pour répondre aux attentes du client.

Les employés de contact sélectionnés incarneront l'image de l'entreprise; vous devez donc prendre en considération les caractéristiques physiques (âge, sexe, taille, langues parlées, apparence générale, etc.) qui permettront au candidat de bien représenter votre entreprise.

Pour chacun des postes à combler, au sein du personnel de contact, vous devez :

1. **Établir l'importance relative de chacun des types de compétences.**

   Le préposé à l'installation d'un service de câblodistribution, par exemple, devra surtout posséder les compétences techniques pour livrer le service. On choisira des candidats qui ont un minimum de compétences relationnelles et, possiblement, des compétences commerciales pour offrir au client des services mieux adaptés à ses besoins.

2. **Établir des critères de sélection objectifs et mesurables pour chaque type de compétence recherché.**

3. **Choisir la méthode de sélection appropriée pour mesurer chacun des critères de sélection retenus.**

Examinons maintenant quelques méthodes de sélection efficaces pour choisir un employé qui sera en contact constant avec la clientèle.

La mise en situation : placez le candidat dans l'action

Cette méthode consiste à simuler une situation réelle qui pourrait se présenter dans le cadre du travail du futur employé et d'observer la réaction (réponse, gestuelle) du candidat. La mise en situation nécessite l'organisation d'un jeu de rôle dans lequel le candidat sera placé de telle sorte que l'on puisse observer ses réactions. Par exemple, le candidat pourra interagir avec un client difficile, répondre à une plainte urgente reçue par courriel ou bien préparer une présentation orale à la dernière minute. Par la suite, les enregistrements audio- vidéos permettent à 2 ou 3 évaluateurs de porter un jugement éclairé sur le candidat.

Tests de personnalité

La sélection de candidats chez qui on recherche, avant tout, de fortes compétences relationnelles, exige d'utiliser un test capable de mesurer les traits de personnalité les plus pertinents pour le type de poste à combler. Un grand cabinet comptable de Montréal sélectionne ses chargés de compte, entre autres, à partir des résultats obtenus dans le test de personnalité Jung-Myers-Briggs. Le cabinet recherche des profils de personnalité adaptés au poste convoité. On offre au client de passer le même test, sur une base volontaire. Le cabinet assigne au client le chargé de compte possédant des traits de personnalité compatibles.

Les entrevues structurées

Ces entrevues visent à mesurer la motivation réelle du candidat à travailler pour satisfaire les attentes du client. On cherche ici à identifier les candidats qui sont véritablement orientés client. En utilisant des questions directes ou des mises en situation, on tente d'identifier les compétences les plus pertinentes comme, entre autres, la capacité d'adaptation, l'écoute active, le degré d'empathie, l'appréhension face à l'imprévu, la capacité à réagir en cas d'urgence. La présence de deux intervieweurs est recommandée pour ce type d'entrevues. Il est même souhaitable que vos employés les plus performants, vos champions de service, participent à titre d'observateurs.

9.3.2 Formation initiale, formation structurée et formation continue

Il est inconcevable de donner des responsabilités à un nouvel employé sans lui avoir offert une formation complète qui lui permettra d'être performant dès sa première rencontre avec un client. Combien de fois a-t-on vu des entreprises pratiquer la formation des employés sur le tas, et ce, au détriment du client? Les entreprises reconnues pour la qualité de leur service consacrent plusieurs semaines à la formation de leurs nouveaux employés.

La **formation initiale** porte sur la culture de service et les stratégies de marketing de l'entreprise. Elle vise à donner à l'employé une vision globale de l'entreprise, de la contribution de chaque type d'employé à l'expérience-client (qui fait quoi et pourquoi). À ce stade, la nouvelle recrue doit trouver un sens à son emploi et comprendre la contribution qu'on attend de lui, par rapport aux autres. La contribution de la haute direction est primordiale pour ce type de formation. Le message doit être unique, fort et clair. Il ne faut pas hésiter à répéter le même message, à l'aide de différentes approches : allocution, journal interne, intranet, réunions, etc. Dites-vous que pour qu'un message passe bien, il doit être répété jusqu'à 7 fois!

La **formation structurée** vise à ajuster les compétences pour lesquelles l'employé a été sélectionné afin d'appliquer les processus de prestation de l'entreprise. Ainsi, la formation technique portera sur les processus de prestation en place; la formation commerciale portera sur les approches

Formation initiale

La formation initiale porte sur la culture de service et les stratégies de marketing de l'entreprise.

Formation structurée

La formation structurée vise à ajuster les compétences pour lesquelles l'employé a été sélectionné afin d'appliquer les processus de prestation de l'entreprise.

de vente; la formation de type relationnelle portera sur les compétences relationnelles précises que l'employé aura à déployer dans le cadre de son travail. À l'aide de jeux de rôles (clients difficiles, urgences) et de l'analyse des réactions de l'employé, il est possible de stimuler l'écoute active et l'adoption d'expressions faciales appropriées dans des circonstances précises. Par exemple, une entreprise de services funéraires offre une séance de formation sur la façon de parler au téléphone à un client qui pleure, suite au décès très récent d'un proche.

Formation continue

La formation continue a pour objectif de former, sur une base régulière, le nouvel employé, pour corriger les attitudes ou les comportements observé qui ne sont pas conformes à ce que l'on attend de lui.

La **formation continue** a pour objectif de former, sur une base régulière, le nouvel employé, pour corriger les attitudes ou les comportements observés qui ne sont pas conformes à ce que l'on attend de lui. Il est donc nécessaire d'implanter des méthodes (ex. suivi par un superviseur, écoute téléphonique, caméra ou micro au point de service) qui permettront de détecter les lacunes. Évidemment, on informe l'employé du bien fondé de ces méthodes de contrôle. La fréquence de ce genre de formation dépend du type de lacunes à corriger; les nouveaux employés devront être suivis de façon plus régulière.

Les meilleures pratiques de gestion

À l'Auberge Le Baluchon, de Saint-Paulin, réputée pour son service à la clientèle, on est convaincu que ce sont les employés heureux qui rendent les clients satisfaits. La direction a donc mis en place une structure qui favorise rien de moins que le bonheur du personnel. Le comité de bonne entente a élaboré un manuel de l'employé qui présente les valeurs de l'entreprise, les comportements attendus des employés, les processus d'embauche et d'intégration, les conditions de travail, les salaires. « Le comité révise actuellement ce manuel afin de refléter les nouvelles réalités. Les employés sont invités à donner leurs commentaires. On veut rendre nos employés plus heureux... Le problème de main-d'œuvre est criant dans notre industrie. Il faut s'assurer de garder nos employés », dit Patricia Brouard, directrice des ventes et du marketing.

Source : Les Affaires, le samedi 10 novembre 2007. P. A19.

9.3.3 Mobilisation

Suite à la période de formation initiale et de formation structurée, le nouvel employé est très enthousiaste, souvent survolté et très motivé à servir le client. Ici, le défi (en c'en est tout un!) consiste à ce que l'employé garde le même degré de mobilisation, jour après jour, semaine après semaine, année après année. Si aucune pratique de gestion des ressources humaines n'est mise en place à cet égard, le degré de mobilisation diminue de semaine en semaine. L'employé perd son enthousiasme des premiers jours et devient passif, en attendant de trouver un autre emploi. Un employé démobilisé nuit à la relation avec le client et nuit à ses collègues. Le taux de roulement du personnel de contact observé au cours des dernières années, particulièrement dans le secteur du commerce de détail, est dû, à mon avis, à la faiblesse des pratiques de sélection, de formation et de mobilisation des employés.

Pour mobiliser votre personnel de contact, vous devez :

**Donner l'autorité nécessaire à l'employé
pour atteindre ses objectifs de performance.**

Quand on donne de la latitude à l'employé, celui-ci utilise son jugement dans des situations particulières. Il sent qu'il maîtrise la situation et qu'on lui fait confiance.

**Fournir à l'employé les connaissances et
les équipements nécessaires dans le cadre de son emploi.**

Les employés apprécient que la formation structurée et la formation continue leur permettent d'exceller face aux clients afin de ne pas être pris au dépourvu. On doit leur fournir les équipement (ex. ordinateur portable, base de données, logiciels, intranet) de telle sorte qu'ils puissent eux-mêmes trouver l'information qu'ils recherchent pour répondre adéquatement aux demandes du client.

Améliorer, de façon régulière, les compétences de vos employés.

Vous avez choisi vos employés selon un profil basé sur quatre types de compétences (voir 9.3.1). Vous devez, en formation continue, pour chaque employé, cibler les compétences (techniques, relationnelles, commerciales ou institutionnelles) qui peuvent être améliorées.

**En tout temps, tenir vos employés informés des nouvelles
orientations de l'entreprise, des conditions du marché, des
actions des compétiteurs.**

Il faut informer particulièrement le personnel de contact des attentes et du degré de satisfaction de la clientèle.

Récompenser et reconnaître les employés performants.

La rémunération et les programmes de reconnaissance ont un impact majeur sur le degré de mobilisation. Ces pratiques seront vues dans les deux sections suivantes.

9.3.4 Rémunération

La rémunération inclut non seulement les aspects financiers (ex. salaire, commissions, prime, etc.) mais également tous les services offerts à l'employé dans le cadre de son emploi. Sur le plan monétaire, le salaire annuel doit être compétitif, sans nécessairement être tout en haut des échelles de salaire de l'industrie. L'entreprise se garde ainsi une marge de manœuvre pour récompenser les équipes et les employés performants et assumer le coût des services aux employés. La rémunération individuelle ne doit pas se faire au détriment de l'esprit d'équipe. Au contraire, il est tout à fait indiqué d'instaurer une forme de rémunération d'équipe de travail, basée sur le degré de satisfaction de la clientèle et sur l'atteinte d'objectifs de performance par l'équipe. Le système de primes individuelles et de primes d'équipes doit être présenté en début d'année; il doit être clair, transparent, facile à mettre en application et équitable pour tous. Le système doit favoriser la collaboration entre les membres de l'équipe : tous pour un et un pour tous! À l'inverse, un système de primes ne visant qu'un seul ou deux employés performants nuit à l'esprit d'équipe; il crée un climat de compétition plutôt qu'un climat de collaboration.

Rémunérer les employés performants à la hauteur de leur contribution n'est cependant pas suffisant : les employés non performants nuisent à l'esprit d'équipe et démoralisent les autres, tout en étant rémunérés selon le même salaire de base. Le système d'évaluation du rendement individuel doit détecter rapidement ces personnes afin de les ramener en séance de formation et évaluer les causes de leur démobilisation.

Les services offerts aux employés, dans le cadre de leurs tâches, sont perçus comme une forme de rémunération non monétaire et sont très appréciés. Nous avons recueilli quelques exemples de services offerts gracieusement par les entreprises faisant partie du TOP 50 des meilleurs employeurs canadiens (2014) : service de garderie, salle d'exercice physique, service de nettoyage de vêtements, soins corporels (ex. massothérapie), santé, stationnement sécurisé sans frais, service de navette.

La rémunération hebdomadaire ou bimensuelle (fixe, à commission ou au rendement) peut avoir une incidence marquée sur la qualité du service. Le salaire fixe, sans aucun incitatif financier, produira chez l'employé un rendement acceptable, sans toutefois l'encourager à se surpasser. Un salaire trop faible n'incitera pas l'employé à améliorer ses compétences au sein de l'entreprise. La rémunération à la commission est souvent contre-indiquée. L'employé cible la vente de produits ou services à prix élevés plutôt que d'offrir ce qui répond vraiment aux besoins du client. De la même façon, un employé aura l'impression de perdre son temps et son argent avec un client indécis, peu expérimenté, qui cherche plutôt à s'informer qu'à acheter. Et pourtant, cette personne peut revenir et devenir un très bon client!

Contrairement à ses compétiteurs, Best Buy, leader nord-américain de la vente au détail de produits électroniques et d'électroménagers, utilise la rémunération fixe, sans commission, depuis sa création en 1989. Cette entreprise possède cependant un programme de primes au rendement, lié à des objectifs de vente et de satisfaction de la clientèle. De plus en plus d'entreprises conçoivent un système de partage des profits avec les employés de contact et non seulement avec les cadres.

La rémunération au rendement prévoit, le plus souvent, un salaire accompagné d'un ou plusieurs indicateurs de performance. Ces indicateurs peuvent cependant nuire à la qualité du service offert au client. Dans un centre d'information touristique, par exemple, le nombre de clients reçus par heure est balisé. Il incite l'employé à servir le client rapidement, indépendamment des besoins en information de ce dernier. Il en est de même chez un fournisseur de services Internet qui balise le nombre d'installations à domicile par journée de 8 heures. Bien qu'au point de vue opérationnel, ces indicateurs de performance puissent être utiles, il faut tenir compte des particularités de chaque employé, de chaque client et des conditions dans lesquelles le service est rendu.

9.3.5 Reconnaissance

Tout être humain, à différents degrés, a besoin d'être apprécié par les personnes qui l'entourent. Ceci est encore plus vrai dans le contexte d'un emploi dans lequel on interagit constamment avec des clients. La tâche est très variée, souvent imprévisible, parfois ingrate. Cette situation est souvent due à des facteurs hors du contrôle de l'employé : une offre de service à faible valeur ajoutée, des processus de prestation mal conçus, une erreur de la part du personnel de support, des points de services mal pensés. Il faut donc prévoir les formes de reconnaissance adaptées à ce type de personnel.

La rémunération monétaire ne constitue pas une forme de reconnaissance; souvent, la rémunération fixe, par exemple, assure la présence de l'employé, mais pas sa performance.

La reconnaissance du travail bien accompli doit, avant tout, reposer sur des indicateurs de performances objectifs, réalistes, atteignables et mesurables. Ces critères font partie d'un système d'évaluation du rendement.

Voici quelques exemples d'indicateurs périodiques de performance pertinents dans le contexte de la gestion du personnel de contact :

1. Mesures de satisfaction de la clientèle

2. Nombre et valeur des transactions

3. Profitabilité (marge brute) par client

4. Nombre et valeur potentielle de nouveaux clients

5. Taux de rétention de la clientèle (client par client)

Un programme de reconnaissance établit des indicateurs de performance pour chaque membre du personnel de contact, fixe la période d'évaluation (trimestrielle, annuelle) et produit un rapport formel communiqué à l'employé par la personne en autorité. La reconnaissance informelle (souligner un bon coup de l'employé, une idée géniale, une initiative ingénieuse pour dépanner un client) a beaucoup plus d'impact qu'on le pense. Il s'agit d'un renforcement régulier, positif et très mobilisateur.

Trop souvent voit-on des superviseurs ne revenir sur le travail de l'employé que lorsque celui-ci commet une erreur. La reconnaissance des pairs a aussi un impact très positif; les entreprises orientées client laissent le soin aux employés d'identifier celui ou celle qui se démarque en ce qui a trait à la qualité du service.

9.4 Le climat de service

Une direction d'entreprise véritablement orientée vers la satisfaction de ses clients internes et externes, la présence d'un leader de service ainsi qu'un climat de service favorable constituent les ingrédients essentiels pour maximiser l'expérience-client. La qualité du personnel est, pour plusieurs entreprises performantes, un avantage compétitif durable et surtout inimitable : tout est dans l'exécution!

Schneider, Wheeler et Cox (1992) ont créé un instrument de mesure du climat de service, i.e. les caractéristiques d'un environnement propice pour servir le client. On y retrouve toutes les pratiques des ressources humaines discutées dans ce chapitre.

Le lecteur trouvera à l'annexe du chapitre 9 le questionnaire que j'ai utilisé dans le contexte d'une étude pour un commerce de détail en produits de quincaillerie. (voir bibliographie).

Bibliographie

Albrecht K., « The Only Thing That Matters: Bringing the Power of the Customer into the Center of Your Business », Harper Business, 1992.

Berry L., On Great Service: A Framework for Action, Free Press 1995.

Clemmer J., McNeil A. The VIP Strategy: Leadership Skills for Exceptional Performance, Toronto, Key Porter Books, 1990.

Fabien, Louis. « Comportements et attitudes du personnel de contact avec la clientèle : effets des pratiques de GRH sur le climat de service » dans Cahier de recherche HEC, no. 02-05, septembre 2002, 19 pages

Hewitt Associates. www.hewitt.com/employeursdechoixaucanada, Les 50 employeurs de choix 2014.

Lovelock, Christopher; Wirtz, Jochen, Services Marketing: People, Technology, Strategy. Pearson Prentice Hall. 2004.

Paquin B., Turgeon N. Entreprises de services : une approche client gagnante. Les Éditions Transcontinentales, 1998.427 pages.

Schneider, Benjamin. Wheeler, Jill K. et Cox, Jonathan, F. (1992) « A passion for service: Using Content Analysis to Explicate Services Climate Themes ». Journal of Applied Psychology, Vol. 77, No 5, pp. 705-716

Audit de services

Partie 9 – Gérer le personnel au service du client

1. Identifier et documenter les pratiques de gestion du personnel de contact suivantes pour chacun des types de postes s'il y a lieu :

    – Recrutement;

    – Sélection (type de compétence recherchée);

    – Formation;

    – Mobilisation;

    – Rémunération;

    – Reconnaissance.

2. Évaluer la culture de service présente dans votre entreprise. Indentifier trois indicateurs qui vous permettent d'évaluer la culture de service.

3. Faire un schéma des interactions entre le personnel de contact et le personnel de soutien. (Voir organigramme.)

4. Suggestion

   ☐ Que recommanderiez-vous pour améliorer l'efficacité et l'efficience des relations fournisseurs internes – clients internes?

   ☐ Que recommanderiez-vous pour améliorer la culture d'entreprise à court et moyen terme?

   ☐ Que recommanderiez-vous pour améliorer les pratiques de gestion du personnel à court et moyen terme?

Schéma des interactions entre le personnel de contact et le personnel de soutien de l'entreprise Première Moisson

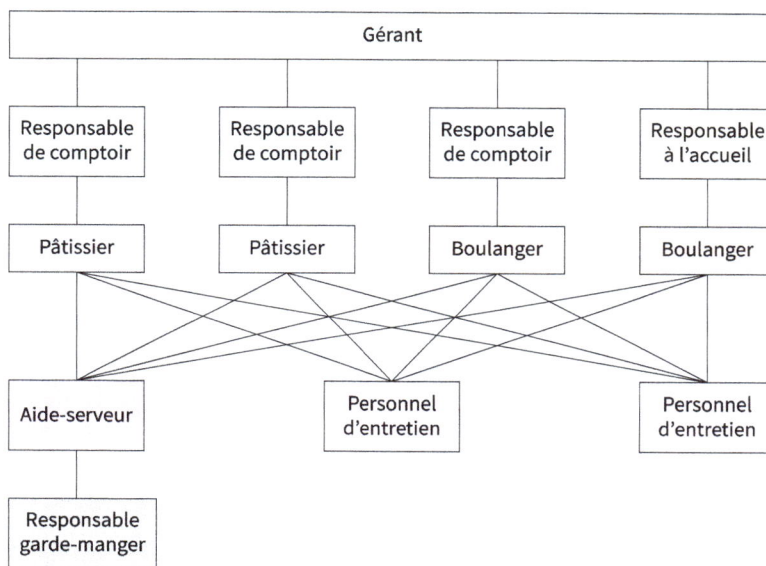

Méthodologie

Organiser un entretien avec le gestionnaire de votre point de service (validez les informations obtenues à l'aide de deux entretiens avec le personnel de contact).

Annexe | Mesure du climat de service

Section 1

Qualité du service à la clientèle

De quel département faites-vous partie?

☐ Bois et matériaux   ☐ Menuiserie

☐ Couvre-plancher   ☐ Peinture

☐ Cuisine   ☐ Pépinière

☐ Décoration   ☐ Plombeire

☐ Électricité   ☐ Quincallerie et outillage

☐ Luminaires   ☐ Saisonnier

Veuillez indiquer jusqu'à quel point vous êtes d'accord avec les affirmations suivantes.

Légende			
1 Tout à fait d'accord		**4** Plutôt en désaccord	
2 Plutôt d'accord		**5** Tout à fait en désaccord	
3 Plus ou moins d'accord		**N/A** Ne sait pas ou ne s'applique pas	

1   La direction du magasin cherche à améliorer la qualité du travail et des services dans mon département.   1   2   3   4   5   N/A

2   La direction du magasin sait reconnaître et apprécier un service de haute qualité dans mon département.   1   2   3   4   5   N/A

3   La direction du magasin cherche à réduire les obstacles qui nuisent à notre travail et nous empêchent de livrer un excellent service dans mon département.   1   2   3   4   5   N/A

4   La direction du magasin cherche à réduire les obstacles qui nuisent à notre travail et nous empêche de livrer un excellent service dans mon département.   1   2   3   4   5   N/A

5   En ce qui concerne mon département, on fait un bon travail pour garder les clients au courant des produits et services qui leur sont offerts.   1   2   3   4   5   N/A

6   Dans mon département, un service de haute qualité est considéré comme la meilleure façon de conserver un client.   1   2   3   4   5   N/A

7   Dans mon département, l'administration affecte des ressources au maintien et à l'amélioration de la qualité du service.   1   2   3   4   5   N/A

8   L'administration a un plan pour améliorer la qualité du service offert dans mon département.   1   2   3   4   5   N/A

9   Dans mon département, les politiques et les procédures en place me facilitent la tâche pour offrir un excellent service aux clients.   1   2   3   4   5   N/A

10   Dans mon département, les besoins des clients sont pris en compte lors du changement ou de l'instauration de nouveaux produits ou de nouvelles politiques.   1   2   3   4   5   N/A

11   Dans mon département, la communication écrite envoyée aux clients est bien faite et a une allure professionelle.   1   2   3   4   5   N/A

12   En ce qui concerne mon département, on fait un bon travail pour familiariser les clients avec nos produits et services.   1   2   3   4   5   N/A

13	Dans mon département, le système informatique avec lequel nous travaillons est facile à utiliser.	1	2	3	4	5	N/A
14	Dans mon département, notre système informatique nous fournit le type d'informations dont nous avons besoin.	1	2	3	4	5	N/A
15	Dans mon département, nous disposons des manuels et de ressources matérielles nécessaires pour tirer partie des systèmes informatique avec lesquels nous travaillons.	1	2	3	4	5	N/A
16	Dans mon département, nous avons le bon équipement et des stocks suffisants pour bien faire notre travail.	1	2	3	4	5	N/A
17	On demande régulièrement aux clients de mon départemetn d'évaluer la qualité de notre travail et du service.	1	2	3	4	5	N/A
18	Dans mon département, nous sommes informés de l'évaluation de la qualité de nos services faite par les clients.	1	2	3	4	5	N/A
19	On collecte les informations relatives aux commentaires que font les clients de notre département.	1	2	3	4	5	N/A

Concernant la qualité du service que vous offre le département des achats

20	Comment évalueriez-vous l'amabilité et la serviabilité du personnel aux achats?	1	2	3	4	5	N/A
21	Comment évalueriez-vous la compétence du personnel aux achats?	1	2	3	4	5	N/A
22	Comment évalueriez-vous la rapidité du service fourni par le département des achats?	1	2	3	4	5	N/A
23	Comment évalueriez-vous la capacité du département des achats à tenir les promesses?	1	2	3	4	5	N/A
24	Comment évalueriez-vous l'habileté du personnel aux achats à résoudre des problèmes?	1	2	3	4	5	N/A
25	Comment évalueriez-vous la capacité du personnel aux achats à vous traiter comme leur client?	1	2	3	4	5	N/A

Dans l'ensemble

26	Comment évalueriez-vous les habiletés et les connaissances professionelles des associés de votre département quand il s'agit de fournir un service de qualité supérieure?	1	2	3	4	5	N/A
27	Comment évalueriez-vous les efforts faits pour mesurer et suivre la quailté du travail et du service dans votre département?	1	2	3	4	5	N/A

28	Dans votre département, comment évalueriez-vous la reconnaissance et la récompense destinées aux associés pour la livraison de services de qualité supérieure?	1	2	3	4	5	N/A
29	Comment évalueriez-vous la qualité générale des services offerts aux clients par votre département?	1	2	3	4	5	N/A
30	Comment évalueriez-vous le leadership de l'administration de _____ visant à supporter la qualité du service dans votre département?	1	2	3	4	5	N/A
31	Comment évalueriez-vous l'efficacité des efforts de communication faits par _____ à la fois envers les clients et envers les associé de votre département?	1	2	3	4	5	N/A
32	En ce qui concerne votre département, comment évalueriez-vous les outils, la technologie et les autres ressources mises à la disposition des associés afin de les assister dans leur travail et leur livraison d'excellents services?	1	2	3	4	5	N/A

Section 2

Orientation individuelle

1	Je partage les valeurs promues par _____.	1	2	3	4	5	N/A
2	J'ai à cœur l'avenir de _____.	1	2	3	4	5	N/A
3	Je suis fier de dire que je fais partie de _____.	1	2	3	4	5	N/A
4	Je songe à quitter l'entreprise.	1	2	3	4	5	N/A
5	Je suis attentif aux ouvertures de postes à l'extérieur de _____.	1	2	3	4	5	N/A
6	Je cherche à faire plus que ce qui est demandé.	1	2	3	4	5	N/A
7	Je n'hésite pas à m'impliquer lors des évènements spéciaux.	1	2	3	4	5	N/A
8	Je participe aux diverses activités sociales du magasin.	1	2	3	4	5	N/A
9	Je fais confiance aux dirigeants de _____.	1	2	3	4	5	N/A
10	Je crois que les dirigeants de _____ sont honnêtes envers les employés.	1	2	3	4	5	N/A
11	Je fais confiance à mon supérieur immédiat.	1	2	3	4	5	N/A
12	Mes standards personnels de performance sont élevés.	1	2	3	4	5	N/A
13	Je suis soucieux de bien accomplir mon travail.	1	2	3	4	5	N/A
14	Je consacre beaucoup d'efforts à bien servir la clientèle.	1	2	3	4	5	N/A
15	Je tente de trouver les produits qui répondent le mieux aux besoins des clients.	1	2	3	4	5	N/A

16	Je suis prêt à essayer de convaincre un client qui est dans l'erreur en vue de l'aider à prendre une meilleure décision.	1	2	3	4	5	N/A
17	Je tente de donner au client une idée précise de la performance qu'il peut attendre du produit qu'il s'apprête à acheter.	1	2	3	4	5	N/A
18	J'informe le client des caractéristiques du produit et de son fonctionnement.	1	2	3	4	5	N/A
19	J'accorde une attention particulière et individuelle à chaque client.	1	2	3	4	5	N/A
20	Avant de répondre à un client, je m'assure d'avoir bien compris ce qu'il cherche.	1	2	3	4	5	N/A

Section 3

La perception des pratiques de GRH

1	Mon superviseur immédiat se montre réceptif quand je lui demande de l'aide ou un conseil.	1	2	3	4	5	N/A
2	Mon superviseur immédiat prend le temps de bien m'expliquer ce qu'il attend de moi.	1	2	3	4	5	N/A
3	Mon superviseur immédiat donne l'exemple et applique lui-même ce qu'il exige de nous.	1	2	3	4	5	N/A
4	Mon superviseur immédiat discute franchement des problèmes reliés à l'exécution de mon travail dès qu'ils surviennent.	1	2	3	4	5	N/A
5	Mon superviseur immédiat prend le temps d'initer les nouveaux associés aux aires de travail et à notre équipe.	1	2	3	4	5	N/A
6	Dans l'ensemble, j'ai l'impression que mon supérieur immédiat fait du bon travail.	1	2	3	4	5	N/A
7	Mon travail est apprécié et cité en exemple lorsque j'offre un excellent service.	1	2	3	4	5	N/A
8	Des activités spéciales soulignent l'excellence dans notre travail.	1	2	3	4	5	N/A
9	Peu importe la qualité du service que nous offrons, il n'y a aucune reconnaissance de notre travail.	1	2	3	4	5	N/A
10	Lors de mon entrevue d'évaluation, mon superviseur passe en revue autant mes réussites que mes échecs.	1	2	3	4	5	N/A
11	L'évaluation de ma performance est un véritable bilan de toute l'année, et non seulement des évènements récents.	1	2	3	4	5	N/A

		1	2	3	4	5	N/A
12	Mon superviseur immédiat considère mes erreurs comme une excellente source d'apprentissage.	1	2	3	4	5	N/A
13	Mon superviseur immédiat m'aide à planifier mon développement et l'avancement de ma carrière.	1	2	3	4	5	N/A
14	Lors de l'évaluation de mon travail, mon superviseur se concentre sur des faits et des observations concrètes.	1	2	3	4	5	N/A
15	Lors de mon entrevue d'évaluation, mon superviseur fait ressortir les écarts entre ce qu'il attend de moi et ma performance actuelle sans chercher à me blâmer.	1	2	3	4	5	N/A
16	Les critères qui servent à m'évaluer reflètent bien ma performance au travail.	1	2	3	4	5	N/A
17	Dans mon département, les associés sont consultés lorsque vient le temps de prendre une décision qui les concerne.	1	2	3	4	5	N/A
18	Dans mon département, les associés sont tenus au courant de ce qui se passe chez _____.	1	2	3	4	5	N/A
19	Dans mon département, les associés possèdent les (ou ont accès aux) informations relatives aux produits et politiques de l'entreprise dont ils ont besoin pour bien faire leur travail.	1	2	3	4	5	N/A
20	La formation que je reçois correspond bien à mes besoins de développement.	1	2	3	4	5	N/A
21	Je me sens capable de répondre aux besoins des clients.	1	2	3	4	5	N/A
22	Dans mon département, les nouveaux associés reçoivent une formation adéquate avant de commencer à travailler avec nous.	1	2	3	4	5	N/A
23	Les gens de mon département reçoivent la formation dont ils ont besoin pour pouvoir s'occuper des nouveaux produits et services.	1	2	3	4	5	N/A
24	Dans mon département, il y a un nombre suffisant d'associés pour fournir un excellent service à la clientèle.	1	2	3	4	5	N/A
25	Dans mon département, les nouveaux employés possèdent les qualités nécessaires pour fournir un excellent service à la clientèle.	1	2	3	4	5	N/A
26	Dans mon département, la façon dont on accueille les nouveaux associés facilite leur intégration à notre groupe.	1	2	3	4	5	N/A
27	Dans mon département, les associés sont au courant des oppotunités de carrière qui s'ouvrent dans l'entreprise et y ont accès.	1	2	3	4	5	N/A
28	Dans mon département, les décisions relatives à l'avancement et aux promotions de carrière tiennent compte du service à la clientère offert par les associés.	1	2	3	4	5	N/A

29 _____ me fournit de l'assistance dans mon orientation de carrière et mon développement personnel.   1   2   3   4   5   N/A

30 Je recommanderais à mes amis de travailler ici.   1   2   3   4   5   N/A

31 _____ sait amener ses employés à offrir un excellent service à la clientèle.   1   2   3   4   5   N/A

Informations complémentaires

1. Quel est votre statut?

   ☐ Temps régulier

   ☐ Temps partiel

2. Quel âge avez-vous?   _____

3. Depuis combien de temps êtes-vous à l'emploi de _____?

   ☐ 0 à 3 mois

   ☐ 3 à 12 mois

   ☐ 1 à 2 ans

   ☐ 2 à 5 ans

   ☐ 5 ans et plus

4. Incluant vos emplois précédents et votre emploi actuel chez _____ combien d'années d'expérience comptez-vous dans le commerce de détail?   _____

Merci de votre collaboration!

10 | Créer une ambiance de service

Introduction 196

10.1 Élaborer votre concept d'aménagement 196

10.2 Organiser un parcours convivial pour le client 197

10.3 Adapter la densité de l'espace de service 200

10.4 Créer un environnement humanisé 201

10.5 Choisir les stimuli créateurs d'ambiance 202

Bibliographie 208

Audit de services 208

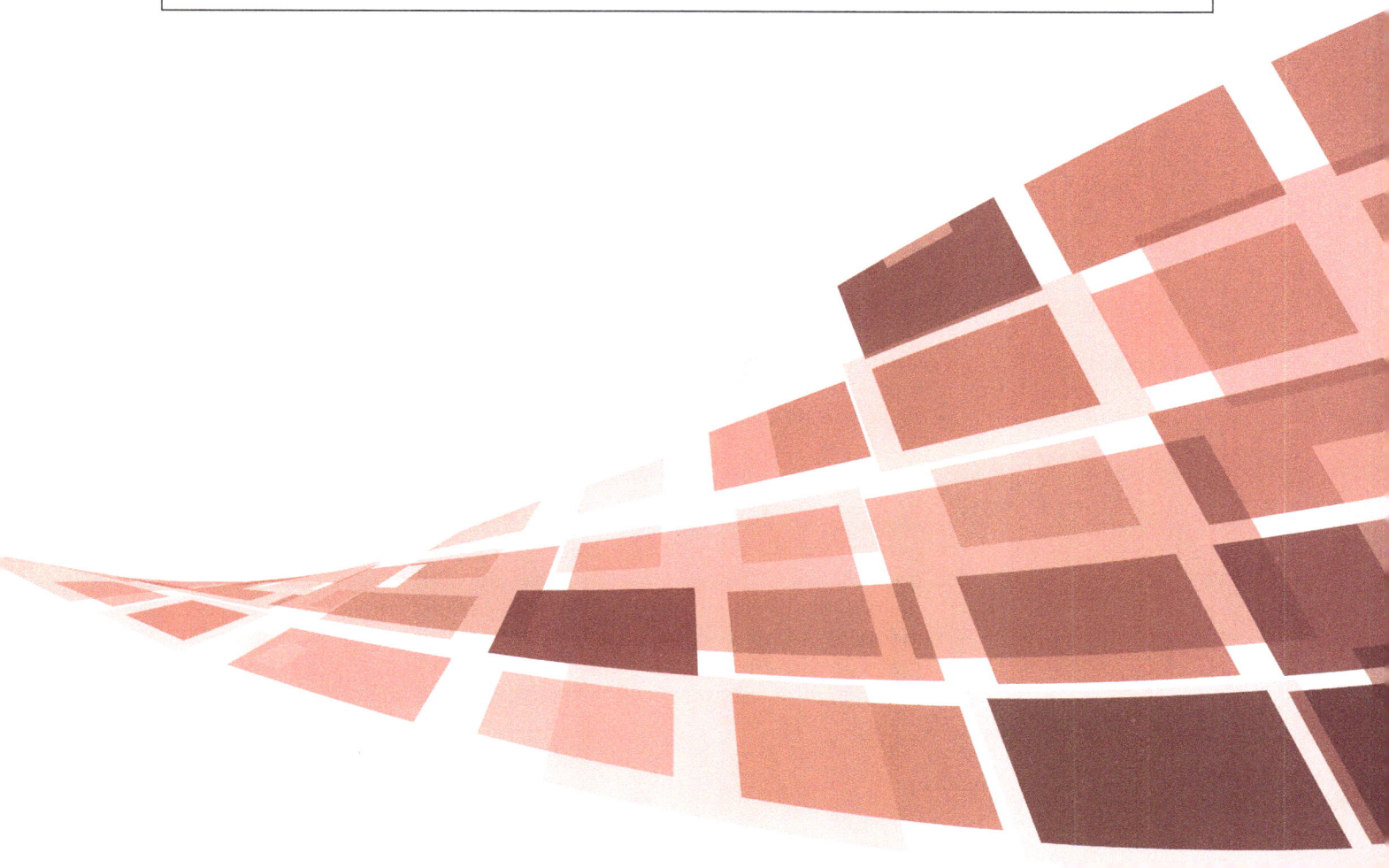

Le chapitre 10 a été rédigé en collaboration avec monsieur Michel Bouchard, président de IN LOCA, firme-conseil en merchandising et en design.

Introduction

Afin de permettre au client de saisir rapidement l'essence et la spécificité de l'expérience de service qu'il s'apprête à vivre, vous devez organiser l'espace dans lequel il sera reçu. L'ambiance de service est créée à partir des stimuli visuels, auditifs, olfactifs, tactiles et parfois gustatifs qui doivent être agencés de façon cohérente afin de communiquer au client une identité forte et une image de marque unique et mémorable. Dès son arrivée, le client perçoit l'ensemble des stimuli qui lui sont présentés; il ressent alors un sentiment de confort ou d'inconfort qui sera déterminant pour la durée et pour la qualité de l'expérience qu'il s'apprête à vivre. Au moment de la conception des espaces de service, vous devez également penser au personnel de contact qui y passe beaucoup plus de temps que vos clients. Le parcours du client à l'extérieur et à l'intérieur de votre point de service doit être organisé de telle sorte qu'il optimise le temps du client et celui du personnel de contact.

Ce chapitre propose une démarche visant à créer une ambiance de service; vous y retrouverez plusieurs éléments à prendre en considération lors de l'aménagement de votre point de service. La démarche proposée se décline en cinq (5) étapes :

Encadré 10.1 **Démarche visant à créer une ambiance de service**

1. Élaborer votre concept d'aménagement;
2. Organiser un parcours convivial pour le client;
3. Adapter la densité de l'espace de service;
4. Créer un environnement humanisé;
5. Choisir les stimuli créateurs de l'ambiance désirée.

L'ambiance de service joue un rôle important au moment de l'expérience-client; cependant, elle ne peut garantir le succès à elle seule. Une ambiance du tonnerre ne vous sera d'aucune aide sans une offre de produits ou de services adaptée aux attentes des clients, à des prix compétitifs, et un personnel de contact bien préparé à recevoir et à servir la clientèle. L'ambiance contribue à prolonger la durée de la visite du client et à faire naître chez lui un sentiment de confort, de sécurité et de bien-être. Elle contribue également au confort de vos clients internes : le personnel de contact et le personnel de support.

10.1 Élaborer votre concept d'aménagement

La toute première étape de la démarche proposée consiste à élaborer un concept d'aménagement unique, différent et mémorable. Unique quant à son originalité, très différent de celui de vos concurrents, et mémorable de telle sorte que l'expérience du client soit gravée dans sa mémoire. À cette étape, il ne faut pas craindre de sortir des sentiers battus et de remettre en question les concepts existants. Vous devez mettre à contribution des personnes créatives : toute idée nouvelle doit être considérée! Trouvez le courage de laisser tomber les anciennes bonnes idées. Projetez votre entreprise dans le futur : à quoi ressembleront vos espaces de services dans trois ans? Dans cinq ans? Vous vous éloignerez ainsi des concepts vieillots et dépassés. Parfois une idée simple et peu coûteuse peut vraiment surprendre le client. Voici quelques exemples :

Exemple 1 (mémorable) : Un magasin de vêtements pour femme dans un centre commercial, la boutique PINK, a utilisé le rose – à outrance – et en a mis partout dans son aménagement (enseignes, murs, plafond, meubles, éclairage des accessoires).

Exemple 2 (unique) : Un magasin de sport, Rousseau Sports, qui a pignon sur rue, a créé un corridor à partir de la porte d'entrée jusqu'au centre du magasin, afin que le client découvre tout le commerce d'un seul coup d'œil car cette zone d'arrivée est en plus surélevée. Wow! Quelle surprise avec, en bout d'axe, ce « terrain d'atterrissage » avec une vue panoramique sur toutes les sections du magasin.

Votre concept d'aménagement doit être cohérent avec vos stratégies de segmentation, de positionnement et de différenciation (voir chapitre 4). Quel est le profil des clients qui visiteront vos espaces de services? Quel positionnement voulez-vous donner à votre entreprise? Sur quels éléments voulez-vous vous différencier de vos concurrents? Le choix du mobilier, des couleurs, de l'éclairage, des aires de circulation et de la signalétique doit être conçu en fonction de l'image que vous désirez transmettre à vos clients, et ce, dès leur arrivée.

10.2 Organiser un parcours convivial pour le client

Les clients ont de moins en moins de temps à consacrer à leurs achats de produits et services; ils recherchent donc des lieux faciles d'accès, invitants, pratiques et confortables. La majorité des clients veulent trouver facilement leur chemin et mettre rapidement la main sur ce qu'ils recherchent. Le temps d'attente et le sentiment de chercher inutilement agissent directement sur le niveau d'insatisfaction du client. Vous devez donc planifier à l'avance le parcours que le client doit suivre pour avoir accès à chacun des services que vous offrez, avec un minimum de temps d'attente. La SAAQ, par exemple, place un employé à la porte d'entrée qui dirige les clients vers le préposé responsable du service qu'ils désirent obtenir. Une salle d'attente est à la disposition des clients, pour les services qui exigent un temps d'attente raisonnable.

La visite de votre point de service débute non pas à la porte d'entrée, mais dès l'arrivée du client dans les environs de votre entreprise, qu'il arrive à pied, en autobus, en métro ou en automobile; le parcours du client commence donc à l'extérieur de vos locaux. Une signalétique adéquate doit diriger le client de son point d'arrivée (stationnement, arrêt d'autobus, etc.) à la porte d'entrée de votre point de service. Si vous occupez un espace à l'intérieur d'un immeuble commercial, il est impératif que vous prévoyiez, avec le gestionnaire de l'immeuble, une signalisation menant de l'entrée principale à l'entrée de votre point de service. Il ne faut pas oublier de prévoir la signalisation de retour, i.e. le parcours à suivre pour retourner au point d'arrivée.

Pour les commerces qui ont pignon sur rue, la façade extérieure détermine la première impression, surtout pour un nouveau client; prenez le temps, de façon régulière, d'observer votre façade. Une peinture défraichie, un auvent déchiré, un néon brûlé ou des vitres sales font souvent mauvaise impression. Évaluez la signalétique extérieure : le nom de votre entreprise est-il lisible de loin, pour la personne qui arrive de la gauche comme pour celle qui vient de la droite? Ne craignez pas d'utiliser une enseigne de la plus grande taille permise par la législation.

En centre urbain, l'accès à pied ou en vélo deviendra de plus en plus fréquent, alors que plusieurs immeubles commerciaux donnent la priorité aux propriétaires de voitures. Prévoyez des aires de passages pour piétons et des aires de remisage sécuritaire pour les vélos.

Le parcours du client à l'intérieur de votre entreprise doit être aménagé en fonction des étapes de l'expérigramme, ce schéma d'activités séquentielles vu au chapitre 8. Le parcours intérieur du client débute à la porte d'entrée et se termine à la même porte ou à un autre accès vers une sortie. Dans ce dernier cas, comme dans les marchés d'alimentation par exemple, on veut favoriser une circulation plus fluide (et ainsi éviter les collisions). Une fois la porte d'entrée franchie, le parcours doit amener le client vers le premier point de contact (ex. préposé à l'accueil d'un restaurant, réceptionniste d'une clinique médicale, comptoir de services d'un concessionnaire automobile). Selon les étapes prévues dans l'expérigramme, des espaces d'attentes et de circulation suffisants doivent être prévus, et ce, en fonction du nombre de clients attendus dans une période de temps donnée. Afin d'éviter une congestion des espaces, il a été proposé, au chapitre 8, d'utiliser un système de rendez-vous ou de réservation.

Dans les aires de commerce de produits et de services, le parcours doit faire circuler les visiteurs à travers le plus grand nombre de sections possibles, tout en dirigeant le client pressé vers les produits ou les services qu'il recherche. Un pharmacien guidera efficacement les clients qui viennent chercher une prescription commandée par téléphone, tout en les conduisant par la suite vers d'autres produits ou services lorsque lesdits clients effectueront le parcours vers la sortie. Ikea offre à ses clients qui ont du temps devant eux de suivre un parcours long et ainsi fait qu'on peut le quitter à plusieurs occasions pour se diriger rapidement vers une autre section ou vers la sortie; une signalétique efficace dirige le visiteur pressé de la porte d'entrée vers la section désirée par le chemin le plus court. On peut ralentir le rythme de la visite et ainsi augmenter la propension des gens à acheter en utilisant différentes tactiques :

1. Aménager des allées plus larges car les clients y circulent plus lentement;
2. Aménager des sections en mini-boutique;
3. Placer des miroirs car ceux-ci ralentissent la vitesse de marche;
4. Penser à une animation (personnalisée ou électronique);
5. Organiser un présentoir avec marchandisage vertical;
6. Faire jouer une musique de fond avec un rythme lent;
7. Disposer une signalétique dynamique (numérique ou mobile) qui attire l'attention.

Pour les organisations à vocation artistique (musées, galeries, etc.), culturelle (festivals) ou récréo-touristique (parcs provinciaux, jardin botanique, stations de ski, golf, etc.), le parcours du client prend une importance cruciale. En tout temps, le client doit se sentir bien orienté et en sécurité. Ajoutons qu'au moment de prévoir le parcours, il faut aussi penser à y placer des aires de repos.

La signalétique comprend toute forme de signalisation qui a pour objet de diriger le client vers des endroits très précis du point de service. Elle peut prendre la forme de panneaux rigides suspendus ou sur pied, de banderoles, de bandes lumineuses, de bandes à textes défilant, de pictogrammes ou d'inscriptions peintes (planchers ou murs). Peu importe le type de signalisation choisi, l'emplacement est beaucoup plus important que la conception graphique. Inspirez-vous de la signalisation routière!

Une signalisation bien pensée a plusieurs avantages :

1. Elle facilite la circulation des clients et évite les engorgements;

2. Elle dirige le client peu pressé vers un plus grand nombre de sections de produits et services;

3. Elle dirige le client pressé directement vers les sections de produits ou de services qu'il recherche;

4. Elle dirige le client vers le personnel compétent pour lui fournir l'information désirée ou pour effectuer une transaction;

5. Elle dirige le client vers les services périphériques (ex. toilettes, salles d'essayage, comptoir d'échange, garderie);

6. Elle indique les comportements permis ou interdits (ex. sens des déplacements dans le stationnement, défense d'apporter des aliments, utilisation de cellulaire);

7. Elle permet, en utilisant des codes de couleurs, d'associer des produits ou des services à des espaces précis.

La signalétique ainsi qu'un aménagement convivial favorisent le concept de libre-service, ce qui est avantageux, surtout dans le contexte de pénurie de main-d'œuvre. Avec un minimum de personnel, l'aménagement permet une fluidité de la circulation des clients. Malgré les efforts déployés à optimiser le parcours des clients, il arrive fréquemment que l'on observe des problèmes de circulation (engorgement, déplacements à contresens, collisions).

On peut maintenant, à faible coût, mesurer le trafic humain à l'aide de capteurs sans fils placés à des endroits stratégiques du parcours. Une fois les observations analysées, on peut apporter des modifications au parcours en déplaçant du mobilier, des présentoirs, ou en changeant la signalisation.

10.3 Adapter la densité de l'espace de service

La question de densité est cruciale dans les commerces de détail et dans les points de services. Il faut distinguer quatre (4) types de densité :

1. Densité de produits et d'espace;
2. Densité humaine perçue;
3. Densité de temps perçu;
4. Densité d'éclairage.

10.3.1 Densité de produits et d'espace

Quand vient le temps de choisir ce niveau de densité, il faut tenir compte de l'affluence moyenne de clients qui circuleront dans la même période de temps, afin que chaque client puisse profiter à son aise de l'espace de service. Ainsi, les produits et services offerts doivent être placés de telle sorte qu'ils ne nuisent pas à la libre circulation des clients et du personnel de contact.

10.3.2 Densité humaine perçue

La présence d'un très grand nombre de clients, dans un espace donné, peut créer une situation inconfortable pour la majorité des gens. Chaque client possède une zone de confort (entre 0,5 mètre et 1,2 mètre), i.e. un espace autour de lui dans lequel personne ne doit pénétrer. Il faut donc prévoir des espaces qui permettront de préserver cette zone de confort. Dans certains points de services (ex. bars, salles de spectacles, lieux de rassemblements sportifs), les clients recherchent plutôt une densité humaine importante. Dans d'autres points de services plus intimistes (ex. clinique médicale, spas, etc.), les clients préfèrent une faible densité humaine. Pour réguler la densité humaine, les grands musées, quand ils présentent des expositions très courues, obligent les visiteurs à réserver une plage horaire de visite en avance.

10.3.3 Densité de temps perçu

Le temps passé à attendre à un point de service est directement relié au niveau de satisfaction du client. C'est même LE facteur qui joue le plus sur l'opinion que se fait le consommateur du service reçu. L'attente fait partie des facteurs de stress contemporains; il faut donc bien planifier les zones d'attente au début, au milieu et à la fin du parcours du client.

Comme il est difficile d'enrayer les temps d'attente pour diverses raisons, dont la pénurie de main-d'œuvre, il faut agir sur le temps perçu plutôt que sur le temps réellement passé dans une file d'attente.

Voici quelques conseils pour diminuer le temps perçu dans une file d'attente :

1. Créer une interaction, humaine de préférence;
2. Aviser les clients du temps d'attente à l'aide d'un cadran électronique;
3. Voir à ce que la file d'attente soit très ordonnée et sans ambiguïté;

4. Organiser des diversions (lecture, vidéo, etc.);

5. Mettre en place une zone pour les accompagnateurs adultes des clients;

6. Organiser une zone interactive pour les enfants;

7. Ne pas trop utiliser la couleur blanche sur les murs : il fait paraître le temps plus long!

10.3.4 Densité d'éclairage

Les deux principales catégories d'éclairage sont l'éclairage naturel, provenant de l'extérieur du bâtiment, et l'éclairage artificiel. L'éclairage naturel aide à faire diminuer la perception de densité en général. La lumière provenant du nord fait ressortir les couleurs de façon impeccable. Les magasins éclairés par la lumière naturelle donnent l'impression d'être plus vastes et plus propres. Cela est particulièrement important pour les clients âgés. Sachez que plusieurs clients sont prêts à parcourir une plus grande distance pour faire leurs achats dans un point de service éclairé par la lumière naturelle!

Si vous optez pour un éclairage artificiel, il devra imiter la lumière naturelle et être très écologique; la technologie LED (Light Emitting Diodes) est un bon exemple d'éclairage écologique.

La luminosité agit sur la perception qu'ont les clients du point de service. Un espace très bien éclairé donne l'impression d'être plus vaste et plus propre. Un éclairage tamisé convient aux points de services plus intimistes; la restauration utilise généralement ce type d'éclairage. Dans ce genre de lieu, on voit de plus en plus un éclairage vif et direct des tables, ce qui contribue à faire ressortir la couleur des aliments. Les récents concepts d'aménagement favorisent l'éclairage naturel, qui donne beaucoup plus d'éclat aux couleurs tout en ayant un impact direct sur le total des ventes et les coûts en énergie. On observe également une hausse importante du rendement des employés.

10.4 Créer un environnement humanisé

Un environnement commercial dans lequel le client se sent à l'aise est directement lié à l'augmentation du temps qu'il passe au point de service et, par conséquent, à sa propension à consommer. La clientèle active cherche des espaces où le service est rapide, où il n'y a pas de perte de temps; le vieillissement de la population amènera inévitablement des clients moins pressés, qui rechercheront des expériences d'achat moins stressantes. La diminution des facultés visuelles de cette clientèle vieillissante nécessitera une adaptation de la signalisation; la perte de dextérité de cette même clientèle obligera également les concepteurs à revoir les équipements mis à la disposition des clients. Déjà, certains supermarchés offrent à leurs clients des chariots plus petits, plus légers et plus faciles à diriger.

Les hommes et les femmes, selon leur âge et leur origine ethnique, réagissent différemment aux couleurs, aux formes, à la luminosité et à la présence d'autres clients. Une bonne connaissance du profil de la clientèle permettra d'adapter vos espaces de services en conséquence. La grandeur moyenne d'un adulte est de 5 pieds 6 pouces (approximativement 1,70 mètre); l'envergure moyenne permettant de prendre en main un produit ou un document pour les hommes est de 2,1 mètres, alors qu'elle est de 2,0 mètres pour les femmes. La limite du champ de vision est de 1,1 mètre de profondeur et 2,1 mètres de largeur. La disposition des produits et autres objets tangibles doit être adaptée aux capacités physiques de la clientèle.

L'ajout de places assises (bancs, chaises, fauteuils, etc.) est fortement conseillé; cela permet au client de se reposer et ainsi d'augmenter le temps passé au point de service. Les places assises sont utiles également pour permettre aux accompagnateurs du client d'attendre en tout confort. Le client se sent ainsi moins pressé et moins stressé. Le Salon des Métiers d'art de Montréal, en ajoutant des bancs dans l'allée centrale, perpendiculaire aux allées des kiosques des exposants, a augmenté la durée moyenne des visites, favorisant ainsi la propension des clients à acheter. Un détaillant de vêtements offre à ses clients d'écouter, confortablement assis sur un divan, la musique d'un pianiste; une librairie du centre-ville offre à ses visiteurs des fauteuils confortables et une couverture de laine en hiver.

Signe du vieillissement de la population, les installations sanitaires (toilettes, salles de bains, etc.) seront de plus en plus utilisées. Combien de fois voit-on des concepts d'aménagement très réussis mais pour lesquels on a négligé la rénovation des installations sanitaires? Ces installations sont souvent mal adaptées à la clientèle vieillissante, difficilement accessible et mal entretenues. Pour les jeunes familles, une table à langer et des espaces privés pour l'allaitement seront de plus en plus recherchés.

Toutefois, il ne faut pas négliger la clientèle plus jeune, active, à la recherche de découvertes et de sensations fortes. L'implantation de hautes technologies (écrans interactifs, jeux vidéo, etc.) attire une clientèle plus jeune : la clientèle du futur!

10.5 Choisir les stimuli créateurs d'ambiance

L'être humain possède cinq sens : la vue, l'ouïe, l'odorat, le toucher et le goût. Dans un environnement commercial, chacun des sens du client peut être sollicité par des stimuli placés de façon harmonieuse. C'est donc une combinaison de stimuli qui créera l'effet désiré, plutôt qu'un type de stimuli en particulier (ex. la musique). On tentera, dans la mesure du possible, de créer des espaces qui stimulent deux ou trois des cinq sens. Stimuler de façon très active tous les sens du client à la fois peut avoir un effet négatif; il ne faut pas dépasser le seuil de saturation sensoriel du client.

10.5.1 Les stimuli visuels

Les stimuli visuels sont ceux qui ont le plus d'effet dans un environnement commercial. On inclut dans ce type de stimuli les couleurs, l'affichage, l'éclairage, le mobilier, la finition des murs, du plancher et du plafond, la tenue vestimentaire du personnel de contact et les véhicules de transport.

La couleur, omniprésente dans nos vies, a un impact sur l'état d'esprit et constitue un des plus importants stimuli visuels. L'impact de la couleur est lié à chacune des trois dimensions suivantes : la teinte, la valeur et la chromie.

- La teinte est le nom de la couleur, son pigment – violet, bleu, rouge.

- La valeur est une indication de la clarté ou de l'opacité de la couleur, sur une échelle qui s'étend du blanc au noir.

- La chromie représente le taux de pigmentation, et indique si la couleur est plutôt terne (faible chromie) ou plutôt riche (forte chromie).

Les couleurs peuvent être considérées comme appartenant à l'une des deux grandes catégories suivantes : les couleurs froides ou les couleurs chaudes. Les couleurs froides, telles que le bleu, sont apaisantes, tandis que les couleurs chaudes, comme l'orange, créent un sentiment d'exaltation. On peut donc doser le niveau de chaleur que l'on désire insuffler à un environnement, tout en gardant en tête que les couleurs chaudes favorisent la prise de décision rapide alors que les couleurs froides devraient être utilisées dans un contexte de prise de décision réfléchie.

En 2007, les couleurs préférées des Canadiens étaient le bleu (42 %), le vert (16 %) et le rouge (13 %). Le blanc engendre l'anxiété, augmente la sensibilité aux bruits et favorise l'intolérance entre les membres du personnel. Le gris, couleur qui éveille l'antipathie, engendre l'indifférence. Les couleurs froides (le vert, le bleu et le violet) donnent l'impression qu'il fait froid; par contre, elles apaisent le client. Dans un espace de couleur verte, le bruit sera moins dérangeant.

Couleur	Signification
Rouge	Énergie, passion. Excite, stimule, augmente la pression sanguine.
Orange	Émotion, expressivité et chaleur. Favorise l'expression verbale des émotions.
Jaune	Optimisme, clarté et abstraction. Stimule la bonne humeur.
Vert	Nutrition, guérison et nature.
Bleu	Relaxation, sérénité, fidélité. Diminue la pression sanguine et possède des vertus calmantes et relaxantes.
Indigo	Méditation et spiritualité.
Violet	Spiritualité. Diminue le stress et favorise le calme intérieur.

Source : Lovelock, Wirtz et Lapert. Marketing des services, 5e édition, Pages 314-315, 2004

En général, les contrastes de couleurs captent l'attention beaucoup plus que l'on imagine. Les couleurs chaudes, le jaune, l'orange et le rouge, en ordre décroissant de stimulation, captent l'attention et stimulent le client, particulièrement son appétit. Elles donnent l'impression qu'il fait plus chaud; l'ocre-jaune, en particulier, stimule l'activité du cerveau. Tangerine est la couleur préférée des adolescents.

Les couleurs utilisées pour la signalisation déterminent le degré de lisibilité. En ordre décroissant de lisibilité, on retrouve :

1.	Noir sur jaune	7.	Bleu sur jaune
2.	Jaune sur noir	8.	Bleu sur blanc
3.	Vert sur blanc	9.	Blanc sur noir
4.	Rouge sur blanc	10.	Vert sur jaune
5.	Noir sur blanc	11.	Noir sur orange
6.	Blanc sur bleu	12.	Rouge sur jaune

Source : Gaulin, Michel. Formation continue, HEC, Montréal, 2006, 128 p.

L'éclairage s'associe à la couleur pour créer l'atmosphère visuelle d'un espace. Le manque d'éclairage, ou encore un éclairage trop vif, seront incommodants pour la clientèle. Il faut aussi veiller à modifier l'éclairage selon l'heure de la journée, en laissant place à la lumière du jour dans la mesure du possible. L'éclairage peut servir de camouflage pour gommer certaines sections moins intéressantes de l'espace de service, ou encore donner une certaine chaleur à un environnement autrement froid. Finalement, en plus d'éclairer convenablement les espaces mis à la disposition du client, il importe de fournir aux employés un éclairage de qualité, leur permettant de réaliser leurs tâches dans les meilleures conditions.

Un jeu d'éclairage indirect, de type théâtral, permet de mettre en valeur les produits et les espaces de services qui deviennent, en quelque sorte, des objets d'exposition. Si on ne bénéficie pas d'un éclairage naturel, on peut tamiser la lumière, ce qui permet de changer l'atmosphère d'un point de service, selon le moment de la journée et le degré d'ensoleillement. Ainsi, les restaurants Piazzetta font varier l'intensité de l'éclairage plusieurs fois par jour.

Le mobilier (présentoirs, fauteuils, comptoirs, etc.) et les technologies de services (écran tactile, serveur automatisé, etc.) comptent parmi les stimuli les plus visibles. Outre leur apparence, qui doit être compatible avec le niveau de qualité des produits et services offerts, vous devez évaluer également leur fonctionnalité, i.e. leur contribution à faire de la visite du client une expérience mémorable. Dans certaines institutions financières, les clients sont invités à discuter avec leur conseiller autour d'une table basse plutôt qu'à s'asseoir de part et d'autre du bureau dudit employé. L'entretien quotidien du mobilier et des technologies de service est primordial : pensez aux nombres de clients qui s'assoient dans vos fauteuils ou qui utilisent le clavier de l'ordinateur mis à leur disposition.

La finition des murs, des plafonds et des planchers ne doit surtout pas être négligée. Bien que les murs soient occupés par des présentoirs de produits, on favorise la présence d'espaces verticaux dénudés afin de donner du relief aux présentoirs. Le mur du fond, souvent inexploité, peut être repensé afin d'en faire une zone attrayante. Un restaurant, voulant faire ressortir la propreté des lieux, n'a pas hésité à placer une vitre qui permet au client de constater par lui-même la propreté de la cuisine. Le plafond, par sa hauteur, son type de finition et un éclairage approprié, constitue l'élément structural qui donne le plus de caractère à un espace commercial. Le choix des matériaux du plancher aura un impact sur son apparence et sa durabilité à long terme. Trop souvent avons-nous vu des planchers trop foncés et usés, qui laissent une mauvaise impression en plus de dévaluer la qualité des produits et services offerts.

La tenue vestimentaire du personnel de contact joue sur la perception du client quant à la qualité du service reçu. Il y a deux options possibles : un uniforme aux couleurs de l'entreprise ou l'imposition d'un code vestimentaire. La première option, bien que plus coûteuse, donne une image de très haute qualité en plus de rendre plus facile l'identification des employés de contact par les clients. L'harmonie du style et des couleurs des vêtements doit être compatible avec l'image de marque que vous désirez transmettre à vos clients. Une clinique médicale n'a pas hésité à faire appel aux services d'une designer québécoise pour revoir l'uniforme de travail de son personnel. Cela a eu un impact très important sur la mobilisation du personnel.

La direction du Jardin botanique et du Biodôme de Montréal, constatant qu'il était important pour les visiteurs de parler directement au personnel, a opté pour un uniforme de travail. Autrement, le code vestimentaire consiste à suggérer et proscrire certains types de vêtements, comme le blue-jeans. De plus, dans le cas de jeunes employés (les 16 ans à 24 ans), des consignes sont fournies quant à la couleur des cheveux, le port de bijoux et de parfum. Pour permettre aux clients d'identifier facilement le personnel qui ne porte pas d'uniforme, le port d'une épinglette d'identification est de mise.

Les véhicules de transport (ex. camions, voitures, etc.), par leur âge, leur propreté et leur identification aux couleurs de l'entreprise, ont non seulement un effet sur vos clients, mais également sur la clientèle potentielle. Il est impératif de passer en revue vos véhicules, et ce, de façon régulière. Par souci d'excellence de son service, le transporteur de courrier UPS lave ses camions plusieurs fois par semaine.

10.5.2 Les stimuli auditifs

Parmi les stimuli auditifs, la musique peut jouer un rôle déterminant lors de la création d'une ambiance de service. Son tempo (sa vitesse), son volume et son harmonie conditionnent le comportement des clients.

Ainsi, une musique plus rapide et au volume plus élevé amènera les clients à bouger, à prendre des décisions ou à compléter un repas plus rapidement. Les gens ont donc le réflexe spontané d'ajuster leur propre rythme à celui de la musique.

Par contre, la réaction à un type de musique n'est pas identique pour tous : par exemple, les clientèles plus jeunes et plus âgées réagissent différemment à différents types de musique. La musique peut être utilisée à plusieurs fins : elle peut servir à créer une atmosphère, à distraire les consommateurs des bruits ambiants ou à modifier la perception temporelle. La répétition abusive de la même musique est irritante, et l'absence de musique peut être parfois très lourde.

La musique peut également avoir un impact sur les employés; s'ils sont consultés sur le choix de la musique, ils auront tendance à rapporter davantage les propos des clients au sujet de celle-ci, ce qui pourra mener à une amélioration de l'environnement musical. La répétition des mêmes chansons est encore plus désastreuse pour les employés que pour les clients, étant donné qu'ils passent beaucoup plus de temps dans le même environnement. Il faut plutôt utiliser un système de rotation des pièces musicales pour éviter que les employés ne se lassent de la musique et que cela ait un impact négatif sur leur performance. Les employés travaillent davantage selon le tempo de la musique; un tempo plus rapide les fera s'activer. Par contre, une musique forte et rapide pourrait distraire les employés qui doivent se concentrer sur une tâche précise.

Il peut arriver que certains bruits incontrôlés surviennent. Il faut bien entendu réguler le niveau de bruit, en sachant que les attentes des clients diffèrent d'un environnement de service à l'autre. Il peut, par exemple, être particulièrement important de réguler le bruit dans un bureau de dentiste (au risque de voir certains clients s'enfuir!), mais relativement moins important de le réguler dans un garage, où les clients s'attendent à entendre des bruits provenant des diverses machines.

Un dernier élément entre en ligne de compte en ce qui concerne les stimuli auditifs : la voix des employés. Ces derniers, surtout lorsqu'ils offrent des services par téléphone, doivent être capables de se faire entendre clairement, de se faire comprendre en parlant suffisamment fort, et de donner à leur voix un ton chaleureux pour inciter la clientèle à leur faire confiance. En personne, il est également important que le niveau de la voix soit adéquat, ni trop élevé, ni trop faible. Il faut aussi que le ton adopté soit approprié; par exemple, lorsque vous venez de faire l'achat de votre nouvelle voiture, le représentant peut partager votre enthousiasme et vous féliciter chaleureusement, sans pour autant verser dans l'excès.

10.5.3 Les stimuli olfactifs

Les stimuli olfactifs comportent deux types d'éléments : les odeurs contrôlées, par le biais de l'aromathérapie, et les senteurs non contrôlées. Les odeurs sont perçues, consciemment ou non, et font partie de l'ambiance générale d'un établissement plutôt que d'être reliées à un service en particulier. L'odorat est un sens primaire; l'utilisation des odeurs a un effet particulièrement puissant sur la remémoration des souvenirs ou sur la création de désirs.

L'étude de l'effet des fragrances sur les individus nous a permis de comprendre comment induire certains états par le biais d'odeurs caractéristiques. Les restaurants, les hôtels, les bars, les spas et autres lieux de détentes utilisent des équipements de contrôle des odeurs, installés dans leur système de ventilation ou de climatisation.

Fragrance	Impact psychologique
Orange	Apaise les nerfs, a un effet relaxant et calmant.
Bergamote	A un effet apaisant et calmant, aide à se détendre.
Mimosa	Aide à la relaxation, détend les gens et les calme.
Poivre noir	Aide à tempérer les émotions des individus.
Lavande	Relaxant et calmant, permet de créer un sentiment de bien-être, l'impression d'être chez soi.
Jasmin	Aide les individus à se sentir joyeux, à l'aise.
Pamplemousse	Stimulant, rafraîchissant, revivifiant, améliore la clarté et la vivacité d'esprit.
Citron	Stimulant, énergisant, aide à se sentir joyeux et régénéré.
Menthe poivrée	Augmente les degrés d'attention et d'énergie.
Eucalyptus	Stimulant, énergétique, aide à créer un équilibre et un sentiment de propreté et d'hygiène.

Source : Lovelock, Wirtz et Lapert. Marketing de services, 5e édition, 2004, pages 312-314.

10.5.4 Les stimuli tactiles

Les stimuli tactiles incluent tous les éléments que le client peut manipuler durant une prestation de service ainsi que les interactions de type « toucher » entre le personnel de contact et le client. Les éléments manipulables doivent être non seulement propres lorsque le client désire les utiliser mais également conçus de façon ergonomique. Pensons seulement aux équipements d'un centre de conditionnement physique, aux postes informatiques d'une bibliothèque ou aux salles de soins d'un centre de santé.

Quant aux interactions au cours desquelles le personnel de contact doit toucher aux clients, elles doivent être régies par l'éthique la plus stricte. Chaque geste posé par le personnel doit être soigneusement planifié et doit être expliqué au client avant son application. Un médecin ou un chiropraticien, par exemple, expliquera les différentes phases de l'examen pour éviter de rendre le patient mal à l'aise ou hésitant.

10.5.5 La température ambiante et la qualité de l'air

La température ambiante est réglée par les systèmes de chauffage et d'aération ou de climatisation de l'immeuble. Vous devez régler la température à un degré tel que les clients seront à l'aise, selon la saison et la densité de clients. Un client mal à l'aise songe davantage à quitter les lieux qu'à se faire servir. Certains types de services exigent une excellente maîtrise de la température : une salle de conditionnement physique mal aérée et mal climatisée devient rapidement un cauchemar pour ses utilisateurs. Lors de périodes de canicule, un espace de service trop climatisé fera fuir les clients légèrement vêtus. À l'inverse, en hiver, les clients gardent souvent leurs manteaux. Une température plus basse (16-18 degrés Celsius) rendra leur visite plus confortable. Le personnel de contact doit s'habiller en conséquence.

La qualité de l'air est évaluée à partir des particules en suspension et des gaz présents dans un espace de service. Une mauvaise qualité de l'air nuit à l'expérience du client, tout en diminuant la concentration du personnel. Plusieurs entreprises ont recours aux services de firmes professionnelles pour évaluer la qualité de l'air de leurs points de service.

Bibliographie

Areni Charles S. "Exploring manager's implicit theories of atmospheric music: comparing academic analysis to industry insight" in Journal of Services Marketing, vol. 17, 2003, p. 161.

Audit de services

Partie 10 – Créer une ambiance de service

Méthodologie
Utiliser l'échelle d'évaluation suivante et formuler vos recommandations dans la partie 3.

1. Évaluer et documenter.

    – Le concept d'aménagement.

    – Le parcours client (avec schéma de circulation des clients).

    – La densité de l'espace de services (5 types de densité).

    – L'approche humaniste de l'aménagement du point de service.

Exemple : Choisir les critères qui sont pertinents à votre entreprise, cocher votre évaluation, et justifier votre jugement.

Critères	Passable	Bien	Très bien	Excellent
La largeur permet à plusieurs clients de circuler en même temps.				
Les mini boutiques sont bien identifiées et mettent les services/ produits offerts en valeur.				
Des équipements de services facilitent le parcours du client (sacs, charriots...).				
Qualité des animations personnalisés (ton, durée, volume sonore, pertinence des informations...).				
Qualité des animations électroniques (ton, durée, volume sonore, pertinence des informations...).				

Légende :

Passable : nécessite un ou deux changements majeurs.
Bien : nécessite quelques changements mineurs.
Très bien : nécessite un ou deux changements mineurs.
Excellent : aucun changement nécessaire.

2. Densité de l'espace service

Critères	Passable	Bien	Très bien	Excellent
Produits et espaces En situation d'affluence, le client a l'espace nécessaire pour circuler et voir correctement le produit ou le service recherché?				
Humaine perçue La zone de confot du client est-elle préservée en tout temps?				
Temps perçu Des tactiques sont mises en place pour diminuer la densité de temps perçu.				
Éclairage Comment le point de service équilibre-t-il la lumière natuelle et la lumière artificielle? La lumière utilisée est-elle teintée? comment cela affecte-t-il la perception du lieu (agrandit, rajoute une touche de convivialité, mise en valeur de l'espace de serivce).				

Méthodologie

Deux personnes de votre équipe doivent effectuer une visite (extérieure et intérieure) de votre entreprise. Prenez des photos pour illustrer vos observations.

3. Concevoir une grille d'observation de tous les stimuli visuels, auditifs, olfactifs, tactiles et gustatifs, s'il y a lieu, qui vous semblent pertinents. Placer votre grille d'observation et les résultats obtenus en annexe de votre rapport écrit.

Exemple de grille d'observation

Voici la grille d'observation des éléments de l'environnement physique du YMCA Guy-Favreau. Elle a été conçue pour évaluer les principaux éléments qui peuvent influencer négativement ou positivement le comportement du client lors de son séjour au YMCA.

Stimuli	Éléments	Pointage (1 à 5)
Visuels	**Intérieur du YMCA**	
	☐ Aménagement général des espaces	4
	☐ Propreté des lieux	5
	☐ Accessibilité pour les personnes handicapées	5
	☐ Agencement et attrait des couleurs	2
	☐ Design et agencement des accessoires de décoration et du mobilier	2
	☐ Confort du mobilier	5
	☐ Couleurs des planchers	1,5
	☐ Esthétisme général des lieux (encombrement)	2
	☐ Ambiance générale des lieux	3,5
	☐ Éclairage	4
	☐ Signalisation à l'intention des clients	5
	☐ Autres clients : nombre, apparence et comportement	5
	☐ Personnel : nombre, apparence et comportement	4
	☐ Convivialité des lieux pour les clients	3,5
	☐ Respect de l'intimité des clients	3
	☐ Sécurité des clients	4,5
	☐ Apparence générale des comptoirs de vente au détail	4,5
	☐ Apparence du comptoir d'accueil	5
	☐ Étant et apparence des présentoirs des documents d'information	5
	Moyenne	**3,8**

Légende

1 Médiocre : nécessite plusieurs changements majeurs.

2 Passable : nécessite un ou deux changements majeurs.

3 Moyen : nécessite quelques changements mineurs.

4 Bien : nécessite un ou deux changements mineurs.

5 Excellent : aucun changement nécessaire.

Stimuli	Éléments	Pointage (1 à 5)
Visuels (suite)	**Extérieur du YMCA**	
	☐ Apparence générale du bâtiment	5
	☐ Propreté	5
	☐ Accessibilité au bâtiment	5
	☐ Signalisation à l'intention des clients	5
	☐ Accessibilité au stationnement	5
	☐ Proximité au système de transport en commun	5
	☐ Sécurité des clients	5
	☐ Convivialité pour les clients	5
	Moyenne	**5**
Auditifs	**Pour le client et le personnel**	
	☐ Qualité, choix et tempo de la musique de fond	3
	☐ Ton de voix du personnel	4,5
	☐ Insonorisation des bruits ambiants du gym	4
	☐ Bruits qui proviennent des instructeurs qui donnent des cours	2
	Moyenne	**3,4**
Olfactifs	**Pour le client et le personnel**	
	☐ Utilisation d'odeurs aromatiques (toilette)	0
	☐ Senteur contrôlée	5
	☐ Senteur non-contrôlée	5
	Moyenne	**3,33**

Stimuli	Éléments	Pointage (1 à 5)
Toucher	**Client**	
	☐ Texture du mobilier	4,5
	☐ Texture des planchers	5
	☐ Sécurité des clients (planchers, risque de contamination dans les facilités, etc)	4,5
	☐ Apparence et condition générale de l'équipement	4
	☐ Propreté de l'équipement	5
	Moyenne	**4,4**
	Personnel	
	☐ Respect du client	5
	☐ Sécurité du personnel vis à vis des clients (risques de contamination, etc)	5
	Moyenne	**5**
Ambiance	**Pour le personnel et le client**	
	☐ Contrôle de la température ambiante	5
	☐ Qualité générale de l'air	5
	☐ Contrôle de la circulation/ventilation	5
	☐ Niveau et contrôle du degré d'humidité	5
	Moyenne	**5**

4. Exemple de schématisation (Première Moisson, succursale de Côte-des-Neiges).

Concept d'aménagement intérieur

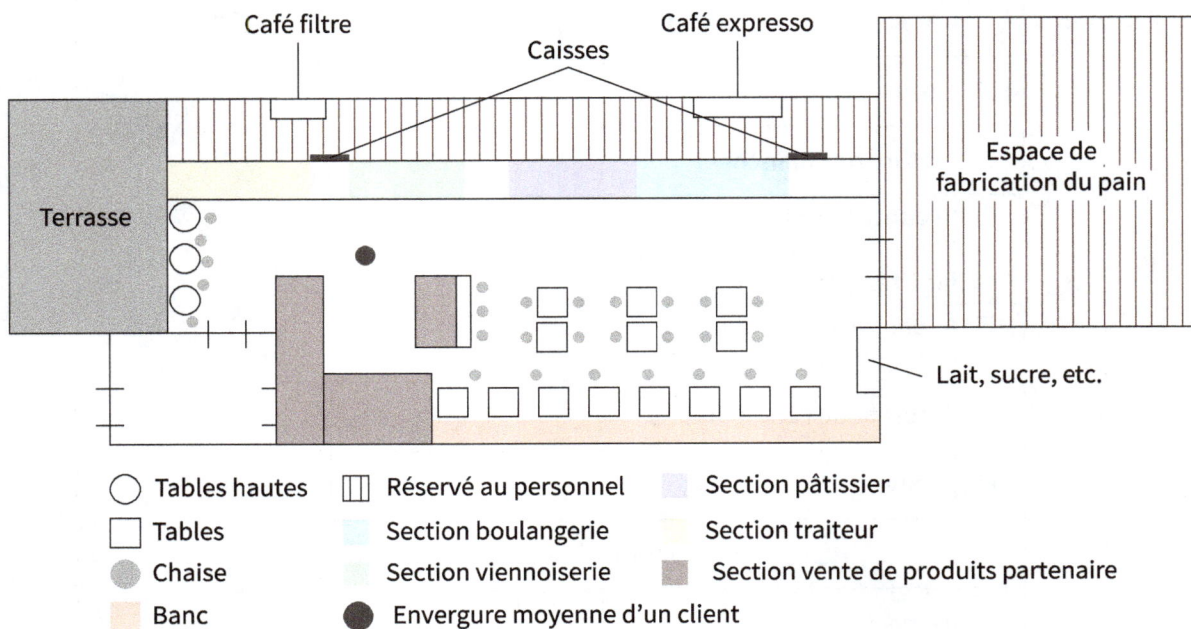

Café filtre — Caisses — Café expresso — Espace de fabrication du pain — Terrasse — Lait, sucre, etc.

○ Tables hautes ▥ Réservé au personnel — Section pâtissier
□ Tables — Section boulangerie — Section traiteur
● Chaise — Section viennoiserie — Section vente de produits partenaire
Banc ● Envergure moyenne d'un client

Parcours du café à emporter

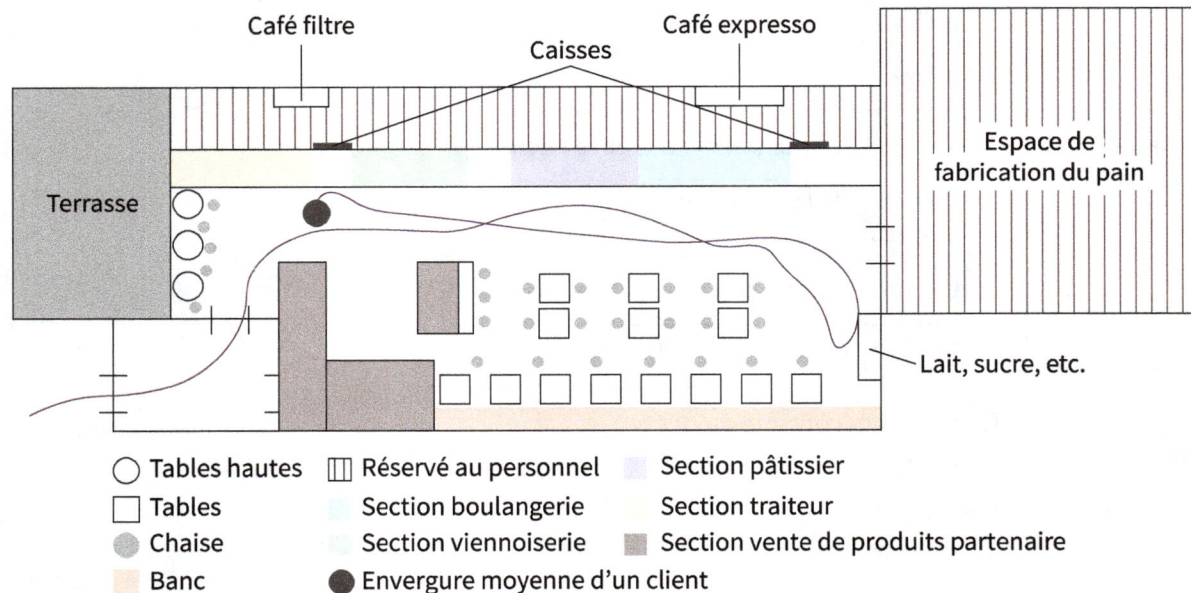

Café filtre — Caisses — Café expresso — Espace de fabrication du pain — Terrasse — Lait, sucre, etc.

○ Tables hautes ▥ Réservé au personnel — Section pâtissier
□ Tables — Section boulangerie — Section traiteur
● Chaise — Section viennoiserie — Section vente de produits partenaire
Banc ● Envergure moyenne d'un client

Champs de vision du client Première Moisson

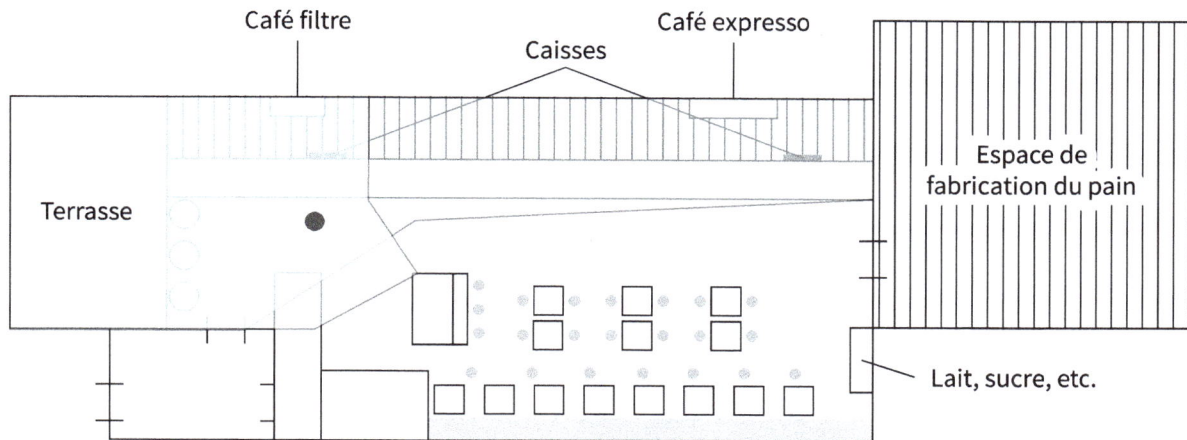

Café filtre   Caisses   Café expresso

Terrasse

Espace de fabrication du pain

Lait, sucre, etc.

- ● Envergure moyenne d'un client
- ☐ Champ de vision d'un client s'arrêtant à la première caisse
- ☐ Champ de vision d'un client s'arrêtant à la seconde caisse

Densité de l'espace de service

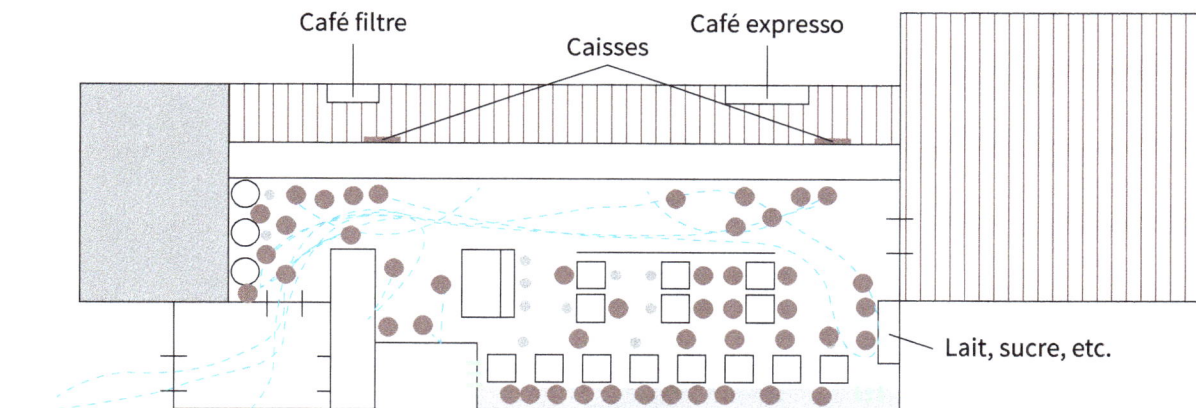

Café filtre   Caisses   Café expresso

Lait, sucre, etc.

- -- Parcours effectué
- ● Envergure moyenne d'un client
- Crochet pour suspendre ses affaires

11 | L'après-service : la gestion des échecs de service

Introduction 218

11.1 L'après-service : la fin de l'expérience-client 218

11.2 Réactions des clients suite à un échec de service 226

11.3 La vengeance du client suite à un sentiment de trahison 230

Bibliographie 233

Audit de services 233

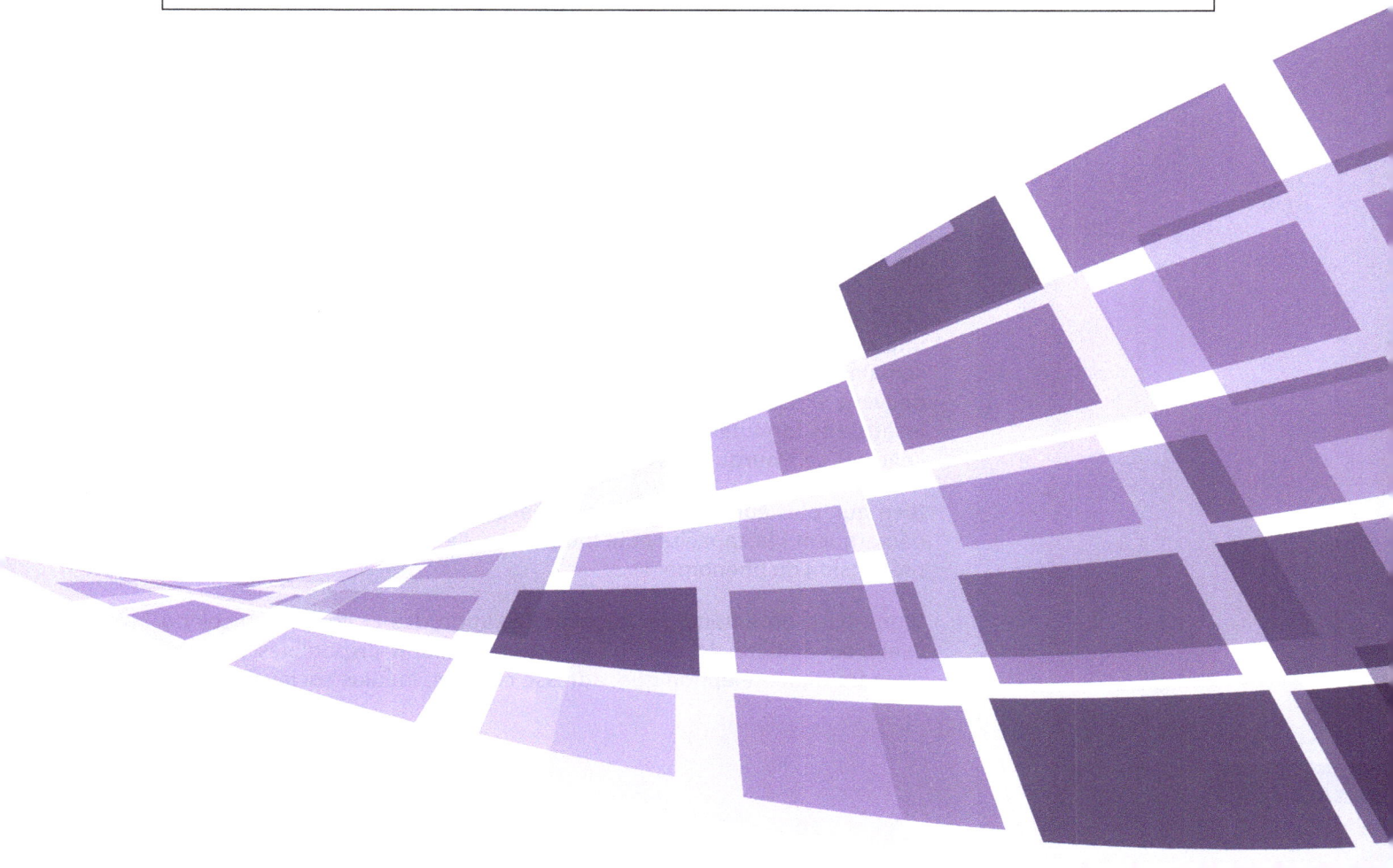

Ce chapitre reprend avec permission et de façon intégrale des sections de la note pédagogique intitulée « Échec de service et recouvrement : De la satisfaction à la vengeance », coécrite par Laurie Théberge et Yany Grégoire. Ce chapitre tel que publié dans ce livre est une sélection des écrits et des tableaux présents dans la note pédagogique. Ce travail de sélection et d'amalgame a été fait par Louis Fabien en collaboration avec Yany Grégoire.

Introduction

Après la prestation de services, il arrive parfois que l'exécution de prestations de services ne se passe pas comme elles avaient été planifiées. Compte tenu des milliers d'interactions à gérer avec la clientèle, dans une année, l'échec de service est fréquent et normal. Dans le secteur des services, le zéro défaut n'existe pas! Conscient de cette réalité, les entreprises performantes mettent en place des processus et des politiques permettant de réagir rapidement et efficacement lors d'un échec de service. Le but ultime : réparer l'erreur de service et espérer regagner la confiance du client. Le client qui subit une erreur de service s'attend à ce que l'entreprise lui offre rapidement une solution pour réparer son erreur, et, de plus, prennent en compte les inconvénients qu'il a subis. La fidélisation de la clientèle passe impérativement par une expérience de service exceptionnelle et mémorable, et par un après-service impeccable. Je passerai en revue les quatre dimensions de l'après-service, après quoi je poserai un regard critique sur la façon dont les entreprises réagissent face aux plaintes. Pour terminer, je discuterai des moyens utilisés par les clients lésés pour se venger, suite à un échec de service, suivi d'un après-service déficient.

11.1 L'après-service : la fin de l'expérience-client

11.1.1 La gestion des contacts clients

La gestion des contacts clients concerne les contacts entrants provenant des clients insatisfaits de votre prestation de service; que ce soit par téléphone, par courriel ou via le site WEB de l'entreprise, ces clients désirent communiquer leur insatisfaction, suite à une erreur de service. Vous devez mettre en place les canaux de communication dédiés à la réception des messages provenant de vos clients déçus. Les entreprises performantes mettent en place des centres de contacts client qui ont pour objet de capter toutes les plaintes ou commentaires des clients, peu importe le canal de communication choisi par le client. Les employés de ces centres de contacts clients sont maintenant des agents multicanaux, qui sont formés pour traiter les demandes expédiées via le clavardage, les courriels, le site Internet par navigation assistée, les principaux médias sociaux (Twitter, Facebook, etc.) et le téléphone.

Les sources d'erreurs sont nombreuses; un employé inexpérimenté, une panne de serveurs informatiques, un employé fatigué à la fin de la semaine, une affluence anormale de client sont autant de raisons qui peuvent expliquer une erreur de service. Environ 5 à 10 % des clients insatisfaits formulent une plainte via les canaux de communication de l'entreprise. Pourquoi les autres clients déçus ne se plaignent pas?

Bien que plusieurs raisons puissent expliquer ce choix, deux motifs se démarquent : la capacité et la motivation. La figure 11.1 facilite la compréhension du phénomène.

D'une part, on entend par capacité les aptitudes et connaissances du client en matière de canaux de communication disponibles pour se plaindre (ligne téléphonique, adresse courriel, médias sociaux), l'accès à ces canaux (accès à Internet, à un téléphone, à des ressources d'aide au client,) et finalement aux habiletés en communication de la personne (bien verbaliser ses propos, exprimer ses émotions en mots).

Figure 11.1 **Comportements du client déçu à l'égard d'une plainte**

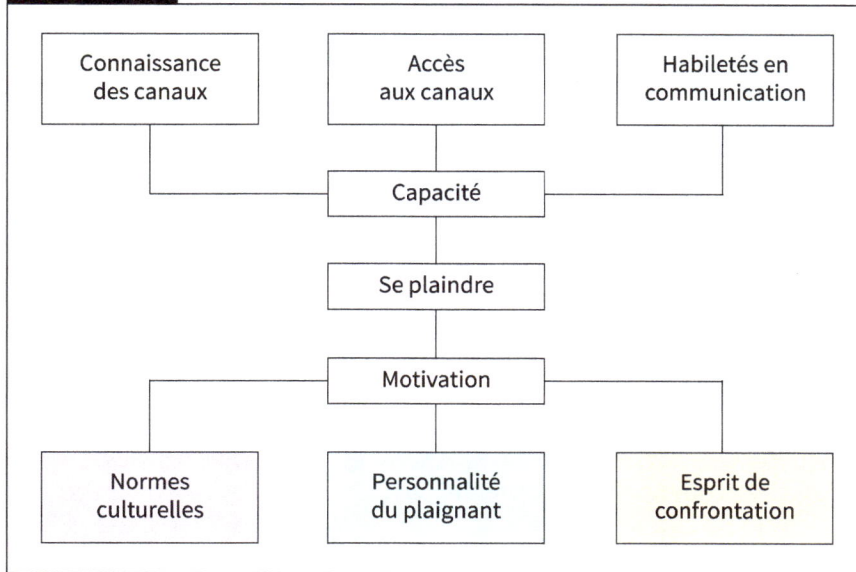

D'autre part, la motivation fait plutôt référence aux normes culturelles (certaines cultures n'acceptent pas les comportements hors norme, qui incitent à la colère et la vengeance), à la personnalité de la personne (tendance à se plaindre ou non), à l'esprit de confrontation, la sévérité de la personne ou encore la chance de succès associée à l'effort investit dans la plainte. C'est une dimension qui fait davantage référence à la probabilité d'obtenir satisfaction : est-ce que cela vaut la peine de se plaindre? Est-ce que je vais pouvoir en retirer quelque chose? Est-ce que ça en vaut les efforts?

On se rend compte que dans la plupart des cas, les clients ont la capacité de se plaindre, c'est-à-dire qu'ils ont en leur possession les outils et les compétences nécessaires pour le faire. Par contre, la motivation est souvent très faible; les clients voient la plainte davantage comme une perte de temps, ce qui les décourage à poser le geste et à plutôt opter pour le rôle du client insatisfait, mais silencieux.

Cependant, l'arrivée de nouveaux canaux de communication comme les médias sociaux (Facebook ou Twitter) ont radicalement changé la donne, rendant ainsi la plainte beaucoup plus facile et accessible. Des entreprises ont même décidé de profiter de la popularité des médias sociaux pour en faire un outil d'aide pour les clients, notamment Best Buy qui a décidé de créer un compte Twitter appelé « Twelp Force » et mettant ainsi des employés disponibles 24h sur 24 pour répondre aux questions des clients. Malgré le fait que les médias sociaux ont permis une amélioration substantielle du processus de plainte, il n'en demeure pas moins que certains problèmes tels que le manque d'éducation de certains clients, entravent l'efficacité optimale du processus. Par exemple, les gens moins éduqués se plaignent moins, principalement dû à un manque d'aptitudes avec les outils informatiques. Vous devez donc améliorer votre processus de formulation des plaintes, afin que ce soit, pour le client, une action simple et accessible. Nous aborderons, en fin de chapitre, les conséquences de laisser les clients déçus avoir recours aux média sociaux pour se venger.

Est-il rentable d'investir dans l'après-service? Des entreprises de télécommunications, de services financiers et de services d'assurances pour particuliers ont vu la proportion de clients désirant faire affaire à nouveau avec leur fournisseur passer de 13 %, lorsque le problème n'a pas été réglé, à 86 % lorsque le problème a été réglé à leur satisfaction. Les coûts de l'après-service, par rapport aux pertes financières occasionnées par la défection de clients rentables, deviennent insignifiants. Et pourtant, combien de clients quittent leur fournisseur de services lors d'un échec qui aurait pu être réglé par un après-service efficace?

11.1.2 Suivi de l'expérience client

La gestion des contacts clients est essentielle pour recevoir et traiter adéquatement les plaintes, suggestions et commentaires des clients. Il s'agit cependant d'une approche strictement réactive : attendre que le client nous contacte. Rappelez-vous : seulement 5 à 10 % des clients insatisfaits le font. Cette approche comporte plusieurs lacunes :

- Sans un système de gestion dédié aux plaintes, les contacts des clients demeurent souvent sans réponse ou sont dirigés vers des employés inaptes à recevoir et traiter la plainte;

- Le client ne sait pas toujours à qui et comment adresser sa demande. Les sites Internet et les serveurs vocaux ne donnent souvent aucune indication sur la façon de formuler une plainte, une suggestion ou un commentaire;

- Assumer qu'un client discret est un client satisfait est une erreur flagrante. Les raisons pour ne pas se plaindre ont été discutées plus tôt dans ce chapitre; alors comment allez chercher les insatisfactions des 90 % de clients qui ne s'expriment pas? En réalisant un suivi systématique des prestations de services.

Le suivi de l'expérience client est une approche proactive par laquelle l'entreprise prend en charge la responsabilité de contacter le client peu de temps après la prestation de services, afin de vérifier si tout s'est passé à la satisfaction du client. Cette approche comporte plusieurs avantages :

- En prenant l'initiative de contacter le client, celui-ci a le sentiment que vous vous préoccupez de la servir à sa satisfaction. Il a le sentiment d'être important;

- Vous pouvez détecter plus rapidement les erreurs de services, offrir au client une solution rapide et efficace, et, le cas échéant, lui offrir un dédommagement. Vous vous donnez la chance de récupérer le client déçu, afin que celui-ci vous donne une 2e chance;

- Les procédures de suivi permettent d'évaluer la performance fonctionnelle de vos services. À chaque étape de la prestation, vous pouvez obtenir des données sur le niveau de satisfaction du client à chacune des étapes de service. Par exemple, le réparateur est-il arrivé à l'heure? A-t-il pris soin de protéger le plancher? A-t-il remis un estimé écrit du coût de la réparation? Vous pouvez également évaluer la performance technique : le client est-il satisfait du résultat?

Les nouvelles technologies de services permettent maintenant d'assurer rapidement, et à peu de frais, le suivi de l'expérience client. La technologie GPS permet de localiser le véhicule de l'employé avant, pendant et après la visite chez le client. Les serveurs téléphoniques automatisés permettent de vérifier si le déroulement de la prestation de service a été à la satisfaction du client. Un courriel adressé au client qui vient de recevoir une offre de financement hypothécaire permet à une banque de vérifier si les termes du contrat, après lecture, sont à la satisfaction du client. Si un problème est survenu, un employé peut contacter le client afin de rétablir la situation. Le client appréciera le contact personnalisé; l'entreprise pourra rapidement identifier l'erreur de prestation, et y remédier.

Voici quelques pratiques récentes d'entreprises qui utilisent cette approche proactive :

- Une préposée d'un cabinet de dentiste rejoint par téléphone les patients qui ont subi une intervention nécessitant la prise de médicaments, afin de s'enquérir de leur état de santé. Pour les nouveaux clients, on peut également évaluer la satisfaction du client pour l'ensemble de l'expérience vécue chez le dentiste;

- Le Journal La Presse offre à ses clients un service automatisé d'arrêt et de reprise de la livraison lorsqu'un client s'absente pour une certaine période de temps. Le jour de la reprise du service de livraison, un serveur téléphonique automatisé appelle le client pour vérifier si la livraison a bien été effectuée;

- Vidéotron, à l'aide de la technologie GPS et des téléphones intelligents, monitore toutes les visites de ses techniciens chez le client. L'entreprise confirme 48 heures en avance la date et la période de la journée de la visite du technicien. Le client doit confirmer, au même moment, sa présence sur les lieux. Le serveur confirme, 15 minutes en avance, l'arrivée éminente du technicien. Dans les 30 minutes qui suivent le départ du technicien, le serveur téléphonique automatisé appelle le client afin de s'enquérir du déroulement de la visite. Le client répond aux questions en appuyant sur les touches de son clavier.

11.1.3 La réaction de l'entreprise suite à un échec de service

Les entreprises réagissent de façon très différente face une plainte d'un client causé par un échec de service. Deux approches s'opposent : l'approche relationnelle et l'approche financière.

Selon l'approche relationnelle, les entreprises considèrent une plainte de façon positive; lorsque celle-ci est bien formulée, il s'agit d'une chance inespérée de se rattraper. Ainsi, selon l'approche relationnelle, les entreprises encouragent les clients à se plaindre en cas d'insatisfaction, et ce, en mettant à leur disposition tous les canaux nécessaires pour le faire. Par exemple, instaurer un système de gestion des plaintes en ligne ou encore en formant le personnel pour la réception et la gestion des plaintes constituent de très bons moyens pour réparer une erreur de prestation, évitant ainsi la perte de clients fidèles et, éventuellement, la vengeance de ces derniers sur les médias sociaux. En plus de saisir une opportunité de réparer la faute, cela peut permettre à l'entreprise qui utilise cette approche de conserver leurs clients actuels et de même bâtir une relation plus forte avec leur clientèle. Paradoxalement, les clients ayant subi une erreur de service, et qui ont vu l'entreprise réagir rapidement et efficacement, sont plus satisfaits face à leur fournisseur, que les clients qui n'ont pas subi d'erreur de service! Certaines compagnies excellent dans la capacité de générer des plaintes et surtout d'en effectuer une gestion adéquate. C'est notamment le cas de la chaîne d'hôtels Sheraton qui, avec sa campagne « Something not perfect? Just Say so. », encourage les clients dont les désirs et attentes n'ont pas été totalement comblés à en aviser le personnel, qui s'engage également à rétablir la situation. La compagnie Best Buy avec son concept Twelpforce, qui consiste en un compte Twitter accessible 24h/24 pour les clients qui souhaitent poser des questions sur un produit, un service, une politique de retour, etc. Les clients qui souhaitent exprimer une insatisfaction sont encouragés à le faire via cette plate-forme. Les employés bien formés peuvent prendre rapidement la situation en charge et s'assurer de la satisfaction de la clientèle.

L'approche financière, quant à elle, voit la plainte comme une action coûteuse qui ne génère aucun profit pour l'entreprise. Ainsi, contrairement aux entreprises qui instaurent des plates-formes efficaces et faciles à utiliser pour les clients, les adeptes de l'approche financière vont plutôt opter pour des systèmes de plaintes extrêmement complexes et ardus à utiliser pour limiter le plus possible le nombre de plaintes. Par exemple, plusieurs entreprises ont récemment mis en place des systèmes téléphoniques où arriver à parler directement à quelqu'un relève du miracle, tant le processus est long et complexe. C'est également cette perspective qui explique le fait que de nombreuses entreprises ont choisi volontairement d'impartir leurs centres d'appels dans des pays éloignés tels l'Inde, le Pakistan. Bien qu'à court terme, cette décision semble tout à fait logique d'un point de vue financier, il ne faut toutefois pas se laisser impressionner par cette approche. En effet, le fait pour les clients de devoir faire affaire avec des étrangers dont la maîtrise de la langue n'est souvent pas optimale peut entraîner énormément de frustration, et ce, surtout lorsque le client est déjà insatisfait. Bien que la plupart de ces clients dit « silencieux » n'iront probablement pas jusqu'à se plaindre publiquement de leur insatisfaction, il est toutefois fort probable de les voir quitter leur fournisseur pour un concurrent dès qu'ils en auront la chance. De plus, l'image de marque risque d'être affectée de façon négative, ce qui est mauvais à tout point de vue pour l'entreprise.

Un bon exemple pour illustrer cette approche est certainement la compagnie de téléphonie Bell. En dépit du fait que la marque ait une très bonne notoriété et soit soutenue par de grandes campagnes nationales de publicité, il n'en demeure pas moins que sa popularité au pays soit en déclin, dû à de nombreuses lacunes au niveau du service. En effet, selon plusieurs, la forteresse Bell semble battre de l'aile depuis un bon moment. Que ce soit à cause d'une formation inadéquate de certains employés, de l'impartition du centre d'appel, ou encore, d'une mauvaise gestion des plaintes, Bell se retrouve actuellement dans une situation précaire en termes de qualité de relation avec sa clientèle. L'approche financière, bien qu'avantageuse au niveau des coûts à court terme, ne doit pas être privilégiée par les entreprises qui souhaitent entretenir une relation saine, à long terme, avec ses clients.

http://affaires.
lapresse.ca/
opinions/
chroniques/sophie-
cousineau/201108/
10/01-4424774-
ledeclin-de-
montreal.php

Approche relationnelle vs approche financière : laquelle choisir?

Puisque la gestion des plaintes est cruciale dans la gestion de la relation client et que le but de toute entreprise est de sans cesse améliorer la qualité de service, je conseille sans hésitation l'approche relationnelle. Ainsi, en tant que gestionnaire, vous devez encourager vos clients à se plaindre en cas d'échec de service, puisque la plainte est considérée comme un moment de vérité important qui vous permet de bâtir une relation solide et ainsi d'augmenter la rétention de vos clients. C'est donc une erreur fondamentale de voir le processus de gestion des plaintes comme un coût plutôt que comme une opportunité de sauver et renforcer la relation avec le client.

Suivant la recommandation de préconiser l'approche relationnelle dans un contexte d'échec de service, voici un processus simple en quatre étapes que vous devez suivre pour encourager les clients à se plaindre de façon adéquate :

Établir des standards de performance

Fixer un ou plusieurs standards de performance objectifs et mesurables à respecter par l'entreprise, sans quoi le client est dans le droit de se plaindre si ces derniers ne sont pas respectés. La Banque Laurentienne s'engage à retourner les appels de ses clients corporatifs dans les 2 heures suivant l'appel, à fixer un rendez-vous dans les 2 jours suivant l'appel. Site au premier rendez-vous, elle s'engage à présenter à leurs clients corporatifs une esquisse de financement dans un délai maximal de 10 jours ouvrables.

Encourager les clients à se plaindre

Donner des indications claires sur le site web pour diriger les clients au bon endroit pour effectuer une plainte. Sur le site de Best Buy, les deux icônes « retours et échanges » et « centre d'aide à la clientèle » sont mises en évidence dans la page, donnant ainsi accès à une plate-forme de plainte pour le client insatisfait.

Communiquer aux employés l'importance de la récupération de service

La récupération de service consiste à mettre en place des processus permettant de réagir rapidement et efficacement lors d'une erreur de service. Dans le manuel remis aux d'employés, le Ritz-Carlton évoque des règles à suivre très claires pour ses employés en matière de récupération de service, notamment « réagir rapidement pour corriger immédiatement le problème » ou encore « faire tout en son pouvoir pour ne jamais perdre un client ».

Utiliser un support technologique

Utilisez les réseaux sociaux ou les technologies de communication pour favoriser une gestion des plaintes efficaces. Plusieurs entreprises utilisent TweetDeck, une application logicielle de bureau qui permet de consulter et gérer un ou plusieurs comptes Twitter via une interface conviviale, permettant ainsi de gérer adéquatement ce qui se dit sur le réseau social et de répondre rapidement aux interventions des clients. Afin que votre client puisse communiquer rapidement et efficacement, vous devez mettre en place plusieurs canaux de rétroaction. Les principaux canaux sont :

1. Les lignes téléphoniques dédiées aux plaintes;

2. Le personnel de contact formé à cette fin;

3. Le site Internet, avec une adresse courriel dédiée aux plaintes;

4. La carte commentaire au point de service;

5. L'envoi postal.

11.1.4 La politique de dédommagement

Une erreur de prestation occasionne souvent des inconvénients au client. Pensons au notaire qui ne respecte pas les délais de livraison d'un document important servant à finaliser une transaction immobilière. Pensons aussi au client d'une banque qui voit tous ses paiements préautorisés bloqués lors d'une panne informatique. Ou bien le détenteur d'une carte de crédit qui se fait facturer deux fois le même achat de $2,500.00. La politique de dédommagement consiste à offrir au client une compensation pour les inconvénients subis.

Doit-on nécessairement offrir une compensation au client lésé? Le client s'attend à obtenir une compensation; celle-ci peut prendre plusieurs formes : une remise en argent, une prestation gratuite, une réduction de tarif lors d'une prestation future, ou un cadeau tangible. Peu importe la forme retenue, l'efficacité de la compensation repose plus sur la volonté de l'entreprise de reconnaître son erreur et de tout faire pour récupérer le client que sur la valeur de la compensation. Une compensation ridicule peut avoir l'effet inverse : le client d'une compagnie aérienne qui a vu son vol de retour annulé, sans avertissement, reçoit la somme de 50 $ en guise de compensation! Le client a vite changé de compagnie aérienne.

L'ampleur de la compensation doit tenir compte de plusieurs facteurs :

- La gravité de l'erreur;

- L'ampleur des conséquences pour le client;

- La valeur du client en termes de revenus annuels.

Le personnel préposé à la gestion des plaintes doit avoir en main plusieurs formes de compensation, et doit savoir utiliser son jugement pour chaque cas. En cas de doute, le personnel doit pouvoir rejoindre rapidement le superviseur.

La compensation optimale

La compensation optimale attribuée au client repose en grande partie sur le principe d'équité. Ainsi, on remarque un effet non linéaire de la compensation sur la satisfaction du client. En d'autres termes, ce n'est pas parce qu'on augmente la compensation que la satisfaction du client sera nécessairement plus élevée.

Étant donné que la compensation est le facteur clé de la satisfaction après un échec de service, il importe aux entreprises de bien en connaître les aspects spécifiques et les particularités afin de maximiser ses chances de préserver la relation avec le client. Parmi ces spécificités, mentionnons que le système de compensation suite à un échec de service peut très bien se référer au proverbe trop c'est comme pas assez! En effet, une surcompensation peut être mal perçue de la part du client.

Maintenant que l'on comprend bien le lien entre la compensation, la satisfaction et les autres composantes, revenons-en à notre question de départ, à savoir quelle est la compensation optimale à offrir à un client comme effort de récupération suite à un échec de service. Pour déterminer la compensation optimale, il faut tout d'abord savoir que la compensation complète n'est pas toujours nécessaire.

Pour déterminer la compensation optimale, il faut savoir que la compensation complète n'est pas nécessaire. Une compensation partielle démontre de la part de l'entreprise une compréhension de l'inconvénient causé et un désir réel de réparer de sa faute et de satisfaire les besoins et attentes de son client.

Afin d'évaluer le niveau de compensation nécessaire, voici les attributs sur lesquels les clients se basent pour accepter ou rejeter une compensation :

- Substitution : est-ce que le service est facilement remplaçable (ex. : on offre de remplacer un plat froid dans un restaurant par le plat de notre choix);

- Durée d'utilisation : temps estimé pour consommer le service ex. : une coupe de cheveux vs une journée au spa);

- Inconvénients perçus : à quel point les inconvénients causés par l'échec sont considérés comme insupportables par le client (ex. : pertes monétaires, physiques ou psychologiques).

Pour évaluer la compensation optimale à offrir au consommateur lésé, vous devez évaluer l'échec de service selon les trois aspects précédents. Selon une étude publiée par Katja Gelbrich et Yany Grégoire, en 2014, la compensation optimale se situerait autour de 70 à 80 % du montant total dépensé pour le service. En dessous de ce pourcentage, le client risque d'être insatisfait, en plus d'avoir le sentiment de ne pas avoir été traité de façon juste et équitable.

11.2 Réactions des clients suite à un échec de service

Lorsqu'un échec de service survient, la récupération de service constitue un grand moment de vérité pour les deux parties, l'entreprise et le client. Le phénomène d'échec de service se divise en 4 étapes principales, détaillées à la Figure 11.2.

Étape 1 : L'échec de service

Un échec de service survient lorsque le client est insatisfait du service reçu, c'est-à-dire que la livraison de ce service ne répond pas à ses attentes initiales.

Une visite au restaurant

Imaginez que vous vous rendez dans un nouveau restaurant pour la première fois et dont vous avez beaucoup entendu parler. Une fois sur place, vous vous rendez compte qu'il y a plus d'une heure d'attente pour avoir une table. Vous décidez de patienter, car vous avez vraiment envie de goûter aux nouveaux plats. Après l'attente interminable, vous finissez par vous asseoir, mais personne ne vient vous voir et les employés ne semblent pas se soucier de vous. Vous décidez que vous en avez assez et quittez le restaurant sans même avoir pris le temps de manger.

| Figure 11.2 | **Réactions des clients suite à un échec de service** |

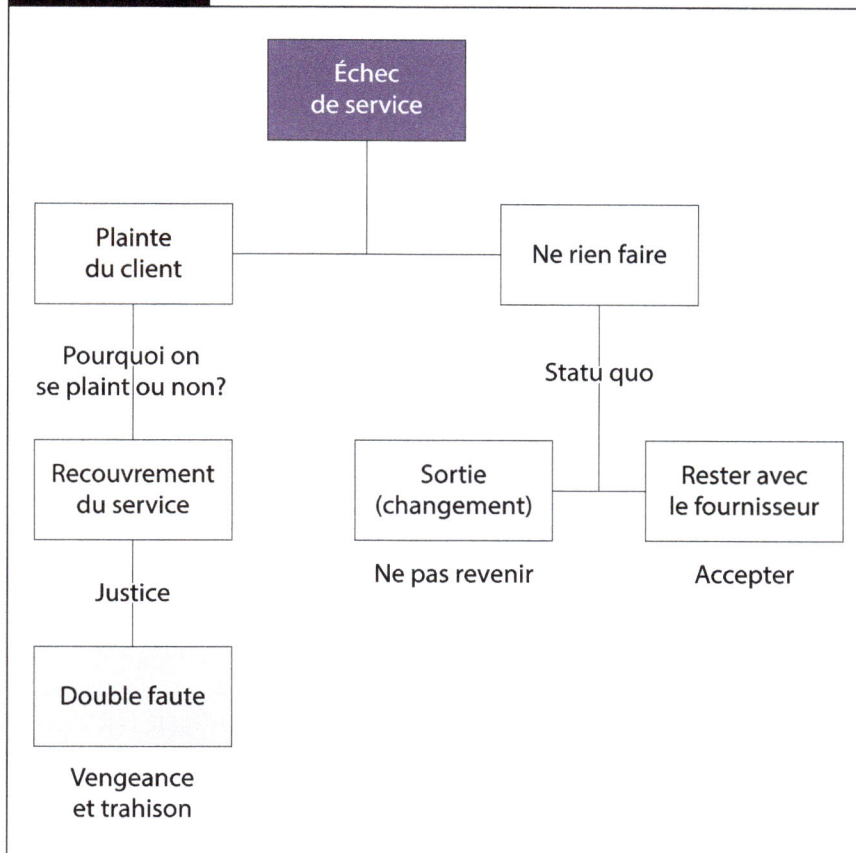

```
                        ┌──────────────┐
                        │    Échec     │
                        │  de service  │
                        └──────┬───────┘
                               │
         ┌─────────────┐       │       ┌──────────────┐
         │   Plainte   │───────┴───────│ Ne rien faire│
         │  du client  │               │              │
         └─────────────┘               └──────────────┘
               │                              │
      Pourquoi on                       Statu quo
      se plaint ou non?
               │              ┌──────────────┐   ┌──────────────┐
         ┌─────────────┐      │    Sortie    │───│  Rester avec │
         │ Recouvrement│      │ (changement) │   │ le fournisseur│
         │  du service │      └──────────────┘   └──────────────┘
         └─────────────┘
               │           Ne pas revenir        Accepter
           Justice
               │
         ┌─────────────┐
         │ Double faute│
         │             │
         └─────────────┘

           Vengeance
           et trahison
```

Étape 2 : La plainte du client

Je reprends l'exemple précédent pour illustrer cette deuxième étape. Imaginons qu'après avoir quitté le restaurant suite à un mauvais service de la part de l'entreprise, vous vous posez des questions à savoir si vous devriez effectuer une plainte pour dénoncer votre insatisfaction. Parmi vos options, vous pourriez bien sûr appeler le gérant du restaurant pour vous plaindre et demander une compensation ou encore publier un commentaire sur les réseaux sociaux auxquels vous êtes abonnés pour faire part de la situation à vos proches.

Peu importe le médium que vous choisirez pour vous exprimer, il est fort probable qu'avant d'effectuer quelque plainte que ce soit, vous vous demandiez si le fait que vous ayez quitté le restaurant prématurément est dû à votre propre seuil de tolérance ou bien si le temps d'attente avait bel et bien été trop long. Également, vous vous demanderez peut-être si les employés du restaurant auraient pu éviter une telle situation, par exemple en vous proposant une place au bar pendant l'attente ou encore en accélérant le service. Après vous être questionné sur les causes de l'échec, vous avez probablement pris une décision à savoir s'il valait la peine de vous plaindre ou non auprès du restaurant pour obtenir satisfaction.

Étape 3 : Le recouvrement de service

Lorsque le client décide de se plaindre à l'entreprise après un échec de service, voilà une belle opportunité pour l'entreprise de réparer sa faute en effectuant ce que l'on appelle un recouvrement de service. Le client lésé désire avant tout obtenir justice suite à un échec de service. Trois dimensions de la justice doivent être considérées pour offrir au client un recouvrement satisfaisant.

La justice distributive est la dimension qui met l'emphase sur l'allocation de bénéfices suite à un échec de service. Lorsque le client est insatisfait d'un service reçu, l'entreprise peut offrir une compensation en retour afin de réparer son erreur et de limiter les dégâts. Une compensation se définit comme étant un bénéfice tangible offert par l'entreprise fautive au client pour rétablir le lien de confiance. Elle peut prendre plusieurs formes : remboursement (complet ou partiel, dépendamment de la situation), une gratuité ou une réduction sur une prestation de service future.

La justice distributive repose également sur le principe d'équité. Par équité, on entend le fait d'offrir une compensation qui semble équitable pour le client dans le cadre du recouvrement de service. Par exemple, Domino Pizza s'est rendu compte que d'offrir la pizza gratuitement après un délai de livraison de 30 minutes était perçu comme une trop grande compensation pour le client. Ainsi, offrir un rabais de quelques dollars semblait plus équitable pour le client, qui était satisfait de l'effort de récupération effectué pour compenser pour le temps d'attente. La justice distributive a une influence considérable sur la satisfaction, l'intention de ré achat et le bouche-à-oreille positif de la part du client. Vous devez donc prendre cet aspect très au sérieux dans le processus de récupération de service, puisque c'est probablement la dimension qui influence le plus la satisfaction du client suite à un échec de service.

La justice procédurale se définit comme étant l'équité perçue des moyens utilisés par l'entreprise pour arriver à ses fins en matière de recouvrement de service. En d'autres mots, le client évalue, avec la justice procédurale, la facilité et la flexibilité des procédures en matière de gestion de plainte et de récupération de service. De plus, le client peut évaluer la prise de responsabilité de l'entreprise ainsi que la rapidité des employés à réagir et à vouloir régler la situation. La justice procédurale développe une relation positive entre les deux parties. Par contre, si l'entreprise refuse de prendre la responsabilité de la faute, cela risque d'entraîner un sentiment de frustration chez le client, pouvant ainsi mener à un échec de récupération de service.

La justice interactive se réfère au traitement reçu durant la récupération de service. Elle inclut, entre autres, la communication entre le ou les employé(s) et le client, ainsi que les efforts déployés pour résoudre le conflit. La justice interactive repose sur cinq dimensions : la politesse, la préoccupation du personnel de contact à écouter le client, l'honnêteté, la présentation d'une explication et finalement la présence d'efforts significatifs dans la résolution du conflit. Ainsi, l'entreprise doit prendre tous ces facteurs en compte et s'assurer de bien former ses employés quant à l'attitude à adopter en situation de récupération de service, de sorte à assurer un recouvrement efficace. Les clients apprécient d'être informés à chacune des étapes du recouvrement de service, car ces informations peuvent aider à comprendre l'échec. En posant ce geste, l'entreprise fait preuve de transparence envers le client, ce qui ne peut être que bénéfique pour rétablir le lien de confiance.

Une visite au restaurant... suite

Supposons qu'après réflexion, vous décidez de vous plaindre au restaurant pour le mauvais service que vous avez reçu. Comme le restaurant possède une adresse, courriel pour le service à la clientèle, vous choisissez de faire part de votre mauvaise expérience en rédigeant un commentaire. Puis, vous attendez des nouvelles de l'entreprise. Si cette dernière se manifeste rapidement et vous contacte dans le but de réparer sa faute, vous pourrez évaluer les efforts de l'entreprise selon les trois dimensions de la justice énumérées précédemment. Si cela vous satisfait, la situation sera probablement réglée. Sinon, vous risquez de vouloir vous venger pour la « double faute » de l'entreprise.

Étape 4 : La double faute

La double faute survient lorsqu'il y a échec de service suivi d'un échec de récupération. Dans une telle situation, il est fort probable que le client ressente un sentiment de trahison, car selon lui, l'entreprise n'a pas respecté ses engagements; elle avait un devoir moral de l'aider à résoudre le problème. Le sentiment de trahison devient une source de motivation qui pousse le client à vouloir rétablir la justice par tous les moyens possibles. La double faute de l'entreprise peut alors devenir l'élément déclencheur qui risque d'amener un désir de vengeance et/ou de vengeance en ligne de la part du client. L'arrivée des médias sociaux est devenue un outil très puissant pour les clients insatisfaits de verbaliser leur sentiment de trahison et ainsi se faire justice. En se plaignant publiquement, le client expose le double faute de l'entreprise au monde, risquant ainsi de causer des dommages importants à cette dernière.

Une visite au restaurant... fin

Vous n'avez pas eu de réponse d'un employé du restaurant suite à votre plainte? Les explications fournies ne vous ont pas satisfaits? Vous n'avez pas reçu la compensation désirée pour le mauvais service lors de votre visite au restaurant? Alors vous risquez fortement de vouloir obtenir justice en vous vengeant auprès de l'établissement. Vous pourriez alors décider de publier des mauvais commentaires sur les différentes plates-formes disponibles sur Internet, ou encore parler de votre mauvaise expérience à tout votre entourage. Peu importe le moyen choisi, le fait de se plaindre publiquement et de se venger aura des répercussions négatives sur l'image de l'entreprise. Reste à savoir si vous oserez retourner au restaurant par la suite ou si votre relation avec cet établissement est définitivement chose du passé...

11.3 La vengeance du client suite à un sentiment de trahison

Une guitare endommagée

Dave Carroll est un musicien qui doit voyager à l'occasion pour des spectacles, transportant avec lui son instrument principal, sa guitare. Un jour, alors qu'il voyageait avec la compagnie aérienne United Air Lines, il a découvert à l'arrivée que sa guitare Taylor, d'une valeur de 3 500 $, était gravement endommagée. Après avoir alerté plusieurs employés à sa sortie de l'avion, personne n'a été en mesure de prendre le problème en main, ni d'accueillir sa plainte ou de l'informer sur la procédure à entreprendre. Après neuf mois d'effort de la part du musicien pour obtenir justice, il fut informé qu'il n'était malheureusement pas éligible à quelque compensation que ce soit.

Contrarié et avec le sentiment d'avoir été trahis par la compagnie aérienne, ce dernier décida de composer une chanson sur le mauvais service reçu. Son vidéo lancé sur Youtube devint rapidement viral en obtenant pas moins de 150 000 vues la première journée, plus de 5 millions en seulement un mois et plus de 14 millions à ce jour. United Air Lines étant victime des attaques de milliers de personnes outrées par la situation, a finalement pris les choses en main, offrant à M.Carroll un dédommagement et la promesse de réviser ses politiques de gestion des plaintes. Trop peu trop tard, car le monde entier avait été mis au courant du mauvais service reçu par le musicien. Le mal était fait. La seule action possible pour la compagnie aérienne était alors d'éviter qu'une situation similaire se reproduise, évitant le plus possible les échecs de service et du moins s'assurer d'un recouvrement exemplaire.

Le sentiment de trahison est une source de motivation qui peut pousser le client à vouloir rétablir la justice. C'est alors que la notion de vengeance entre en jeu. Par vengeance, on entend les efforts déployés par le client choqué pour punir et incommoder une entreprise pour les torts qu'il a subi.

Pour y parvenir, le client peut utiliser divers moyens, notamment se plaindre dans les médias pour générer de la publicité négative, insulter les employés de première ligne, effectuer du bouche-à-oreille négatif, etc.

Il existe deux types de vengeance, soit la vengeance directe et la vengeance indirecte. Crier après un employé consiste en de la vengeance directe alors qu'effectuer du bouche-à-oreille négatif sur la compagnie se situe davantage du côté de la vengeance indirecte. Le tableau 11.1 illustre différentes formes de vengeance.

Tableau 11.1	Différentes formes de vengeance de la part du client	
Formes directes	**Formes indirectes**	**Privation de bénéfices futurs**
Agression directe (rage)	Bouche à oreille défavorable	Tout faire pour éviter l'entreprise
Plaintes à caractère vindicatif aux employés	Publicité négative dans les médias de masse	
Poursuites en justice contre l'entreprise	Plaintes en ligne	

Quitter la relation n'est pas considéré comme de la vengeance, bien que le geste soit tout de même dommageable pour l'entreprise. Par contre, dans plusieurs situations, comme lorsque le client reçoit l'appui d'autres clients lésés, la vengeance est vue comme acceptable, ce qui encourage les clients à demander réparation. Alors que la réparation implique de recevoir une compensation, la vengeance a pour objectif de punir l'entreprise fautive. Cependant, bien que la demande de réparation engendre des coûts pour l'entreprise, il est important de savoir que les coûts potentiels, pour l'entreprise, de la vengeance d'un client sont significatifs. Le tableau 11.2 présente les différents types de coûts tangibles, à court, moyen et long terme.

Dans tous les cas, la prévention demeure sans aucun doute la meilleure stratégie contre la vengeance. De plus, l'important, surtout pour les clients avec qui la l'entreprise entretient une relation de qualité, est de réparer l'erreur rapidement, sans quoi ces derniers risquent de briser la relation de confiance.

Tableau 11.2	Coûts subis par l'entreprise selon la forme de vengeance	
Formes directes	**Formes indirectes**	**Sortie définitive**
Stress sur les employés de 1re ligne	Détérioration de la réputation	Perte d'un client à vie
Frais d'avocats	Perte de clientèle	
Sanctions	Relation publiques	

11.3.1 La plainte en ligne

Sans aucun doute, la forme de vengeance la plus répandue de nos jours grâce notamment à l'avènement d'Internet et des réseaux sociaux, la plainte en ligne, est de plus en plus accessible et prisée par les clients insatisfaits désireux de se venger.

En effet, Internet donne beaucoup de pouvoir aux clients en leur permettant de diffuser de la publicité négative à un grand auditoire. Étant donné que se plaindre en ligne est beaucoup plus facile et efficace qu'avant, les clients lésés se tournent souvent vers les médias sociaux, après avoir été ignorés par une entreprise. Parmi les plates-formes mises à la disponibilité des clients qui souhaitent se plaindre en ligne, on retrouve en autre :

- Sites web anti-entreprises (ex. : walmart-blows.com);
- Sites web de plaintes en ligne (ex. : complaint.com);
- Site web d'agences de consommateurs (ex. : consumeraffairs.com);
- Médias sociaux (ex. : Twitter, Facebook, YouTube).

Les clients utilisent ces plates-formes pour formuler une plainte en ligne lorsqu'ils sont victimes d'une double faute, et qu'ils se sentent trahis. Suite à une plainte en ligne de la part du client, son désir de vengeance diminuera dans les quatre semaines suivantes, pour ensuite se stabiliser.

Par contre, ce désir ne disparaitra jamais complètement. Ainsi, une entreprise qui résout la situation après le délai de quatre semaines agit en vain; il risque d'être trop tard. Le client voudra quand même se venger : voici les six types de plaintes en ligne qu'on retrouve le plus fréquemment suite à un échec de service :

1. Contacter directement l'entreprise pour résoudre le problème;
2. Faire de la publicité positive, après un échec de service, mais suivie d'une récupération exceptionnelle;
3. Effectuer du bouche-à-oreille négatif sans contacter l'entreprise;
4. Se plaindre à une tierce partie suite à une double faute;
5. Faire de la publicité négative suite à une double faute;
6. Se faire voler des clients par un compétiteur suite à des problèmes vécus, diffusés sur les médias sociaux.

La seule façon pour l'entreprise de prévenir les coûts potentiels, suite à la vengeance d'un client dans les médias ou sur les médias sociaux, consiste à monitorer, de façon permanente, les messages négatifs diffusés par des clients insatisfaits. Une fois identifiés et analysés, l'entreprise doit évaluer l'ampleur des dégâts, et contre-réagir dans les médias ou sur les médias sociaux, afin de corriger la situation.

Bibliographie

Folkes, Valerie S. (1984). "Consumer Reactions to Product Failure: An Attributional Approach", Journal of Consumer Research, vol. 10, no 4, pp. 398-409.

Gelbrich, K. and H. Roschk (2011). "A Meta-Analysis of Organizational Complaint Handling and Customer Responses", Journal of Services Marketing,14,no. 1. pp. 24-43.

Gelbrich, K., J. Gäthke, and Y. Grégoire (in press), "How Much Compensation Should a Firm Offer for a Flawed Service? An Examination of the Non-Linear Effects of Compensation on Satisfaction," Journal of Service Research, 18.(1) pp. 107-123.

Grégoire, Y. and R. Fisher (2008) "Customer Betrayal and Retaliation: When Your Best Customers Become Your Worst Enemies," Journal of the Academy of Marketing Science, 36 (June), 247-261. Harvard

Grégoire Y., A. Salle and T. Tripp (in press) "Managing Social Media Crises with your Customers: The Good, the Bad and the Ugly," Business Horizons. 58 (2) pp. 173-182.

LaPresse : Le déclin de Montréal [Document web]. Adresse web : http://affaires.lapresse.ca/opinions/chroniques/sophie-cousineau/201108/10/01-4424774-le-declin-de-montreal.php

Tax, Stephen S., Stephen W. Brown et Murali Chandrashekaran (1998). « Customer Evaluations of Service Complaint Experiences: Implications for Relationship Marketing », The Journal of Marketing, vol. 62, no 2, pp. 60-76.

Tripp T. and Y. Grégoire (2011) "When Unhappy Customers 'Strike Back'on the Internet," MIT Sloan Management Review.52 (3), 37-44.

Audit de services

Partie 11 – L'après-service : la gestion des échecs de service

1. Décrire et documenter les pratiques de gestion de l'entreprise pour chacune des quatre dimensions de l'après-service (section 11.1).

2. Vérifier, s'il y a lieu, des incidents de plaintes excessives et des incidents de vengeance de la part de clients. Expliquez de quelle façon l'entreprise à fait face à ces situations.

3. Vérifiez si l'entreprise effectue le monitoring des commentaires qui porte sur l'entreprise, sur les réseaux sociaux.

4. Décrire et documenter le système de gestion des commentaires des clients actuellement en place dans votre entreprise.

   – Canaux de rétroactions;

   – Politique de récupération;

   – Analyse des incidents critiques.

5. Suggestions

   – Que recommandez-vous pour améliorer le système de gestion des commentaires des clients?

Préparer un guide d'entretien avec le gestionnaire responsable des quatre (4) dimensions de l'après-service

www.ingramcontent.com/pod-product-compliance
Lightning Source LLC
Chambersburg PA
CBHW061412210326

41598CB00035B/6188